DİSİPLİNLERARASI YAKLAŞIMLA SOSYAL MEDYA
-2-

*Gazetecilikten Halkla İlişkilere,
İnsan Kaynaklarından Sağlık İletişimine*

Editör:
Doç. Dr. Ali Emre DİNGİN

Disiplinlerarası Yaklaşımla Sosyal Medya-2

© LITERATÜRK academia 304
İnceleme-Araştırma 282

Bu kitap ve kitabın özgün özellikleri tamamen Nüve Kültür Merkezi'ne aittir. Hiçbir şekilde taklit edilemez.
Yayınevinin izni olmadan kısmen ya da tamamen kopyalanamaz, çoğaltılamaz.
Nüve Kültür Merkezi hukukî sorumluluk ve takibat hakkını saklı tutar.

Ocak 2021

Yayınevi Editörleri: **Salih TİRYAKİ – Emre Vadi BALCI**
Genel Yayın Yönetmeni: **İsmail ÇALIŞKAN**

ISBN 978-605-74813-9-9

T.C.
Kültür ve Turizm Bakanlığı
Yayıncı Sertifika No: **16195**

Kapak Tasarım:
Baskı Öncesi Hazırlık: **Mehmet ATEŞ**
meh_ates@hotmail.com

Baskı & Cilt: **Şelale Ofset**
Fevzi Çakmak Mh. Hacı Bayram Cad. No. 22   Karatay/KONYA
Tel: +90.532.159 40 91 selalemat2012@hotmail.com
KTB S. No: **46806** -Basım Tarihi: **OCAK 2021**

KÜTÜPHANE BİLGİ KARTI
- Cataloging in Publication Data (CIP) -

DİNGİN, Ali Emre
Disiplinlerarası Yaklaşımla Sosyal Medya-2

ANAHTAR KAVRAMLAR
Sosyal Medya, Gazetecilik, Halkla İlişkiler, Sinema, Sağlık İletişimi, İnsan Kaynakları
- key concepts -
Social Media, Journalism, Public Relations, Cinema, Health Communication, Human Resources

"LITERATÜRK academia", **Nüve Kültür Merkezi kuruluşudur.**
www.literaturkacademia.com

 / Nkmliteraturk

M. Muzaffer Cad. Rampalı Çarşı Alt Kat No: 35-36-41
Meram / KONYA Tel: 0.332.352 23 03 Fax: 0.332.342 42 96

Ул. М. Музаффер, рынокРампалы, нижнийэтаж № 35-36-41
Мерам, КОНЬЯ, тел.: +90 332 352 23 03,
факс: +90 332 342 42 96

Dağıtım: **EMEK KİTAP**
Akçaburgaz Mah. 3137. Sk. Ali Rıza Güvener İş Merkezi No: 28
Esenyurt / İSTANBUL
www.emekkitap.com -Telefaks +90 212 671 68 10
Дистрибьютор: **EMEK KITAP**
РайонАкчабургаз, ул. АлиРыза 3137, бизнесцентр «Гювенер» № 28,
Эсеньюрт / СТАМБУЛ
www.emekkitap.com – Телефакс: +90 212 671 68 10

ORTA ASYA OFFICE:
Mikrareyon Kok Jar/23   Bishkek / KYRGYSZTAN
Tel: +996 700 13 50 00   -Telefaks: + 996 552 13 50 00
ОФИС В ЦЕНТРАЛЬНОЙ АЗИИ:
МикрорайонКокЖар/23   Бишкек / КЫРГЫЗСТАН
Тел.: +996 700 13 50 00 – Телефакс: +996 552 13 50 00

DİSİPLİNLERARASI YAKLAŞIMLA SOSYAL MEDYA
-2-

*Gazetecilikten Halkla İlişkilere,
İnsan Kaynaklarından Sağlık İletişimine*

Editör:
Doç. Dr. Ali Emre DİNGİN

BAŞLARKEN

Bilgisayar sistemleri ve dijital teknolojinin kullanıma başlanmasından sonra kitle iletişiminde köklü bir değişim yaşanmıştır. Dijital teknolojinin sağladığı imkânlar gazetecilik, sinema ve reklamcılık gibi iletişim alanlarının da dönüşmesine ve gelişmesine imkân sağlamaktadır. İletişim teknolojileri son yıllarda hızla gelişmekte geleneksel medya yerini hızlı bir şekilde sosyal medyaya bırakmaktadır. Özellikle son on yılda akıllı telefonların yaygınlaşması ile beraber sosyal medya uygulamaları hem gelişmekte hem de çeşitlenmektedir. Aynı zamanda sosyal medya araçlarını kullanan kişi sayısı da hızla yükselmektedir. İşte bu artış ile beraber sosyal medyanın etkisi, gelişimi, avantajı ve dezavantajı gibi konular araştırmacıların dikkatini çekmiştir.

Disiplinlerarası çalışmalarla sosyal medyaya bir bakış sunan ilk kitap çalışmamız Mart 2020 tarihinde yayınlanmıştır. **"Disiplinlerarası Yaklaşımla Sosyal Medya"** isminde yayınlanan kitapta, gazetecilik, medya, sağlık iletişimi, siyasal iletişim, halkla ilişkiler, tanıtım, sinema gibi farklı alanlardan sosyal medya çalışmaları ele alınırken aynı zamanda sosyal medyanın getirdiği yenilikler, yeni sosyal medya araçları, sosyal medyanın etkileri gibi konular da ele alınmıştır.

"Disiplinlerarası Yaklaşımla Sosyal Medya" isimli kitabın serisi sayılabilecek olan bu kitapta ise **sosyal medyada, internet gazeteciliği, haber kültürü, gençlerin kullanım deneyimleri, toplumsal hareket, sosyal televizyon, reklam, halkla ilişkiler,**

insan kaynakları, covid-19 salgını, kriz iletişimi ve sağlık iletişimi konuları disiplinlerarası bir yaklaşımla ele alınmıştır.

Bu bağlamda **"Disiplinlerarası Yaklaşımla Sosyal Medya-2- Gazetecilikten Halkla İlişkilere, İnsan Kaynaklarından Sağlık İletişimine"** kitabı sizlere, farklı disiplinlerden bir perspektifle sosyal medyaya yönelik bütünlükçü bir okuma fırsatı sunmaktadır.

Sosyal medyaya farklı alanlardan bir bakış sunan bu kitap, birbirinden değerli sosyal medya araştırmacılarının kaleme aldığı 10 bölümden oluşmaktadır. Davetimizi geri çevirmeyen yazarlarımıza buradan tekrar teşekkür ederken, kitabın sosyal medya hakkında akademik çalışmalar yapmak isteyen herkese katkı sunacağına inanıyor, iyi okumalar diliyorum.

Doç. Dr. Ali Emre DİNGİN
Editör
Ocak 2021

İÇİNDEKİLER

BAŞLARKEN 5
İÇİNDEKİLER 7

İnternetin Gazetecilik ve Haber Kültürüne Etkileri:
Gazetecilerin Konuya Dair Yaklaşımları
Eren Ekin Ercan 9

Kanaat Önderi mi? Sembolik Seçkin mi? Tanınan Habercilere
Yönelik Youtube İzleyici Yorumları Üzerinden Bir MaxQda
Çalışması
Serkan Bulut 39

Gençlerin Sosyal Medyayı Kullanma Deneyimleri:
Anadolu Üniversitesi İletişim Bilimleri Fakültesi
Son Sınıf Öğrencileri Üzerine Bir Analiz
Tezcan Özkan Kutlu, Ferhat Yasav 63

Sosyal Televizyon Bağlamında Yerli Dizilerin Sosyal Medya
Kullanımı Üzerine Bir İnceleme: Sen Çal Kapımı Örneği
Ürün Yıldıran Önk 87

Reklamın İşleyiş Sürecinde Etki Hiyerarşisi Modelleri ve
Sosyal Medya
Simge Aksu 121

Halkla İlişkiler Uzmanları Nereye Koşuyor? Sosyal Medyanın
Ruhunu Yakalamak Mümkün mü?
Berrin Balay Tuncer 143

İnsan Kaynakları Yönetiminde Sosyal Medya
Beste Gökçe Parsehyan 169

Covid-19 Pandemi Sürecinde 'Influencer Marketing'
Zeynep Alkan, Sevilay Ulaş 183

Kriz İletişimi Bağlamında Covid 19 Salgını Süresince Sağlık Bakanı Fahrettin Koca'nın Sosyal Medya Araçlarından Twitter'ı Kullanımı Üzerine Bir Değerlendirme
Ömer Faruk Özgür 205

Sağlık İletişimi Kavramı ve Sosyal Medyada Sağlıklı "Sağlık İletişimi"
Seçil Utma 237

Yazarlar Hakkında **257**

İnternetin Gazetecilik ve Haber Kültürüne Etkileri: Gazetecilerin Konuya Dair Yaklaşımları

*Eren Ekin Ercan**

Giriş

Her geçen gün giderek tartışmalı bir şekilde hayatlarımıza giren internet haberciliği ve bunun beraberinde getirdiği sorunsallar, anaakım medya başta olmak üzere pek çok konuda önemli dönüşümleri de beraberinde getirmektedir. Özellikle COVID-19 pandemisi sürecinde basılı gazetelerin aldığı darbe, belki de bu dönüşümü hızlandıran en büyük faktör olmuştur. Pandeminin beraberinde getirdiği mesafe ve temassızlık hali, bir yandan gazete tirajlarını etkilediği gibi bir yandan da herkesi mobil cihazlar üzerinden haberi okuma konusunda kültive etmiştir. Dolayısıyla pandemi ile basın hayatında yaşanan şey, *doğal* ve yavaş şekilde gerçekleşmekte olan dijitalleşmenin *zorunlu* bir şekilde hız kazanmasıdır.

BBC'nin geçirdiği dijital dönüşümü ele aldığı makalesinde Lee-Wright (2010), kurumsal anlamda böylesine küresel ve güçlü bir medya devinde dahi dönüşümün çok ağır gerçekleştiğini belirtmekte ve sorunsalı özlüce "yeni teknoloji, eski tutumlar" olarak nitelendirmektedir. Yeni kitle iletişim teknolojileri karşısında "eski" haber yapılarını ve kavrayışlarını devam ettirmek isteyen gazetecilerin ve yayıncıların, -her kitle iletişim aracının içerikler, yayıncılık ve anlatılar üzerinde deterministik düzeyde yaptığı etkiler dolayısıyla- kültür şokuna benzer bir durumla

---

* Dr. Öğr. Üyesi, Üsküdar Üniversitesi İletişim Fakültesi Gazetecilik Bölümü, erenekin.ercan@uskudar.edu.tr

karşı karşıya kaldıklarını ifade etmektedir. Türkiye'de de genel olarak 2000'li yıllardan itibaren giderek yükselen ve 2010'lu yıllarda da katlanarak etkisini hissettiren internet teknolojisi, habercilik üzerinde de önemli değişikliklere neden olmuştur. Geleneksel bir pratik olarak gidip bir bayiden gazete satın almak ve daha tipografik bir şekilde haberi tüketme olgusu, sosyal medya değişkeni de düşünülecek olursa, bugün bambaşka bir hal almıştır.

Bu çalışmanın da konusunu tam olarak habercilikte yaşanan bu değişim ve dönüşüm oluşturmaktadır. Literatürün saha olarak odaklandığı genel eğiliminin aksine, bu değişim ve dönüşümün yarattığı etkiler bu kez haberin tüketicilerine değil, doğrudan konunun muhatabı olan gazetecilere sorulmuştur. Çalışmanın amacı ve önemi de burada yatmaktadır: Gazetecilerce bu değişimin basın kültürü, habercilik kültürü ve pratikleri üzerindeki etkisinin etraflıca ortaya konması. Çalışmada biri emekli olmak üzere farklı yaş gruplarından ve mesleki deneyimden gelen 7 gazeteciyle derinlemesine görüşme gerçekleştirilmiştir. Haber dilindeki dönüşümden, sosyal medyanın habercilik üzerindeki etkilerine, internetle birlikte gazetecilerin çalışma koşullarının ne durumda olduğundan haber etiğindeki farklılaşmalara kadar farklı boyutlarıyla konu irdelenmeye, ortaya konmaya çalışılmıştır.

İnternet ve Gazetecilik: Alternatif'in Çıkmazları

İnternet öncesi pratiklere bakıldığında, "alternatif medya" olarak nitelenen tanımlamalar bilhassa ABD'de 1960'lar ve 1970'lerde kendini gösteren çeşitli yayınlar için kullanılmaktaydı. Bu yayınları "alternatif" kılan ve anaakım medyadan ayıran niteliği ise esas olarak dağıtım sorunuyla ilgiliydi. Sanatsal ya da toplumsal içerikleri nedeniyle anaakım medyada kendine yer bulamayan ve bu yer bulamayışın bir sonucu olarak oluşan *akışlarla* bir araya gelen kişilerin/grupların kendi olanaklarıyla medyalarını basmaları ve dağıtmaları, bu bağlamda öne çıkan en önemli göstergeydi. Genellikle kısa ömürlü olan, daha uzun ömürlü olanlarının ise içeriklerinden ödün vererek bir süre daha devam ettiği bu medyaların diğer önemli sorunu sürdürülebilirlik yani ekonomiydi (Fuchs, 2010, s. 172-175). Bu bilgilerden hareketle şu yorumu yapmak yanlış olmayacaktır: Alternatif medyaya ilişkin olarak tarihsel anlamda en önemli sorun, anaakım medya karşısındaki kırılganlığıdır.

Fakat dijitalleşmeyle ve bilhassa internetle birlikte "alternatif medya" kavramına ilişkin önemli tartışmalar ve farklı dinamikler ortaya çıkmıştır. Bunlardan ilki, dağıtım sorununun ortadan kalkmasıdır. Öyle ki, dağıtım için fiziksel anlamda bir çabaya gerek kalmadığı bugün artık bir gerçek. Çünkü içeriğin fizisellikten çıkarak mobilize olduğunu ve siber bir bağlama kavuştuğu görülmektedir. Yanı sıra, dağıtım için ayrıca herhangi bir zaman ya da para harcanmasına gerek kalmadığı gibi, üretilen içeriklerin tamamı "yerel" kavramını ortadan kaldıracak denli küresel bir nitelik taşımaktadır. İkinci olarak, internetle birlikte haberciliği/haberleşmeyi de içine alan çok daha geniş bir kavrama, enformasyon kavramına rastlanmıştır. Ve alternatif medyalardan yayılan karşı enformasyonlar giderek anaakım medyaya bir direnç oluşturmaktadır. Özellikle sosyal medyanın yeni toplumsal hareketlerdeki rolü ve anaakım medyada toplumsal ve siyasal ardalanıyla üzerinde fazla durulmayan kadın cinayetleri, hayvan hakları ihlalleri vb. konuların Twitter başta olmak üzere çeşitli alternatif haber sitelerince gündeme getirilmesi ve siyasetin de gündemine sokulması bu değişime bazı örneklerdir (Loader, 2008).

Genel olarak internet, özel olarak sosyal medya ile birlikte alternatif enformasyon akışı ve haberleşmeye ilişkin tüm bu gelişmelerle açığa çıkan bir diğer tartışma konusu, alternatif kamusal alanın -hatta kamusal alanların- oluştuğu görüşüdür. Burada da öne çıkan belirleyici unsurlar, a) internetin -dijital eşitsizlikleri dışarıda tutmak kaydıyla- hiyerarşik olmayan (nonhierarchical) bir yapıya sahip olması ve b) belirli konulardaki hassasiyetlerden doğan akışların yarattığı sinerjilerdir. Ancak internet "alternatiflik" vurgusunu her ne kadar taşısa da, Habermasçı ideal anlamıyla rasyonel ve eleştirel akla dayalı kamusal alanı/alanları yaratmaya yönelik söylemlerin önüne geçen şey öncelikle güven sorunsalıdır. Şöyle ki, herkesin katılımına açık olan kamusallığı oluşturmaya yönelik söylemleri üreten kullanıcıların anonimliğinden kaynaklı sorunlarla başlayan ve paylaşılan haber ve enformasyon bombardımanından dolayı kaotik iletişimsel çıkmazlarla sarmallanarak devam eden bir durumla karşılaşmaktayız (Haas, 2004, s. 116-118). Dahası, nette oluşan kamuların hiyerarşik olmama özelliğinin diğer yüzü konu/olay/durum odaklı, yani tekil sorunlara odaklanan *minör kamular*dan oluşmasıdır. Farklı konularda bir araya gelinebilse dahi talep edilen değişikliklerin tekil düzeyde kaldığını, ele alınan konuya dair köklü siyasal yahut hukuki değişikliklere neden olmadığını görmekteyiz. Dolayısıyla nette kendini gösteren kamusallıkların yalnızca belli olaylar vesilesiyle bir araya geldiği ve -benzer ya da değil- bir başka konuya/olaya/duruma kadar dağıldığı görülmektedir. Farklı deyişle, benzer olayların tekrar ve tekrar yaşanmasının önüne geçecek düzenlemeleri sağlamaya yönelik bir siyasal mücadele talebine ya da pratiğine rastlamamaktayız. Böylesi bir *ortam*da ise, tarihsel bağlamıyla bir kamusal alandan çok *açığa çıkan kamular*dan söz etmek gerekmektedir.

Bu anlamda değerlendirilebilecek bir yorumu Phillips (2007, s.47) yapmaktadır. Phillips, alternatif haberciliği tartışırken çok önemli bir tespitle çalışmasına başlar ve alternatiflerin yalnızca mevcut konjonktürlerin ve gidişatların bir sonucu olduğunu dile getirir. Dahası ona göre, alternatifler bir hareket ya da yeni durumlar yaratmaz. Phillips'in "karamsar" gibi görünen bu görüşü aslında hem dünyada hem de Türkiye'de "alternatif basın" kavramının özeti gibidir. Bunun arkasında yatan neden, geleneksel kitle iletişim araçlarına tarihsel olarak sahip olan medya

Disiplinlerarası Yaklaşımla Sosyal Medya-2

patronlarının yöndeşmeyi esas alan yeni medyaya yönelik yatırımlar konusunda da yine önemli bir rol oynadığı görüşüdür. İnternetle birlikte ortaya çıkan olanaklara tamamıyla iyimser bakan görüşleri "liberal rüya" olarak yorumlayan Curran ve Witschge (2010, s.102-105) ise, hem *eski* medyada hem de yeni medyada tarihsel ve ekonomi politik bağlamın belirleyici olduğuna dikkat çekmektedir. Buna göre, öteden beri global medya marketinde söz sahibi olan dev medya organizasyonları internette de yine kazanan olacaktır. Konuyu bir örnekle açıklayan Curran ve Witschge, internet öncesinde CNN'in ancak uydu aracılığıyla izlenebildiğini ve o zamanlar dünyanın pek çok yerinden izlenemediği için yerel ve dolayısıyla alternatif bilgi kaynaklarının çok daha belirleyici olduğunu dile getirmektedirler. Oysaki günümüzde yöndeşmeyle uyumlu bir şekilde yatırım olanaklarına sahip olan CNN, dünyanın her yerinden internet aracılığıyla kolaylıkla izlenebilmektedir. Aynı medya içerikleri, aynı anda, çok farklı kanallar aracılığıyla ulusal kültürler ve hatta alt kültürler üzerinde etkili olmaktadır. Bu ise tüm kültürel çeşitliliği ve özgürce kanaat oluşturmaya yönelik yorumsal farklılıkları yok ettiği gibi, interneti bir demokrasi mecrası olarak görenlerin aksine küresel üstbelirlenimsel normlar ve kavrayışlar yaratmaktadır.

Öte yandan, alternatif medya kavramının bilhassa internetle birlikte önemli bir tartışma zemini bulduğuna vurgu yapan Atton (2007, s. 71-76), anaakım medya karşısında haberciliğin internetin uçsuz bucaksız sahasında ayakta kalabilmesinin tek koşulu olarak "radikal gazetecilik"i önermektedir. Atton'un "radikal gazetecilik" ile nitelemeye çalıştığı şey, gazetecilerin kendilerini birer aktivist gibi düşünmesidir. Başka bir deyişle, haber blogları veya haber internet siteleri birer başlangıç noktası değil, birer sonuç olmalıdır. Atton'a göre halihazırda belli bir hareketin üyesi olan, anaakım medyada kendine bir türlü yer bulamayan ve özel toplumsal sorunsallar etrafında bir araya gelmiş olan grupların (kadın örgütleri, çevre örgütleri vb.) ortaya koyacakları yayıncılık üç bağlamda önem taşımaktadır: 1) Bu sayede hareketin sonucu olan alternatif medya toplumsal bir zemine -zaten- yaslanmış olacak. 2) Alternatif medya, hareketle birlikte politize ve daha radikal bir çehre kazanmış olacak. 3) Anaakım medyadan yayılan haberlere karşı belli bir kitleyle hareket eden alternatif medya, sesini çok daha iyi duyuracağı gibi baskı ve farklı tehditlere karşı radikal bir tavır alabilecektir. Dolayısıyla "alternatif medya" olarak tanımlanan yayıncılık olgusunun yaşamına devam edebilmesi ve bundan daha önemlisi direnç yaratabilmesi, alternatiflik iddiasıyla ortaya çıkarak belli bir izler kitleyi yaratmasıyla sürdürülebilir görünmemekte; ancak var olan bir toplumsalın sonucu olarak ortaya çıkmasıyla devamlılık ve *alternatiflik* vurgusu taşıyabilmekte, radikal tavrını sürdürebilmektedir.

Yeni Medya, Etik ve Basın: Profesyonellik, Güvenilirlik, Sorumluluk

İlk anlamıyla "ahlak yasası" anlamına gelen ve etimolojik köken itibariyle Yunanca *ethos* kelimesinden gelen etik kavramı (Uzun, 2011, s. 20) basın alanında çeşitli tarihsel tartışmalar sonrasında ideal bağlamıyla karşılığını toplumsal sorumluluk anlayışında bulmuştur. Toplumsal sorumluluk ise, genel itibariyle hem gazetecinin sosyolojik anlamda tarihsel rolünü korumaya yönelik mesleki profesyonelliğine atıfta bulunurken hem de haberi üretirken ve inşa ederken gazetecinin esas olarak topluma sorumluluk duyması gerektiğinin altını çizmektedir. Daha öz bir deyişle, gazeteci tıpkı bir bekçi köpeği (watchdog) gibi toplum/kamu adına iktidar ve güç odaklarını takip etmeli ve toplumun menfaatlerini koruyan bir haberciliği belirlenmiş çeşitli normatif kıstaslar çerçevesinde üretmelidir.

Fakat liberal anaakım medya düzeninde, bilhassa ekonomi politik bağlamda -daha özel olarak sahiplik noktasında- çapraz yoğunlaşmalardan kaynaklanan yanlılık görünümleriyle boğuşan bir basın kültüründe çeşitli çıkmazların olduğu aşikârdır.

Bunlardan ilki ve en önemlisi, medya patronlarının kâr marjını odağa alan anlayışıdır. Burada ise sansasyonel haber ve içeriklerin öne çıkarılmasıyla sağlanan şey, izlenirlik ve bunun doğal bir getirisi olarak reklam pastasından büyük payı kapmaktır. İzleyici ile müşterinin yer değiştirdiği böylesi bir yapıda haberler ve içeriklerse ikinci plana düşmektedir. Şöyle ki, üretilen "dikkat çekici" içeriklerin altında yatan dinamik, hayatında ne olduğunu öğrenmek için haberleri takip eden izleyicilerin, içerikler vasıtasıyla reklam şirketlerine satılmasıdır (Encabo, 2014, s. 348-350). Bu durumun gazeteciler açısından neticesi ise, tüm bu deterministik faktörlerin uygulayıcısı konumuna düşmesi ve profesyonel bir meslek olan gazeteciliğin önemli oranda rafa kalkmasıdır. Dolayısıyla anaakım medyanın içinde bulunduğu etik çıkmazlar, yalnızca haber etiğine ilişkin çeşitli teknik ve içeriksel düzenleme taleplerinin ötesinde görünmektedir.

Öte yandan, ilk bakışta internet birlikte haberciliğe gelen en önemli yenilik, herkesin kendi medyasını kurmasına ve özgürce habercilik yapmasına olanak tanıyan bir dinamik gibi görünse de, durum gerçekte pek öyle değildir. Bunun nedenlerinden en önemlisi, internetin profesyonel bir meslek olarak gazeteciliği tarihsel olarak muğlaklaştırmasıdır. Gazetecilik mesleğinin doğasından gelen güvenilirlik ve mesleki sorumluluk gibi birbiriyle ilişkili iki temel hususun önemli ölçüde törpülenmesine neden olan herkesin haber ve enformasyonu yayma durumu, netin kaotik enformasyon yayılımı içerisinde olgusal olarak gazetecilik mesleğini zedeleyen ve hatta değersizleştiren bir haberleşme düzenini olanaklı kılmaktadır (Freedman, 2012, s. 98-102).

Konunun daha özgül bir boyutunu, tüm olumsuzluklara ve eleştirilere karşın, belli bir gelenek içerisinde gelişmiş olan haberciliğe internetin sağladığı olanaklarla dahil olan ve asıl mesleği gazetecilik olmayan kullanıcıların yarattığı, haber diliyle başlayan ve *pazarlama* stratejileriyle devam eden sorunsallar oluşturmaktadır. Anaakım medyaya yönelik eleştirel çalışmalarda öne çıkan sansasyonel habercilik ve bunun uzantısı olarak ardalan ve bağlam bilgisinin ortadan kalkması, sanılanın aksine internet haberciliğinde daha da içinden çıkılmaz bir hal almıştır. Bir *okyanus* olarak internette sesini duyurmaya, gündemi belirlemeye, reklam pazarıyla ilişkili rekabetçi habercilik ortamında kendini görünür kılmaya çalışan bir haber sitesinin, anaakım medyadaki sayılı TV kanalları ya da gazetelerden farklı olarak kullandığı stratejiler çok daha etik dışı olabilmektedir. Pazar piyasasına dayalı rekabetçiliğin *doğal* bir uzantısı olarak ortaya çıkan haberin henüz sunuluşunda haber başlıklarıyla başlayan sansasyonellik, içerikleri üretenlerin medya profesyoneli olmadığı da göz önünde bulundurulduğunda, eleştirel bir editoryal süzgeçten geçmeden ve doğrudan haberi etik ve doğru şekilde vermektense önce vermenin daha *yerinde* olduğu açmazlarla sürüp giden, tüm habercilik normlarını yerinden eden bir habercilik ortamına neden olmaktadır (Sandoval ve Fuchs, 2010, s.147).

Gazetecinin Emeği: Sermaye ve Yöndeşme Arasında

Jenkins'in (2006, s.2-3) tanımlamasına göre yöndeşme/yakınsama (convergence) en özlü şekliyle "teknolojik, endüstriyel, kültürel ve sosyal değişiklikleri tanımlayan" bir kavramdır. Dahası, yöndeşmeyi iletişim alanındaki teknolojik gelişmelerin gerçekleşmesiyle ve bu gelişmelerin deterministik bir etkiyle iletişim formlarını değişime ve dönüşüme uğratması olarak da tanımlamak mümkün. Bir örnek üzerinden anlatacak olursak; internet öncesinde radyo, TV, gazete gibi medyalar birbirinden farklı toplumsal niteliklere sahipken, günümüz mobil cihazlarıyla hepsi iç içe geçmiştir. Bu iç içe geçme ise yalnızca teknik ve teknolojik bir sorun olmanın ötesinde, içerikler ve daha genel olarak medya kültüründe de önemli etkiler yaratmıştır.

> Yöndeşmenin referans aldığı bazı ortak fikirler, birden çok medya platformunda içerik akışı, birden fazla medya endüstrisi arasındaki işbirliği, eski ve yeni medya arasındaki boşluklara düşen yeni medya finansman yapılarının arayışı ve istedikleri türden eğlence deneyimlerini aramak için neredeyse her yere

gidecek olan medya izleyicilerinin göçmen davranışlarını kapsamaktadır. Belki de en geniş anlamıyla medya yöndeşmesi, birden fazla medya sisteminin bir arada var olduğu ve medya içeriğinin akıcı bir şekilde içlerinden aktığı bir durumu ifade eder. Yöndeşmeyle burada kastedilen sabit bir ilişki değil, farklı medya sistemleri arasında devam eden bir süreç veya bir dizi kesişme olarak anlaşılmalıdır (Jenkins, 2006, s. 282).

Ancak bizim bu çalışmada ele aldığımız bağlam yöndeşmeyle birlikte değişen ve dönüşen medya tüketim alışkanlıklarından ve buradan doğan kültürden çok, özellikle anaakım haber medyasında bu içeriğin üreticileri olan gazetecilerdir. Dolayısıyla yöndeşme kavramının günümüz gazetecileri açısından en önemli vurgu noktası, haber üretimine ve yayılmasına olanak sağlayan medyaların birleşmesidir. Şöyle ki, profesyonel bir meslek olarak gazetecilik internetten önce muhabir, foto-muhabir, kameraman, seslendirmeci, sayfa tasarımcısı, kurgucu vb. belli uzmanlıkları kendi içinde barındırmaktaydı. Gerçekleşen yöndeşme ile birlikte tüm bu farklı uzmanlıklara neden olan cihazların (kamera, fotoğraf makinesi, ses kayıt cihazı vb.) tek bir cihazda toplanmasıyla birlikte gazeteciler, emek-değer bağlamında pek çok farklı uzmanlık gerektiren işi tek başlarına yapmaya başlamışlardır (Deuze, 2004). Bu durum, kurumsal olarak haber merkezlerindeki gazeteci sayısının azaltılmasının ötesinde mesleklerine devam etme *şansı* bulan gazetecilerin de emek-yoğun bir şekilde çalışmasına neden olmuştur. Dahası, artan "işsiz ordusu" ile birlikte emek-yoğun çalışmaya eklemlenen olumsuzluklar, a) profesyonel bir meslek erbabı olarak gazetecinin özlük haklarından büyük oranda vazgeçmesi ile b) düşük ücret karşılığında her açıdan sömürülmesine kadar uzanan bir meslek kültürünü doğurmuştur (Marx, 2011, s. 392-393). Anaakım medya sahibinin çapraz yoğunlaşmadan kaynaklanan ilişkileri ile rekabetçi medya pazarının da bu duruma etkileri düşünülecek olursa, etik başta olmak üzere pek çok profesyonel mesleki değerin askıya alınabileceği pekâlâ mümkün görünmektedir.

Böylesi bir medya ortamının haber içerikleri üzerindeki en önemli etkisi, -araştırma haberler başta olmak üzere- özgün haber üretiminin giderek yok olduğu ve bir meslek olarak gazetecinin topluma karşı taşıdığı sorumlulukların kristalize olduğu bir yapıdır. Geleneksel medya anlayışının bu şekliyle internet haberciliğine taşınmasıyla birlikte haberlerin giderek metalaştığına dikkat çeken Scott (2005, s. 120), günümüz internet haber sitelerini alışveriş sitelerine benzetmekte, haber manşetlerini ve başlıklarınıysa -internet haber sitelerinin tasarımsal yapısından kaynaklı olarak- vitrindeki kıyafetler gibi görmektedir. Homojenleşen ve elle tutulur hiçbir haber bağlamını okuyucuya sunmayan haber siteleri, haberleri tıpkı perakende bir marketteymiş gibi üst üste yığmaktadırlar. Okuyucular ise, sitelerdeki reklamlardan ve göz kamaştıran renklerden fırsat bularak kendisiyle ilgili en hayati konudaki haberlere dahi ancak göz atabilmektedirler. Bu durum yalnızca haberleri metalaştırmakla kalmamakta, aynı zamanda bir meslek olarak gazeteciliği değersizleştirmektedir. Dolayısıyla öncelikle okuyucu/izleyici için etik ya da eleştirel okuma giderek rafa kalkmaktadır. Bunun bir uzantısı olarak da, pazar koşullarının belirlediği bir habercilik kültürü *akış* halinde ilerlemektedir.

Çalışmanın Yöntemi

Bu çalışmada nitel bir araştırma yöntemi olan derinlemesine görüşme (in-depth interview) kullanılmıştır. Derinlemesine görüşmenin yapılmasındaki asıl amaç ise, nicel araştırmayla elde edilen geniş bir alandaki *yüzeye* dair bilgiden çok, araştırılan konunun pratiğinde yer alan tarafların konuya dair farkındalıklarının ve yorumlarının *derinine* inmektir (Johnson and Rowlands, 2012, s. 100). Ancak derinlemesine görüşmeye yöneltilen en önemli eleştirilerden biri, araştırmacının aynı konuya dair aynı kişiyle farklı zamanlarda görüşme yapması durumunda verilerin değişeceği görüşüdür. Marzano (2012, s. 445-447) bu konuyla ilgili olarak yapılan eleştirilerin, ele alınan konuya/duruma dair farklı konumdaki farklı kişilerle görüşülerek aşılabileceğini belirtmektedir. Başka bir deyişle, araştırmacının "esnek" bir yapıda olması, görüşmeyi önceden belirlenmiş katı kurallardan çıkararak esnek bir süreç olarak görmesi ve görüşülen kişi sayısında çeşitliliğe gitmesi oldukça önemlidir. Bu çalışmada da bu görüş benimsenmiş ve yaş (mesleki tecrübe) ile cinsiyet çeşitliliği gözetilmiş, emekli bir gazeteci ile dahi görüşülmüştür.

Öte yandan Lucas (2012, s. 5), derinlemesine görüşmedeki bir diğer tehlikeye/sorunsala dikkat çekmekte ve araştırmacının yapılan görüşmeleri "genelleştirme"sinden bahsetmektedir. Araştırmacı sorduğu sorularda katı ve kendi cevabını kendi içinde barındıran sorular yöneltmekten ziyade, yapılan görüşmenin doğal bir sonucu olarak ortaya çıkan sohbete de kulak vermelidir. Daha kavramsal şekilde söyleyecek olursak, araştırmacı yarı-yapılandırılmış (semi-structured) görüşme uygulamalıdır. Böylelikle farklı değer yargılarına ve araştırılan konuya/kültüre dair farklı pratiklere sahip olan katılımcıların bir yandan görüşmede "rahat" olmaları sağlanırken diğer yandan da bu rahatlığın bir uzantısı olarak o pratikleri neden sergilediklerini öğrenmeye yönelik verilere ulaşmak daha da kolaylaşmaktadır. Dolayısıyla bu çalışmada da belli sorular hazırlanmış ancak bunlarla yetinilmemiştir. Yapılan derinlemesine görüşmelerdeki sorular yarı-yapılandırılmış görüşme tekniği esas alınarak kullanılmış, görüşmenin akışı içerisinde değişikliklere gidilmiştir. Görüşmeler COVID-19'un yarattığı pandemi koşulları nedeniyle Ekim-Kasım 2020 tarihlerinde online (çevrimiçi) video konferans şeklinde gerçekleştirilmiştir.

Çalışmada, araştırmanın konusu odağında toplam 7 gazeteciyle görüşülmüştür. Gazetecilerden 3'ü kadın, 4'ü ise erkektir. 18-24 yaş aralığında 1 gazeteci, 25-40 yaş aralığında 4 gazeteci, 41-55 yaş aralığında ise 2 gazeteci ile görüşülmüştür. Gazetecilerden biri (erkek) yakın zamanda emekli olmuştur. Diğer gazetecilerin mesleki deneyimleri ise şöyledir: 10 yıl ve üzeri süredir gazetecilik yapan 1 gazeteci, 9 yıldır gazetecilik yapan 1 gazeteci, 8 yıldır gazetecilik yapan 1 gazeteci, 7 yıldır gazetecilik yapan 1 gazeteci, 3 yıldır gazetecilik yapan 1 gazeteci ve 1 yıldır gazetecilik yapan 1 gazeteci. Eğitim durumlarına bakıldığında, 5 gazeteci lisans mezunu olduğunu ifade ederken, 2 gazeteci de yüksek lisans mezunu olduğunu dile getirmiştir. Gazetecilerin tamamı gazetecilik lisans eğitimi almışlardır. Benzer şekilde, yüksek lisans eğitimi alan gazetecilerin de yine eğitim alanları gazeteciliktir. Yapılan görüşmelerde kimliğin gizliliği esas alındığı için, gazetecilerin görüşleri aktarılırken "katılımcı" anlamına gelen ve yanında katılımcının numarasını gösteren "K-1, K-2, K-3" gibi kısaltmalar kullanılmıştır. Katılımcıların görüşleri aktarılırken, konuya dair verilen uzun ve detaylı cevapların tamamı yazınsal sınırlılıklar nedeniyle olduğu şekliyle aktarılamayacağı için, sorulan sorunun kapsamına giren en önemli vurgu noktaları seçilmiştir.

Bulgular ve Yorum

Çalışmanın bu bölümünde, derinlemesine görüşme gerçekleştirilen gazetecilerin görüşlerine yer verilmekte ve yorumlanmaktadır. Gazetecilere yöneltilen sorulara ilişkin verilen yanıtlar kategorize edilmiş ve her bir kategori ayrı başlıklar altında incelenmiştir.

Basılı Gazetelerin Çıkmazı

Bu bölümde görüşülen gazetecilere "Size göre yazılı basının içinde bulunduğu en önemli problem/problemler nedir ve bunun arkasında neler yatmaktadır?" şeklinde genel bir soru sorulmuş ve konuya dair mesleki pratiklerinden ve deneyimlerinden yola çıkarak yanıtlamaları istenmiştir. Gazetecilerin soruya verdikleri yanıtlardan bazıları şöyledir:

K-1: Siyasi baskı ve düşük maaşlardır.

K-3: Özgür ve gerçek gazetecilik yapamamaları. Bunun en önemli nedeni, siyasi baskılar ve ekonomik darboğazda olmaları.

K-4: Günümüzde yazılı basının en büyük sorunlarından biri maddiyat. Yerel ve yaygın basın organları basım ve dağıtım maliyetlerinden dolayı ciddi sıkıntılar yaşıyor. Tabii bu sorun sadece maliyetten kaynaklanmıyor. Teknoloji gelişti, internet yaygınlaştı. Haber vb. içeriklere artık cep telefonlarından bile anlık olarak rahatlıkla ulaşılabiliyor. Bu da geleneksel medyaya talebi azaltıyor.

K-7: Artan kağıt fiyatları nedeniyle maliyetin yükselmesi, baskı sayısının azalması dolayısıyla ulaşılan okur sayısının düşmesi... Finans problemleri nedeniyle yazılı basın yerini internet haberciliğine adım adım bırakmaktadır. Yaygın dağıtımı ve baskısı olmayan bazı "yazılı basın"ın baskı adetlerini yüksek göstermesi nedeniyle Basın İlan Kurumu'nun (BİK) reklam pastasından pay aldığı bilinmekte ancak bu gazetelerin de adı var, kendisi yoktur.

Gazeteciler yazılı basının günümüzdeki en önemli problemi olarak basın özgürlüğünün olmamasını görmektedirler. Öte yandan, başta ücretler olmak üzere çalışma koşullarının gazeteciler açısından giderek kötüleşmesi bir diğer önemli vurgu noktasıdır. Bunun arkasında ise internetle birlikte yaşanan değişim ve dönüşümün basılı gazeteler üzerindeki etkisi yatmaktadır. K-7'nin ifadelerinden yola çıkarak söyleyecek olursak, basılı gazetelerin satışı giderek düşmekte ve okuyucular/izleyiciler haberi internet üzerinden takip etmektedirler. Görüşmelerin pandemi koşullarında gerçekleştirildiği de düşünülecek olursa, elbette bu durumu hızlandıran en önemli faktör mesafe ve temas dolayısıyla basılı gazetelerin okuyucularca tercih edilmemesi olmuştur. Gazeteler, 2013-2018 yılları arasındaki 5 yıllık dönemde %44 tiraj kaybı[1] yaşarken, henüz COVID-19'a ilişkin farkındalığın ve önlemlerin yeni başladığı 23-29 Mart 2020 ta-

---

[1] https://tr.euronews.com/2019/07/25/turkiye-de-gazete-tirajlari-5-yilda-yuzde-44-dustu (Erişim tarihi: 29.11.2020).

rihleri arasındaki tirajlarda 6-12 Ocak 2020'ye göre %12'lik bir tiraj kaybının[2] yaşandığı görülmektedir.

Gazetecilere konuyla ilgili daha spesifik olarak basılı gazetelerin geleceğinin ne olacağı sorulduğunda ise, 3 gazeteci kısa ve net bir şekilde ileride basılı gazetelerin ortadan kalkacağı cevabını verirken, 1 gazeteci de dönüşüm geçirerek ve baskı sayısı azalarak devam edeceğini belirtmiştir. Diğer 3 gazeteci, dijitalleşmeyle birlikte medyada bir dönüşüm yaşansa da basılı gazetelerin geleceği konusunda okurun belirleyici olacağını yanı sıra anaakım medyanın farklı stratejiler geliştireceğini dile getirmektedir.

K-4: Zamanını tahmin etmek pek mümkün olmasa da çoğu gazetenin birkaç yıl içinde yayın hayatına son vereceğini düşünüyorum. Yaşadığımız süreç günlük gazete kavramının yakın zamanda ortadan kalkacağını gösteriyor. Koronavirüs salgını da bu süreci hızlandırmış gibi. Gelecekte dergi benzeri araştırma haberlerin olduğu haftalık gazeteler raflarda yer bulacaktır ancak bu da basılı yayının ortadan kalkmasını engellemeyecektir.

K-6: Yazılı basının yavaş yavaş dijitalleşerek uzun süre daha yayın hayatında kalacağını düşünüyorum. Kağıt kokusu iyi bir gazete okuyucusu açısından günümüzde hala vazgeçilmez bir unsur olarak görülüyor. Çoğu insan gazetesini tabletten okumak yerine basılı halde okumayı tercih ediyor.

K-7: Halen nüfusun ciddi bir kısmı kağıttan okumayı sevmektedir. İnternet ortamında PDF formatında dolaştırılan dergilerin okunduğuna, ilgi gördüğüne ilişkin bir gözlemim yok. Aksine insanlar gazeteyi, dergiyi kağıttan okumaktan haz alıyor. Yazılı basının bir şekilde varlığını dönüştüreceği inancındayım. Yazılı basın bir şekilde silkinecek ve kendine gelecektir. Elbette bunun için bazı yenilikçi yöntemler üretilecektir. Örneğin gazetelerin

---

[2]http://www.turkishtimedergi.com/genel/gazete-tirajlarinda-corona-etkisi/ (Erişim tarihi: 29.11.2020).

Disiplinlerarası Yaklaşımla Sosyal Medya-2

bayilerde satılmadığı, doğrudan okurun adresine ulaştığı sistemler kurulacaktır düşüncesindeyim. Keza bir başka yenilik de bazı gazetelerin sadece sponsorlarla desteklenerek ücretsiz olarak yaygın dağıtımı olacaktır. Bunun Batı'da bolca örneği bulunmaktadır.

İnternet Haberciliğinde Sorunlar

Gazetecilere internet basınının günümüzde içinde bulunduğu en önemli probleminin ne olduğu sorulmuştur. Gazetecilerin verdikleri yanıtlar şu şekildedir:

K-2: Tıklanmaya yönelik bir yayıncılık anlayışının benimsenmiş olması.

K-3: Yazılı basının yaşadığı sorunların tamamı internet gazeteciliği için de geçerli. Bir de sosyal medya ile birlikte herkes haberci oldu.

K-4: Basının genel olarak ekonomik sorunları oluyor. Yazılı basının olduğu gibi internet haberciliğinin de kendini idame ettirebilmesi için sürekli bir gelir kaynağının olması gerekir. Kimi yayınlar medya patronlarından, iktidardan destek bulurken kimi yayınlar ise okuyucu kitlesi tarafından ayakta tutuluyor. Reklamsız varlığını devam ettirebilen yayın, istisnalar dışında, neredeyse hiç yok. Günümüzde reklam alabilmenin en kolay yolu kullanıcı sayısını yükseltmek ve haberlerin okunma, tıklanma sayılarını artırmak. Bu da haberi giren editörün üzerinde ciddi bir baskı hissetmesine ve "ne olursa olsun, haberler tıklansın" düşüncesine kapılmasına neden oluyor. Bu durum haber niteliğinin düşmesine de sebep oluyor. Özetle ekonomik beklenti domino taşı etkisi yaratıyor.

K-5: Haberin doğruluğuna bakılmadan ilk okunan olunmak istenmesi.

K-6: İnternet gazeteciliğinin içinde olduğu en büyük sorun, "copy paste" uygulamasının pandemi gibi küresel bir tehdit durumuna gelmiş olmasıdır. İnternet gazeteciliği ilk ortaya çıktığı dönemde, konvansiyonel medyaya bir alternatif olarak görülmüştü. Amma velakin, internet ortamının "copy paste" gibi kendine özgü kolaylaştırıcı uygulamaları, "akıl, bilgi ve emek" denklemi içinde anlam kazanmış olan haberciliği bir anda en basit şekilde bilgi paylaşma düzeyine indiriverdi. Belirli bir kaynaktan çıkan bir bilgi, bu yöntemle hızla kitlelere ulaşıp küresel bir mahiyet kazanırken, içeriğin sorgulanmadan aynı kalması, "araştırmacı gazeteciliğin" önünü kesen bir noktaya geldi. Bir diğer nokta ise internet gazeteciliğini sosyal medya üzerinden kitlelere ulaştıran mekanizma oldu. "Like" olarak adlandırılan etkileşim, haberlerin niteliğinden ziyade, hoşa gidecek içeriklerin internet gazeteciliğini şekillendirmesi olarak değerlendirilebilir.

K-7: İnternet gazeteciliğinde en büyük sorun kanımca etik sorunlardır. Yazılı basının on yıllar içerisinde oluşmuş etik değerleri, ahlakı ve disiplini vardır ancak internet gazeteciliğinde tık ve zamanla yarış her şeyin önüne geçmektedir. Bu durum internet basınının okurda güven oluşturabilmesinin önünde büyük bir engeldir. Yazılı basında her işin uzmanı, yoğunlaşma alanı belirginken internet basınında bir editör hem spor, hem sağlık hem de siyaset haberleriyle ilgilenebilmekte.

Gazetecilerin verdikleri yanıtlar çerçevesinde, çalışmanın kuramsal kısmında açıklanmaya çalışılan sorunsallar günümüz internet basınında belirgin şekilde görülmektedir. Tirajlarla ortaya çıkan ekonomik problemler ve reklam pastasından pay alamamanın sonucu olarak internetle birlikte basın "tık" almaya yönelik bir yayıncılığı benimsemektedir. Bu durum, bir yandan haberi "içerik üretimi" düzeyine indirgeyerek eğlenceyle harmanlanmış (infotainment) bir bağlama oturturken diğer yandan da haber etiği önemli ölçüde askıya alınmaktadır. Bu noktada K-3'ün belirttiği "sosyal medya ile birlikte herkesin haberci olduğu" vurgusu da oldukça önemlidir. Dolayısıyla internete dair dile getirilen herkesin kendi medyasını kurmasına olanak sağladığı ile basın ve ifade özgürlüğüne önemli katkısı olduğu kanaatlerinin diğer yüzünü de bir meslek olarak gazetecinin ve haberin giderek tarihsel bağlamından kopması ve değersizleşmesi olarak okumak mümkün görünmektedir.

Günümüz Basınında Etik

Gazetecilere, basın etiği söz konusu olduğunda basılı gazetelerin mi yoksa internet gazetelerinin mi daha dikkatli ve özenli olduğu sorulmuş ve bunun arkasındaki dinamiklerin neler olduğunun açıklanması istenmiştir.

K-2: Kesinlikle basılı gazeteler.

K-3: Basılı gazeteler biraz daha etik diyebilirim.

K-4: Bu soruya kesin bir cevap vermek gerçekten zor. Gazete ya da internet haber sitesi olarak ayırmak yerine arka planda nasıl bir çıkar ilişkisinin döndüğü önemli. Şunu da vurgulamak lazım, internette okunma sayıları önemli olduğundan yanıltıcı, yanlış yönlendirici haberler, haber başlıkları vs. çok fazla öne çıkıyor. Bu açıdan internet biraz daha sorunlu gibi.

K-5: Basılı gazeteler elbette.

K-6: Bugünün Türkiye'sinde ne yazılı basında (çok büyük bir çoğunluğu) ne de internet basınında etikten söz etmek olasıdır. Dünya son yirmi yıldır siyasal, sosyal ve bir anlamda da moral açıdan büyük çalkantılarla boğuşurken, bu durum popülizmin hızla yükselmesi ve büyük ölçüde dünyada popülizmin iktidara gelmesiyle sonuçlanmıştır. Popülist söylem, siyaseti ve medyayı etkilemiş ve 20. yüzyılın ortalarında küresel düzeyde kabul görmüş etik anlayışı ciddi biçimde erozyona uğratmıştır.

Gazeteciler basılı gazetelerin daha etik bir anlayış içinde olduklarını belirtmektedirler. Bunun nedeni olarak da, geleneksel gazetecilik anlayışının basılı gazetelerde halen bir şekilde sürdürülmeye çalışıldığını ifade etmektedirler. K-4'ün dile getirdiği gibi, reklam almanın ve kazanç sağlamanın doğal bir uzantısı olan tık almaya yönelik habercilikle birlikte, haberin sunuluşunda etik dışı uygulamaların olduğu görülmektedir. K-6 ise, hem basılı gazetelerde hem de internet gazetelerinde haber etiğinin askıya alındığını dile getirmekte, bunun nedenini ise daha makro bir sorunsalda; piyasayı esas alan popülist bir habercilik dili ve söyleminde görmektedir. Bu da elbette liberal basın anlayışında idealize bir şekilde sunulan tarafsızlık, nesnellik, dengelilik vurgularının serbest piyasa koşullarının doğası gereği internet basınıyla birlikte önemli ölçüde ortadan kalktığını bizlere göstermektedir (Uzun, 2011, s. 41-44).

İnternetle Gelen Dönüşümler

Gazetecilere, internetin gazeteciliği dönüştürüp dönüştürmediği sorulmuş, eğer çeşitli etkileri olduysa bunların neler olduğu sorulmuştur. Yaşanan dönüşümün özellikle hangi açılardan gerçekleştiğini açıklamaları istenmiştir.

K-1: İnternet basını hızı ve aktif katılımcı olanakları ile önümüzdeki yıllarda matbu yayıncılığı bir hayli zorlayacaktır.

K-2: Dönüştürdü, daha çok odaklanacağı özel haberlere yöneltti. Araştırmacı gazeteciliği öne çıkardı.

K-3: Dönüştürüyor tabi. Matbu basın daha çok bilgiye dayalı devam haberlerine ve makalelere yöneliyor.

K-4: Teknoloji hızla gelişti. Bu gelişme, hayatımızdaki birçok alanda olduğu gibi basında da değişime ve dönüşüme neden oldu. Ben mesleğe basılı yayında başladım. O zamanlar internet basını pek yaygın değildi. Okurlar haberleri okumak için bir sonraki günü bekliyorlardı. Birkaç yıldır anlık bilgi girişi olmaya başladı. Haberler, bilgisayardan, tabletten, telefondan takip edilmeye başlandı. Hızlı ve pratik haber akışı basılı yayını günden güne zayıflatmaya başladı. Bu, yazılı basında sıcak haber yerine daha uzun soluklu, araştırma tarzı haberlere geçişi sağlayabilir. Daha da ileri aşamada haftalık ve aylık basılı gazete versiyonlarını görmeye başlayacak gibiyiz.

K-6: İnternet basının yazılı basını dönüştürdüğünü düşünmüyorum. Ancak, sosyal medyanın 2006'dan sonra hızla gelişmesi, yazılı basınla sosyal medya arasındaki etkileşimi arttırmıştır. Yazılı basının internet versiyonları, sosyal medya üzerinden hızla yayılma şansı yakalamış, kitlesellik kazanmıştır.

K-7: İnternet basınının basılı yayınları dönüştürmesinden çok daha önemli bir husus; artan maliyetler nedeniyle yazılı basında personel sayısı minimum düzeye çekildi ve gazetelerin özel haber noktasında bir çabası da kalmadı. Hal böyle olunca yazılı basın aynılaştı. Bir farkla, kaliteli köşe yazarlarına sahip gazeteler o köşe yazarlarının değerlendirmeleri ve ürettikleri içeriklerle fark yaratabilmektedir. İnternet basının yazılı basına etkisine gelince, gazeteler internet medyası gibi merak uyandıran, saçma sapan başlıklara yöneldiler. Eskiden birinci sayfada aktarma başlıklar kullanılırdı, bu da terk edildi.

Öncelikle K-1 ve K-4'ün konuya dair açıklamalarına bakılacak olursa, matbu gazetelerin ilerleyen süreçte yok olacağına dair bir görüş hakimdir. Tamamen ortadan kalkmasalar dahi, kurumsal ve tarihsel farklılıklarını ortaya koymak adına sembolik düzeyde haftada ya da ayda bir şeklinde basılı olarak da yayınlarına devam edecekleri belirtilmektedir.

K-3 ve K-7 ise, internetle birlikte basın alanında farklı stratejilerin geliştiğine dikkat çekmektedir. Buna göre, basılı gazeteler daha çok araştırma haberciliğe yönelmiş gibi görünse de, yöndeşmenin farklı uzmanlıklar gerektiren pek çok işi aynı gazetecinin yapabildiği bir ortamı yaratması nedeniyle basılı gazeteler -zaten tirajdan dolayı düşen kâr marjları dolayısıyla- personelde azaltmaya gitmişlerdir. Böylelikle araştırma haberi yapacak olan gazeteciler aslında basında giderek azalmaktadır. Var olan gazeteciler ise genellikle daha teknik düzeyde çalışan işçiler gibidir. Günümüz gazeteciliğinde -geleneksel ve ideal mesleki bağlamının aksine- gazetecilerin haber üzerinde, haber içerikleri üzerinde pek etkileri yoktur (Bivens, 2008, s. 115). Bu durum orijinal haber üretimini azalttığı gibi büyük oranda bir aynılaşmaya da yol açmıştır. Bir yandan da internete ayak uydurmaya çalışan basılı gazeteler, -K-6'nın vurguladığı gibi- sosyal medya hesapları üzerinden kitlesel niteliğini korumaya, devam ettirmeye çalışmaktadır. Bu da elbette rekabetçi bir piyasada dikkatleri çekebilmek için haber dili açısından çeşitli sıkıntıları doğurmaktadır. Konuyla ilgili olarak gazetecilere internetin gelenekselleşmiş haber yapısını ve dilini nasıl etkilediğini sorduğumuzda ise şu yanıtları vermişlerdir:

K-1: Daha kısa ve net bir şekilde haberler kamuoyuna sunulmaya başladı.

K-3: Geleneksel haber dilini değiştirdiğini düşünmüyorum. Haber her yerde geleneksel dille yazılıyor. Ancak içeriği ve veriliş şekli değişiyor.

K-4: Haberlerin yayına girme hızı haber dilini de etkiledi. Gün içinde "son dakika" ifadesini çokça görür olduk. Haberi yayına alıp ayrıntıların gelmesini bekler olduk. Bunlar geleneksel medyada yok. Olumlu yanı, bilginin hızlı yayılması. Okurların daha çabuk bilgilenmesi. Olumsuz yanlarından biri yine hız. Teyitsiz, eksik veya yanlış bilgiler sorun yaratabilir. Haberleri genelde tek kişi yazıp-okuyup yayınlıyor. Bu da hata olasılığını güçlendiriyor.

K-5: Haberi klişeleştirmiştir.

K-6: İnternet medyası, haber dilinin niteliğinin düşmesine neden olmuştur. Haber yapısı da büyük ölçüde değişmiş, daha fazla tıklanma veya "like" almak için haber dili basitleştirilmiş, en önemli haberler bile magazinleştirilmeye başlanmıştır. Araştırmacı gazetecilik neredeyse tamamen ortadan kalkmış, onun yerine komplo teorileri ve gerçekliği kuşku götüren kulis haberleri ön plana çıkmaya başlamıştır.

K-7: İnternet haberciliğinin merak uyandırarak tık alma kaygısı taşıyan anlayışı ne yazık ki yazılı basına da sirayet etti. Gazeteciler, büyük-küçük haber demeden tık alabilmek için haberlerin giderek "son dakika" klişeleriyle verildiğini, haberde netliğin bir uzantısı olan farklı kaynaklarca teyit edilen bir habercilik kültürünün internetle birlikte giderek rafa kalktığını belirtmektedirler. Doğruluğu teyit edilmemiş haberler, henüz konuya dair ilk duyumların alınmasıyla birlikte yayına verilmektedir. Haber "son dakika" niteliği taşımasa dahi, rekabetçi piyasa koşullarında haber internet sitesinin tıklanmasını sağlamak için sansasyonel ve magazinel bir dille yayına sokulmaktadır. Sosyal medyadaki beğeni almaya yönelik popülist dilin bir uzantısı olan ve öncelikle dilsel olarak kitleyle ortak referans çerçevesi noktasında buluşmayı amaçlayan böylesi haber yayın tercihleri, giderek daha çok haber sitesi tarafından kullanılmaktadır. Allan (2006, s. 75-76) yaptığı araştırmada "iyi" gazetecilerin de giderek bu duruma uyum sağladığını ve sosyal medya bloglarından öncelikle dilsel olarak etkilendiklerini dile getirmektedir. Bu durumu "eski" ve "yeni" gazetecilik arasındaki önemli bir fark olarak okuyan Allan, haberin ve enformasyonun böylesi bir dille sunulmasının, hayati konulardaki haberlerde dahi alımlanma noktasında büyük farklar yaratacağını ileri sürmektedir. Örnek verecek olursak, çok büyük bir olayın haber sunumundan kaynaklı olarak alaycı ve yeterince ciddiye alınmayan bir alımlamayla okuyucularca yorumlanması söz konusudur.

İnternet Basını Bir Alternatif mi?

İnternet haberciliğinin anaakım medyaya alternatif olduğu ya da anaakım medyanın karşısına çıktığı iddiaları literatürde oldukça tartışılan bir konudur. Gazetecilere bununla ilgili olarak internetin anaakım medyaya karşı bir alternatif olup olmadığı ve anaakım medya ile ayrışan ve örtüşen yönlerinin neler olduğu sorusu yöneltilmiştir.

K-1: İnternet basını Türkiye'de anaakım medyanın tam göbeğinde bulunuyor. Herhangi bir yayın farkı olmaksızın, anaakım medya ile internet medyası arasında henüz Türkiye'de bir fark göremiyorum. Kısıtlı siteler ve haber ortamları hariç tu-

tulmalıdır. Türkiye'nin içinde bulunduğu ortamda objektif bir şekilde kamuoyunu bilgilendirmek oldukça güç. Bu güç durum hem internet hem anaakım medya için geçerli.

K-4: İnternet basını geleneksel medyanın yerini almaya başladı diyebilirim. Sosyal mecralar ve özellikle Youtube gibi kanallar, haber sitesinin yüksek maliyet gerektirmeden okuyucuya, izleyiciye ulaşmasına imkan tanıyor. TV kanalı kurmak, gazete basmak ciddi maliyet gerektirirken internet daha ekonomik bir habercilik ortaya çıkarmış oldu. Ancak haberciliğin henüz patron sultasından kurtulduğu söylenemez.

K-5: İnternet herkesin erişim sağlayabileceği bir yapıda ama anaakım için sermaye gerek.

K-6: İnternet gazeteciliği bu şekliyle geleneksel haberciliğe alternatif sunmaktan çok uzakta. Yurttaş gazeteciliği olarak tanımlanan ve bilginin sıradan vatandaş tarafından doğrudan, arada hiçbir eşik bekçisinin bulunmadığı sanal ortamda yayınlanması ciddi sakıncaları da beraberinde getirmiştir.

K-7: İnternet medyası, dünyada ve ülkemizde yapılacak telif hakları vb. bir dizi hukuki düzenlemeyle birlikte maliyetinin artacağı bir durumu kaçınılmaz olarak yaratacaktır. Çünkü belli konularda standartlar da gelecektir. Ve bu durum internet haber mecralarının sayısını azaltacağı gibi sektördeki işsiz gazeteci sayısını azaltacaktır. Mesleği gazetecilik olanlar gazetecilik yapacaktır.

Gazetecilerin görüşlerinden hareketle ortaya 3 temel görüş çıkmaktadır. İlki, internetin sağladığı olanaklar dolayısıyla yayıncılığın daha da kolaylaştığıdır. İkincisi, herkesin yayın yapmasına olanak sağlayan internetle birlikte basında kurumsal anlamda bir dönüşüm yaşandığı ve editörlüğün giderek ortadan kalktığı görüşüdür. Üçüncüsü, internet haber sitelerindeki emek hırsızlığına ve gerekli hukuki düzenlemelerin eksikliğinden kaynaklan sorunlar olduğuna vurgu yapan görüştür. Tüm bunlardan yola çıkarak şunu söylemek mümkün: İnternet medyası, bir yandan yayıncılığı kolaylaştıran teknolojik yenilikleri getirirken diğer yandan da basının geleneksel kurumsal yapısını dönüştürdüğü gibi profesyonel bir meslek olan gazeteciliğin hak ve sorumluluklarının da törpülendiği bir alternatiflik içerisinde varlığını sürdürmektedir.

Konuyla ilgili bir araştırma yapan Harcup da (2005, s. 364), özellikle internet haber sitelerinde çalışan gazetecilerin eğitim konusunda oldukça sıkıntılı olduklarına dikkat çekmektedir. Çalışmasında, internet haber sitelerinde çalışan 22 gazeteciyle görüştüğünü ve bunlardan yalnızca 13'ünün gazetecilik eğitimi aldığını belirtmektedir. Harcup (2005, s. 366) aynı zamanda haberciliğe ilişkin mesleki pratik ve değerlerin internet medyasıyla birlikte değiştiğini söylemektedir. Bu değişimin ana hatları ise; a) hem teknik hem de içerik yönetimi anlamında çoklu yeteneğe sahip olma, b) iletişimde olunan kişilerin artışına paralel olarak alternatif medya için hikaye üretimi, c) haber kaynaklarıyla ilişkilerde etik bağlamda çizilmiş normatif hatların dışına çıkılması ve d) neyin haber olup neyin haber olamayacağını belirleyen haber değerliliği ölçütlerinin alternatif medyada farklılaşması şeklindedir. Dolayısıyla geleneksel/bilindik anlam ve yapısıyla haberin, internette yer alan alternatif haber siteleriyle ve "alternatif" gazetecilik pratikleriyle birlikte her açıdan bir dönüşüm geçirdiğini söylemek mümkün görünmektedir.

Sosyal Medya ve Günümüzde Gazetecilik

Gazetecilere sosyal medyanın basın kültürünü nasıl etkilediğini sorduğumuzda, haber kaynaklarının çeşitlenmesi dışında genellikle olumsuz bir tablo çizildiği görülmektedir. Herkesin ulaşabileceği kaynakların ve açıklamaların masabaşı bir şekilde haberleştirilmesi tek tip bir gazeteciliği doğurduğu gibi, haberi doğru vermektense önce vermenin daha da ön plana çıktığı bir yapıyı doğurduğu görüşü hakimdir.

K-1: Vatandaşlar gazeteci olmuşlardır. Hızlı bir şekilde haberler artık kamuoyuna düşüp, kamerayı açanın gazetecilik yaptığı bir ortam yaratılmıştır. Çoğu zaman doğru bilgiye ulaşılabilirlik konusunda Twitter ve yurttaş haberciliği, gazeteciler için kaynak değeri taşımaktadır. Sosyal medya gazetecilik için tüm olumsuz görünen özelliklerine rağmen besleyicidir.

K-4: Sosyal medya haberlerin yayılma hızını etkiledi. Haber sitelerinin kısa yoldan okura ulaşmak için kullandıkları bir alan haline geldi. Paylaşımlar haber değeri taşımaya başladı. Özellikle internet haberciliği için ciddi bir haber kaynağı oldu. Basın açıklamaları, canlı yayınlar, paylaşılan bilgiler bu mecrayı editörlerin, tabiri yerindeyse, olmazsa olmazı haline getirdi. Normal koşullarda onlarca internet sitesini açıp bakmak gerekirken, Facebook, Twitter vb. mecralar sayesinde anlık haber akışı takip edilebiliyor. Sosyal medyada yer alan yorumlar bile haber değeri taşımaya başladı.

K-5: Herkesin kendisini gazeteci sandığı bir ortam yarattı.

K-6: Çok olumlu etkilediğini düşünmüyorum. Araştırmacı gazetecilik yerini Google gazeteciliğine bırakmış, "kopyala-yapıştır" uygulamasıyla çoğaltılmış tek tip bilginin mesleki anlamda kabul görmesine neden olmuştur.

K-7: İnternet medyası özellikle yazılı basını olumsuz etkiliyor. İnternetin de etkisiyle bol görsel kullanılan kısa yazılar okunuyor. Uzun yazılar ise okunmuyor. Bu durum internet haberciliği için de geçerli bir durum. Sosyal medya en ücra köşedeki bir olayın bile ülke gündemine getirilmesi sonucunu doğurabilmektedir. Haber kaynaklarının çeşitlenmesini de sağlayan bir durumdur. İstanbul'daki bir gazetecinin Van'ın dağ köyündeki bir olayı masa başında haber yapması ne kadar sağlıklı bir durumdur? Bu da işin diğer boyutu.

Tüm gazetecilerin ortak vurgu noktasını oluşturan konu, sosyal medyanın herkesin gazeteci olmasına olanak sağlamasının bir sonucu olarak gazeteciliğin giderek masabaşı bir pratiğe dönüşmesidir. Literatürde "mecra gazeteciliği" (ambient journalism) ile ilişkili olan bu olgu, esasında gazeteciliğin doğal bir uzantısı olan haberi başka kaynaklardan teyit etme alışkanlığını öldürdüğü gibi, araştırmacı gazeteciliği yok etmekte ve akredite kaynağa dayalı bir haberciliği de yaratmaktadır. Bir örnek üzerinden gidilecek olursa; siyasetle ilgili bir konuda siyasilerce yapılan sosyal medya paylaşımların doğruluğunun farklı kurumsal bilgiler ve belgeler ışığında teyit edilmeden doğrudan masabaşı bir pratik içinde haberleştirilmesi öncelikle tarihsel olarak araştıran, sorgulayan ve farklı kaynaklardan beslenerek haberi inşa eden gazeteci kimliğini ortadan kaldırmakta ve gazeteciyi söylemlerin bir taşıyıcısı/aracısı konumuna itmektedir. Dolayısıyla böylesi bir pratik -hem internet teknolojisinin herkese sunduğu olanaklar hem de sosyal medyanın herkesçe ulaşılabilir olması da göz önünde bulundurulduğunda- herkesin gazetecilik *yapabildiği* ya da *yapabileceği* bir habercilik kültürünü doğurmuştur (Hermida, 2013, s. 361-365).

Bir Meslek Olarak Gazetecinin Emek Sorunu

Gazetecilere, internetin önemli oranda etki ettiği bir medya düzeninde profesyonel bir meslek olarak gazeteciliğin kamusal değerinin/itibarının geçmişe kıyasla ne durumda olduğu ve ne gibi koşullarda çalıştıkları sorulmuştur.

K-1: Günümüzde basın sektöründe emek ve değer konusu minimum düzeydedir. Mesleğin götürüleri getirilerinden oldukça fazladır.

K-3: Gazetecilik emek-değeri düşük bir iş haline geldi. Pek çok gazeteci mesleği bıraktı. Sektör ucuz iş gücüyle, vasıfsız çalışanlarla ayakta durmaya çalışıyor. Gerçek gazeteciler işsiz.

K-4: 2010 öncesiyle kıyasladığımda gazetecilerin, gazeteciliğin giderek zayıfladığını düşünüyorum. Nitelik bakımından artış olmasına rağmen kazanç kısmında ciddi bir düşüş gözlemliyorum. İnternetin bu açıdan olumsuz etkisi var. Çalışan sayısında çok yüksek bir artış oldu. Emek-değer açısından bakacak olursam, iş yüküyle kazanç ters orantılı oldu. Daha çok iş daha az kazanç haline geldi. Sunulan haklarda da kayıplar söz konusu.

K-6: En basit anlatımıyla günümüz basın emekçileri için post-modern köle tanımı yapmak mümkündür. Çoğu internet medyası, ya ücretsiz ya da çok cüzi ücretlere insan çalıştırmaktadır. Yazılı ve görsel basın için de benzer bir yaklaşım söz konusudur. Sendikalaşma yok denecek kadar azdır. Gençler, basında çalışma uğruna uzun yıllar hiçbir sosyal güvencesi olmadan boğaz tokluğuna çalıştırılmaktadır. Büyük yayın kuruluşları bile en az sayıda çalışanla yayın hayatlarına devam etme yoluna gitmişlerdir.

K-7: Yıllar içinde meslekte yetişmiş kalifiye editörler, muhabirler yerine ucuz iş gücü tercih edilir oldu. Sanırım Türkiye'de 10 yıldan önce tazminat hakkı olmuyor bir çalışanın. O nedenle uzun süreli deneyimli personeli bünyesinde tutmuyor basın kuruluşları, bu durum sürekli olarak birikimsiz, yetersiz personelle çalışılması ve sürekli sirkülasyonu beraberinde getiriyor.

Gazetecilerin internetle birlikte çok daha emek-yoğun ve zaman-yoğun bir iş yükü içerisine girmelerine karşın, hem iş güvencelerinin hem de ücretlerdeki iyileştirmelerinin aynı oranda artmadığı görülmektedir. Hermans v.d. (2009, s. 138), gazetecilerin çalışma koşullarının kötü durumda olmasının aynı zamanda/oranda mesleki değerlere ve habercilik kültürüne de etki ettiğini belirtmektedir. Öte yandan, bilim haberi yapan gazetecilerle internetin etkileri üzerine bir araştırma yapan Granado ise (2011, s.809), gazetecilerin sürekli olarak haber merkezlerinde "takılı kaldıklarını" ve yoğun iş temposu ile çalışma koşullarının zorlaşmasının gazeteciler üzerinde olumsuz etkileri olduğunu tespit etmiştir.

Bu durum "prekarya" (precariat) olarak bilinen ve internetle birlikte ortaya çıkan yeni iş kültürüyle de yakından ilgilidir. İlk bakışta iş kültüründe çeşitli kolaylıklar sağlıyor gibi görünen dijitalleşme, aslında çalışanlar açısından mekânsal zorunluluğu ortadan kaldırdığı için, belli/sabit bir mesaiye dayalı iş tanımını da ortadan kaldırmış olmaktadır (Standing, 2011, s. 5-13). Kaldı

Disiplinlerarası Yaklaşımla Sosyal Medya-2

ki gazetecilik, internet öncesinde de mesai kavramının en esnek şekilde işletildiği mesleklerden biriydi ve internet bu esnekliği de tamamen ortadan kaldırmış oldu. Dahası, az sayıda çalışanla da haberciliğin yapılabileceği değişkeni de hesaba katıldığında; gazeteciler düşük ücretle ve tüm güne yayılan bir çalışmayla mesleklerini icra eder hale gelmişlerdir. Buna bir de yoğun çalışma temposu eklemlendiğinde, gazeteciliğe ve habere yönelik tarihsel süreç içerisinde şekillenmiş tüm standart ve değerlerin büyük oranda ortadan kalktığı bir neticeyle karşılaşmaktayız.

Basın ve İfade Özgürlüğü

Son olarak gazetecilere yaşanan tüm bu değişim ve dönüşümün basın ve ifade özgürlüğü noktasında ne gibi etkileri olduğu sorulmuş, konuya dair düşüncelerini açıklamaları istenmiştir.

K-1: Günümüzde gerçek anlamda gazetecilik yapmak büyük cesaret gerektiriyor. Bu dönemde gerçek habercilik yapabilmek için birçok olumsuzluğu göze almak gerekiyor. Çıkar ilişkileri de basının en büyük handikaplarından biri. Özetle basın ve ifade özgürlüğünden bahsetmek, hele bu dönemde, pek mümkün değil.

K-3: Sıradan bir basın emekçisi evine ekmek götürmek için patronunun her dediğini yapma ile vicdanı arasında sıkışmış durumdadır. Basın ve ifade özgürlüğünün ciddi olarak kısıtlanmış olmasına karşın bundan daha büyük tehdit gazeteciler için doğal bir otosansürün gelişmiş olmasıdır. Günün birinde Batılı anlamda ifade özgürlüğü sağlanmış olsa bile kafalardaki otosansür uzun yıllar etkisini koruyacak gibi görünmektedir.

K-4: Basın ve ifade özgürlüğü yok.

K-5: Kötü!

K-6: Çok üzülerek söylüyorum ki maalesef çok kötü.

K-7: Çok vahim bir tabloyla karşı karşıyayız. İfade özgürlüğü tam olarak yok demek daha doğru.

İnternetin ifade özgürlüğüne katkı koyduğu iddialarına karşın, gazeteciler -kurumsal bağlılıkları da göz önünde bulundurulduğunda- birer basın emekçisi olarak basın özgürlüğü açısından mevcut durumun kötü olduğunu dile getirmektedirler. Özellikle K-3'ün ifadeleri, gazetecilerin durumunu anlamamız açısından oldukça aydınlatıcıdır. Çalıştıkları kurumların sahipliğinden kaynaklanan ve bunun çeşitli yanlılık görünümleriyle iç içe geçerek haber üzerinde yaptığı belirleyicilik, o haberin üreticisi olan gazetecilerin pratikte otosansür uygulamasına neden olmaktadır. Bu da elbette haberi bir metaya dönüştürmektedir.

Sonuç Yerine

İnternetin haber kültürünü giderek değiştirdiği ve geleneksel anlamıyla gazeteciliği ve haber olgusunu dönüştürdüğü gazetecilerce de ortaya konmaktadır. Bunun temelinde, internetin içinde barındırdığı dinamiklerin de etkisiyle, birer müessese olarak gazetelerin ekonomik olarak ayakta kalma çabaları yatmaktadır. Bu ise giderek "son dakika" görselleriyle *süslenmiş* kısa sosyal medya paylaşımlarıyla tıklanmayı odağa alan ve bu tıklanmaların uzantısı olarak reklam pastasından pay kapmayı amaçlayan bir haberciliği doğurmuştur. Görüşülen gazetecilerden birinin dediği gibi, popülist ve magazinel bir haberciliğe neden olan bu durum esasında mesleki hak ve sorumlulukların da büyük oranda rafa kalkması anlamına gelmektedir. Çünkü, tarihsel ve teorik olarak süreç içerisinde belli etik değerlere ve normlara yaslanarak profesyonel bir meslek olarak kabul görmüş olan gazeteciliğin internetle birlikte yaşadığı dönüşüm, hak ve sorumluluklar ile mesleki değerleri referans alan bir habercilik değil; doğrudan doğruya kitleselleşmeyi yani "like" almayı hedef edinen bir habercilik anlayışıdır. Kaldı ki, internetin sunduğu teknolojik kolaylıkların/olanakların herkesin "habercilik" yapabilmesine fırsat sunan doğası da göz önünde bulundurulduğunda, "gerçek gazetecilerin" mesleki yabancılaşmalarının uzantısı olarak hem gazetecilik hem de haber olgusu giderek muğlak bir bağlama oturmaktadır. Dahası bu duruma, medya patronlarınca kâr marjını odağa alan bir anlayışla -

mesleği gazetecilik olmasa dahi- düşük ücrete çalıştırabileceği kişilerden yana tercihte bulunulması ile -basın özgürlüğü noktasında- siyasal atmosferin sağladığı olumsuzluklar da eklemlendiğinde, basın kültürü daha da sorunlu bir hal almaktadır.

Özetle, internetin okurlar açısından haber ve bilgiye ulaşmada hız ve çeşitlilik kazandırdığı yorumu, basın emekçilerinin görüşleri değerlendirildiğinde, basın kültüründe büyük açmazların olduğuna işaret etmektedir. Şöyle ki, gazetecilerin hak ve sorumluluklarından kaynaklanan mesleki değerlerini özgürce sergileyememelerinin önüne geçen bu sorunsallar, okurların ne kadar *sağlıklı* haberler okuyacağının da bir ölçütüdür.

Kaynakça

Allan, S. (2006). *Online News*. New York: Open University Press.

Atton, C. (2007). Radical Journalism. K. Coyer, T. Dowmunt ve A. Fountain (Ed.), *The Alternative Media Handbook*. London and New York: Routledge, pp. 67-90.

Baym, G. (2008). Infotainment. The International Encyclopedia of Communication, ss. 1-5.

Bivens, R. K. (2008). The Internet, Mobile Phones and Blogging. *Journalism Practice*, 2 (1), ss. 113-129.

Curran, T. & Witschge, T. (2010). Liberal Dreams and the Internet. N. Fenton (Ed.), *New Media, Old News: Journalism & Democracy in the Digital Age*. London: Sage Publications, pp. 102-118.

Deuze, M. (2004). What is Multimedia Journalism?. *Journalism Studies*, 5 (2), ss. 139-152.

Encabo, M. N. (2014). Gazetecilik Etiği ve Demokrasi, Çev: Ü. H. Yolsal. S. İrvan (Ed.), *Medya, Siyaset, Kültür*.Ankara: Pharmakon Yayınevi, ss. 97-132.

Freedman, D. (2012). Outsourcing internet regulation. J. Curran, N. Fenton ve D. Freedman (Ed.), *Misunderstanding the Internet*. London & New York: Routledge, pp. 95-120.

Fuchs, C. (2010). Alternative Media as Critical Media. *European Journal of Social Theory*, 13 (2), ss. 173-192.

Granado, A. (2011). Slaves to journals, serfs to the web: The use of the internet in newsgathering among European science journalists. *Journalism*, 12(7), ss. 894-813.

Haas, T. (2004). Research Note. *Journalism Studies*, 5 (1), ss. 115-121.

Harcup, T. (2005). "I'm Doing this to Change the World": Journalism in Alternative and Mainstream Media. *Journalism Studies*, 6 (3), ss. 361-374.

Hermida, A. (2013). Twitter as an ambient news network. K. Weller, A. Bruns, J. Burgess, M. Mahrt ve C. Puschmann (Ed.), *Twitter and society*. New York: Peter Lang, pp. 359-372.

Hermans, L., Vergeer, M. ve d'Haenens, L. (2009). Internet in the Daily Life of Journalists: Explaining the use of the Internet by Work-Related Characteristics and Professional Opinions. *Journal of Computer-Mediated Communication*, 15 (1), ss. 138-157.

Jenkins, H. (2006). *Convergence Culture: Where Old and New Media Collide*. New York: New York University Press

Johnson, J. M. & Rowlands, T. (2012). The Interpersonal Dynamics of In-Depth Interviewing. J. F. Gubrium, J. A. Holstein, A. B. Marvasti, K. D. McKinney (Ed.), *Handbook of Intweview Research: The Complexity of The Craft*. Los Angeles: Sage Publications, pp. 99-114.

Lee-Wright, P. Culture Shock: New Media and Organizational Change in the BBC. N. Fenton (Ed.), *New Media, Old News: Journalism & Democracy in the Digital Age*. London: Sage Publications, pp. 71-86.

Loader, B. D. (2008). Social Movements and New Media. *Sociology Compass*, 2 (6), ss. 1920-1933.

Lucas, S. R. (2012). Beyond the Existence Proof: Ontological Conditions, Epistemological Implications, and In-depth Interview Research. *Quality & Quantity*, 8 (1), ss. 1-22.

Marx, K. (2011). *Kapital: Ekonomi Politiğin Eleştirisi, I. Cilt: Sermayenin Üretim Süreci*. Çev. M. Selik ve N. Satlıgan. İstanbul: Yordam Kitap.

Marzano, M. (2012). Informed Consent. J. F. Gubrium, J. A. Holstein, A. B. Marvasti, K. D. McKinney (Ed.), *Handbook of Intweview Research: The Complexity of The Craft*. Los Angeles: Sage Publications, pp. 443-456.

Phillips, A. (2007). The Alternative Press. K. Coyer, T. Dowmunt ve A. Fountain (Ed.), *The -Alternative Media Handbook*. London and New York: Routledge, ss. 47-58.

Sandoval, M. ve Fuchs, C. (2010). Towards A Critical Theory of Alternative Media. *Telematics and Informatics*, 27 (2), ss. 141-150.

Scott, B. (2005). A Contemporary History of Digital Journalism. *Television and New Media*, 6(1), ss. 89-126.

Standing, G. (2011). *The Precariat: The New Dangerous Class*. London: Bloomsbury.

Uzun, R. (2011). *İletişim Etiği: Sorunlar ve Sorumluluklar*. Ankara: Dipnot Yayınları.

Kanaat Önderi mi? Sembolik Seçkin mi? Tanınan Habercilere Yönelik Youtube İzleyici Yorumları Üzerinden Bir MaxQda Çalışması

*Serkan Bulut**

Giriş

Haber medyası, basın tarihinden de anlaşıldığı gibi kendi tarihsel süreci boyunca büyük halk yığınlarının kanaatlerini, toplumsal meselelere yönelik düşünce ve eğilimlerini belirlemede son derece etkili olmuştur. Ancak başlarda sadece kitap ve gazete ile gerçekleşen bu etkileme süreci bugün özellikle sosyal medya platformlarında gerçekleşmektedir. Özellikle haber medyasında, son zamanlarda medya kuruluşunun kendisinden ziyade, kitleler tarafından tanınan ve takip edilen kişiler daha ön plana çıkmaktadır. Öyle ki bu gazeteci ve haberciler, çalışmış oldukları medya platformunun tanınan ve bilinen yüzü ve daha da etkili olacak şekilde sembolü haline bile gelmektedir. Yaşanan bu süreç hem haber medyasının yapısında, hem gazeteci/haberci tanımlama ve anlamlandırılmasında ve hem de okuyucu/izleyici kitlesinin değişim ve dönüşümünde belirleyici bir role sahip olmaktadır.

Medyanın ve haberciliğin etkisinin anlaşılmasında iki kavram sosyal medya haberciliğinin de etkisinin artması ile belirgin hale gelmiştir. Bunlar sembolik seçkinler ve kanaat önderleri kavramlarıdır. Sembolik seçkinler hedef kitlelerin iktidarlar tarafından denetim altında tutulması, yönlendirilmesi ve ikna

---

* Dr. Çukurova Üniversitesi İletişim Fakültesi, serkanbulut@cu.edu.tr

edilmesi sürecinde etkin bir rol alırken, kanaat önderleri daha çok kamuoyu oluşmasına katkı sunmaktadır. İzleyici ve okuyucular haber medyası aracılığı ile öğrendiği olaylar hakkında açıklayıcı, analizlere dayalı ve derinlemesine açıklamalara ihtiyaç duymaktadır. Çünkü haberciliğin 5N1K kuralı ile şekillenen metinleri her zaman derinlikli analizler gerçekleştirmek için yeterli olmamaktadır. Bu süreçte bireyler eğitim seviyesi, deneyimi ve analiz yeteneğine güvendikleri gazeteci, akademisyen, siyasetçi vb. kişilerin konu veya meseleler hakkındaki değerlendirmelerine ihtiyaç duyar. Ancak bu seçili grupta bulunan kişiler, olay ve gelişmelerin toplumsal düzeyde anlamlandırılması sürecinde bulunurken, temel ideolojik konulara, statüko ve tabulara, güç ve egemen fikir ve kurumların çıkarlarının zarar görmemesi ve bilakis içselleştirilmesi için mesajlar vermek durumunda kalabilmektedir.

Bu çalışmada, en temelinde toplumsal kesimler üzerinde etkiler bırakarak kanaat ve eğilimlerin oluşmasında etkin gazetecilerin, sembolik seçkin mi veya kanaat önderi mi fikrine yakın olabilecekleri üzerinde bir tartışma gerçekleştirilmektedir. Araştırmanın temel problemi, tanınıp takip edilen ancak açıklama ve değerlendirmeleri ile toplum nezdinde büyük tartışmalar yaratan gazetecilerin kanaat önderi mi yoksa sembolik seçkin mi olabilecekleri yönünde bir sorgulamada bulunmaktır. Bu çerçevede örneklem kişiler olarak belirlenen üç gazetecinin yayınladığı video haberlerin, Youtube platformu üzerinden yapılmış olan izleyici yorum ve paylaşımları analize tabii tutulmuştur.

Sembolik Seçkinler ve Gazetecilik

Sembolik işlevler, bir sistemin temel öğelerinin sunulmasıyla, ağırlaştırılmış, simgelerle yüklü ve birbirleriyle ilişkili şekilde örtüktür. Bu tür unsurlar zaman, mekân, nitelendirmeler (insanlar) ve onların kaderlerine yönelik olarak gerçekleşebilir (başarı, başarısızlık; tahakküm, teslimiyet vb.). Dinamik sembol sistemleri, başka bir gerçekliğin haritaları değildir. Onlar bizim mitolojimiz, sosyal anlam organlarımızdır. Yaşamın ve toplumun görünmez güçlerine dair bazı kavramları görünür kılarlar. Başka türlü anlaşılması güç gerçekleri (her zaman bilinçli olmayan) amaçlara yönelik bükecek şekilde seçip şekillendirirler. Bilsek de bilmesek de, niyet etsek de etmesek de, bu amaçlar işlerin fiilen yürüdüğü şekildeki sembolik dünyada örtüktür (Gerbner, 1985, s. 18-19). Bu örtük semboller aynı zamanda birer nesneleştirme sürecini barındırır. Nitelikler, üyelikler, sembolik ve maddi mallardaki sınıf temelli farklılıklarındaki bu nesneleştirme sürecinin etkisi, iktidarların keyfi doğasını gizlerken aynı zamanda tabakalaşmayı sağlayan ilkeleri kurumsallaştırmaktadır (Bourdieu, 1990). Bu kurumsallaşma bir çeşit seçkin üretim ilişkilerini meşru kılmaktadır. Bu şekilde, seçkin olan yeniden üretim, özel kurallar, çerçeveler ve teleolojik olarak belirlenmiş, toplumsalın kurucu dolaşıklığına ve toplumsal olarak ilgili farklılıkların onaylanmasına ve inşasına hizmet eden araçlara bağlı olan maddi eserlerle birlikte seçkinler tarafından gerçekleştirilir (Orlikowski, 2007, s. 1435). Bu seçkinler, kamusal tartışmanın gündemlerini belirleyebilir, konuyla ilgili kişileri etkileyebilir, bilginin miktarını ve türünü, özellikle de kimin ve ne şekilde kamuoyuna resmedilmekte olduğunu yönetebilirler. Bunlar kamusal bilginin, inançların, tutumların, normların, değerlerin, ahlakın ve ideolojilerin üreticisidir (Van Dijk, 1989, s. 22).

Bourdieu, sembolik emek yoluyla sembolik sermaye üreterek sosyal düzeni meşrulaştırmada sembolik seçkinlere (örneğin sanatçılar, yazarlar, öğretmenler, gazeteciler ve din adamları) önemli bir rol atfeder. Bu, Marx'ın ideolojiye verdiği roldür, ancak Bourdieu sembolik emeği vurgulayarak, ideolojinin verili olmadığını, aktif bir inşayı gerektirdiğini vurgulamak ister. Dahası, Bourdieu, gündelik pratiklerin çoğunun, bünyelerinde nesnel çıkarların yanlış tanımlamalara bağlı gerçekleştiklerini ve bu pratiklerin böyle anlaşılması gerektiğini ileri sürer. Örneğin, objektif çıkarlarının bir dereceye kadar yanlış tanınması olmasaydı, hediye alışverişi bir mali işleme dönüşecekti. Bundan dolayıdır ki, sembolik güç, pratiğin ayrılmaz bir boyutu olarak ortaya çıkmaktadır (Swartz, 1996, s. 77). Aslında, herhangi bir toplumda, meşru bölünmeler vizyonunu, yani grupları inşa etmeyi amaçlayan sembolik güçler arasında her zaman çatışmalar vardır. Sembolik güç, bu anlamda, bir dünya kurma gücüdür. Yani bu güç sosyal dünyada işleyen birlik ve ayrılık, evlilik ve boşanma, birliktelik ve ayrışmanın nesnel ilkelerini koruma veya dönüştürme gücüdür. Cinsiyet, ulus, bölge, yaş ve sosyal statü konularındaki mevcut sınıflandırmaları koruma veya dönüştürme gücü, bireyleri, grupları veya kurumları belirtmek veya tanımlamak için kullanılan kelimeler aracılığıyla gerçekleşmektedir (Bourdieu, 1989, s. 22-23). En temelinde sembolik seçkinler de mevcut statükoyu yeniden üretirken dilin ve kelimelerin gücünden yararlanmaktadır.

Sembolik seçkinlerin sahip oldukları olanaklar, içinde oldukları sosyal statü ve konum sayesinde gerçekleşmektedir. Nesnel sınıflandırmanın ve bireyler ile gruplara verilen değerler hiyerarşisinin belirlenmesinde, tüm yargıların ağırlığı aynı değildir. Büyük oranda sembolik sermayeye sahip olan seçkinler (etimolojik olarak iyi bilinen ve tanınan kişiler), sahip olduklarına en uygun değeri belirlemede ve empoze edebilmede ağırlıklı bir konumdadır – bu seçkinler özellikle toplumlarımızda, okul sistemi gibi resmi kurumlar üzerinde fiili bir tekel sahibi oldukları için toplumsal sınıflandırmayı belirleyebilmekte ve garanti edebilmektedirler (Bourdieu, 1989, s. 21). Bu sınıflandırma aynı zamanda bir kültürel üretim biçimidir ve kültür bu üretim çerçevesinde üretilen birçok toplumsal kodu ve normu içinde taşır. Kültürel üretim biçimleri geliştikçe, uzmanlar tarafından yönetimleri üzerindeki tekel için mücadele alanları yaratırlar. Bourdieu, modern farklılaşmış toplumlardaki sembolik iktidarın politik ekonomisinin bu boyutunu açıklamak için "alan" kavramını geliştirmiştir. Alanlar, belirli sermaye biçimlerinin üretildiği, yatırım yapıldığı, takas edildiği ve biriktirildiği yerleri belirtmektedir (Swartz, 1996, s. 78). Bourdieu'nun dünyası sadece ilişkisel değildir; aynı zamanda maddidir. Hâkimiyet ilkelerinin nesneleştirilmesi, dolaylı olarak, maddi şeylerin aracılık ettiği mekanizmalar aracılığıyla gerçekleşmektedir (Bourdieu, 2011, s. 137; Le Wita, 1994).

Sembolik seçkinler, bir tür iktidar ilişkileri ağını sembolize eder. Sembolik iktidar, sembolik sistemlerde dilsiz bir güç biçiminde değil, iktidarı uygulayanlarla ona maruz kalanlar arasında, yani inancın üretildiği alanın tam da yapısında belirli bir ilişki içinde ve onun tarafından tanımlanmakta ve yeniden üretilmektedir. Kelimelerin emir verme ve düzen getirme gücü, kelimelerin ve bunları söyleyen kişinin meşruiyetine olan inançta yatar, yoksa bu inanç kelimelerin kendilerinin üretemeyeceği bir inançtır. Sembolik güç, ikincil bir güç, diğer iktidar biçimlerinin dönüştürülmüş - yani yanlış tanınabilen, değiştirilmiş ama meşru - bir biçimidir (Bourdieu, 1979, s. 83). Bir toplumda kelimeler, metinler, görüntü, imaj ve algılardan en çok istifade eden ve bunları en çok üreten meslek gruplarının başında gazeteciler ve haberciler gelmektedir. Gazeteciler, toplumdaki önemlerini, büyük ölçekli bilgi üretimi ve bilgi yayımı üzerindeki fiili tekellerine borçludur. Bunlar aracılığıyla, sıradan vatandaşların yanı sıra akademisyenler, sanatçılar ve yazarlar gibi diğer kültürel üreticilerin bazen kamusal alan olarak adlandırılan alana, yani kitle dolaşım alanına erişimini kontrol ederler. (Bu kişiler, bir grubun etkili bir üyesi veya belirli bir haberi geniş bir şekilde dolaşıma sokmaya çalıştığında yolu tıkayan tekeldir.) "Medyadaki 'sembolik seçkinleri' 'fast thinker' olarak tanımlayan Bourdieu, bunların özgür ve özgün olamadıklarını, söyleyeceklerinin daha ağızlarından çıkmadan çerçevesinin çizildiğini, ne kadar, ne hakkında, hangi sınırlar içinde konuşacaklarının belirlendiğini, bu beklentilere uygun olarak kendilerinin çağrılı konuşmacılar olduğunu belirtmiştir" (Bourdieu, 2000'den akt. Mora, 2008, s. 16-17). Dolayısı sembolik seçkinler kitlelerin aynası konumunda kişiler değil, iktidarların meşruiyet alanındaki uzantısıdır.

Gazeteciler, kültürel üretim alanlarında daha aşağı, egemen bir konuma sahip olsalar da, kamusal ifade araçlarını kontrol ettikleri için çok özel bir egemenlik biçimini kullanırlar. Gerçekte, kamusal varoluşu, bir kişinin kamusal bir figür olarak tanınmasını kontrol ederler, bu da politikacılar ve belirli entelektüeller için açıkça kritiktir. Dahası, bu kutsama gücünün bir kısmını kendi çıkarları için kullanabilirler. En iyi tanınan gazeteciler bile entelektüeller veya politikacılar gibi sosyal kategorilere göre yapısal olarak aşağı konumlarını işgal ederler ve gazetecilerin entelektüel kalabalığın parçası olabilmek kadar istedikleri başka hiçbir şey yoktur (Bourdieu, 1998, s. 46). Bazı gazeteciler, sembolik sermayelerini korumaya ve artırmaya ihtiyaç duyan küçük çaplı kapitalist girişimciler gibi davranırlar - çünkü medya görünürlüğü onların değerlerini arttırır (Bourdieu, 1998, s. 5-6). Sonuç olarak klasik manada gazeteciler sembolik seçkin olabilme kapasitesine sahip kişilerdir. Mevcut ve egemen değerler etrafında birleşen gazeteciler, bu sistemin ideolojisini yeniden inşa etmek için bir nevi görevli memurlar gibi hareket edebilmektedirler. Haber medyası her zaman teoride ifade edildiği biçimiyle halkın haber alma hakkını bu yönüyle tam karşılayamamaktadır.

Sosyal Medya ve Kanaat Önderleri

Kanaat önderi kavramı ilk olarak 1940 yılında ortaya çıkmış ve daha sonra farklı çalışmalar ve teorilerle daha da geliştirilmiştir. Yerel topluluklarda haberlerin ve reklam mesajlarının yayılmasını inceleyen Paul Lazarsfeld, Elihu Katz ve meslektaşları, bir konuya yakından ilgi gösteren, konuyu sık sık tartışan ve başkalarını belirli bir görüş veya yolu izlemeye ikna etme konusunda kendilerini daha ikna edici bulan belirli kişiler olduğunu saptamıştır. Kişi kamuoyunda bilinmesini istediği veya zaten bilinen bir mesele hakkında düşünceleri değiştirmek için kanaatlerini paylaşıyor ve bu kişinin fikirlerini merak eden ve onaylayan kişiler de onun görüşlerinden yola çıkarak meseleler konusunda temel yaklaşımlarını belirliyordu. Bu iki aşamalı bilgi akışında, kanaat önderleri topluluklarda resmi güç veya itibar konumlarına sahip değillerdi, daha ziyade akranlarını siyasi olaylar, sosyal sorunlar ve tüketici tercihleri arasında önemli olan şeyler konusunda uyaran bir bağlantı olarak hizmet etmekteydiler (Nisbet ve Kotcher, 2009, s. 329). "Kanaat önderleri çevrelerindeki insanlar için referans kişiler olarak işlev görürler. Kanaat önerilerinin bu referans olma, rehberlik etme işlevleri, bireylerin kitle iletişim araçlarından aldıkları bilgilerin kullanılma biçimlerini yönlendirmede de kendisini gösterir" (Güngör, 2016, s. 372).

İki aşamalı akış üzerine araştırmalar geliştikçe, kanaat önderliğinin kavramsallaştırılması ve anlamlandırılması daha da netleşmiştir. Lazarsfeld ve arkadaşları (1948), kanaat önderlerinin yerel sosyal ağlarında politik olarak ilgilendiklerini, ilgili, bilgili ve güvenilir bilgi kaynakları olduğunu öne sürmüştür. Daha sonraki araştırmalar, bireylerin ancak etkiledikleri kişilerle sosyal konum bakımından benzer olmaları, tartışılan konu hakkında yetkin olarak algılanmaları ve kendi sosyal ağlarında birçok farklı temas ve sık sık tartışmalar düzenledikleri takdirde kanaat önderleri olarak tanımlanabileceklerini belirtmiştir (Turcotte vd., 2015, s. 523). Günümüzde sosyal medya sadece ekonomide değil toplumda da önemli bir role sahiptir.

Kanaat önderleri, sosyal, ekonomik veya politik konumdan bağımsız olarak yeni bir tür gündem oluşturucu veya haber dağıtıcı olarak rol oynama eğilimindedir. Diğer bir deyişle, herhangi bir kişi, halkın dikkatini çekmek için dikkate değer bilgiler üretebilirse, bir kanaat önderi olma fırsatına sahiptir (Khan, Ata ve Rajput, 2015, s. 1). Kanaat önderliği diyebileceğimiz şey, en basit haliyle liderliktir: Bu, en küçük arkadaş, aile üyeleri ve komşular grubu içinde gelişigüzel, bazen kasıtsız ve habersiz bir biçimde gerçekleşir. Bu liderlik biçimi Churchill'in veya yerel bir politikanın üst düzeydeki liderliği gibi değildir ve hatta kanaat önderleri sosyal bir elit bile değildir. Kanaat önderi tam tersi bir uçtadır: sıradan, samimi, gayri resmi, günlük temas düzeyinde neredeyse görünmez, kesinlikle göze çarpmayan liderlik biçimine sahiptir (Katz ve Lazarsfeld, 1955, s. 138). Katz, kanaat önderini, gündelik arkadaşlarının fikirlerini, tutumlarını veya davranışlarını değiştirebilen bir kişi olarak tanımlar. Kanaat önderleri, kişisel etki yaratmak için sosyal baskı ve sosyal desteği kullanır. Bu yerel olarak etkili bireyler toplumsal boyutta oldukça önemlidir çünkü demokrasinin gücünün ayrılmaz bir parçası olan siyasi tartışmalara rehberlik etmeye yardımcı olurlar (Dillard, Segrin ve Harden, 1989, s. 21). Kanaat önderleri siyasi katılımlarda önemli bir etki göstermiş ve uzun süreli herhangi bir siyasi eylemi sürdürmek için gönüllü olmuşlardır (Cho, Hwang ve Lee, 2012, s. 98). Sosyal alanlarda bu rolü sürdüren kanaat önderleri, aynı zamanda internet medyasında da benzer işlevi görürler. Hatta sosyal medya üzerinden oluşan gündemlerde de etkin sorumluluk alırlar. Kamuoyu oluşum süreçlerinde faal olarak yer alırlar.

Çevrimiçi kamuoyu, bireylerin toplumsal meselelere yönelik fikirlerini dijital olarak ifade ettikleri ortamları ifade etmektedir. Kamuoyunda fikirlerin iletimi sürecinde herhangi bir İnternet kullanıcısı fikirlerini açıklayabilir, tartışmalara veya sosyal ağlara katılarak toplumsal meselelere oldukça aşina olabilirler. Kanaat önderleri, bu tarz bir iletişimi geliştirmede ve grup üyelerini daha yüksek düzeyde bilgi alışverişi yapmaları için teşvik etmede önemli rol oynarlar (Goyal, Bonchi ve Lakshmanan, 2008, s. 500).

Günümüzün önde gelen kitle iletişim araçlarından biri olan ve bireylerin zamanlarının büyük bir bölümünü geçirdikleri sosyal medyanın varlığı, 'yeni kanaat önderleri' kavramının ortaya çıkmasına sebep olmuştur. Kaymaz'a göre kanaat önderleri; sosyal medyada takip edilen kişi/kişilerin görüş, düşünce, sosyal yapı, ekonomik yapı bakımından diğer bireyler ile denk veya yakın olup ayrıca görüş ve düşünceleri şiddetle paylaşan bireyler olarak tanımlanmaktadır. Bu bağlamda sosyal medyanın kanaat önderleri, yalnızca bilgi ve mesajı kendi yorumu ile ilettikten sonra toplum üzerinde yeni bir bakış açısı sunması ve ciddi bir yönlendirme gerçekleştirmesinin ötesinde; paylaşıma açık, yorumlayıcı ve tepkici bir sistemin oluşmasına neden olmaktadır (Akt. Sabuncuoğlu ve Gülay, 2014, s. 4).

Sosyal medya haber dağıtımı da, eski medyadan daha büyük ölçüde, bilinen başkaları tarafından paylaşılan bilgileri içerir (Bode 2016, s. 26). Başlangıçta kanaat önderleri, medyaya sık sık maruz kalmayan diğer insanlara medya mesajlarını aktarıyordu. Daha sonra medya kanallı iletişim süreci, kanaat önderlerinin, takipçilerinin görüşleri ve tutumları üzerinde kişisel etkide bulundukları, bazen iki aşamalı akış olarak adlandırılan bir bilgi toplama ve aktarma süreci halini almıştır. Kanaat önderleri, sosyal ağlarda arkadaş ve takipçileri tarafından genellikle beğenilen, paylaşılan veya tavsiye edilen mesaj ve iletileri, haberleri paylaşmaktadır (Bergström ve Jervelycke, 2018, s. 586). Kanaat önderlerini takip eden kişiler de bu mesajlardan etkilenmekte, bu mesajları yaymakta ve bu iletilere yönelik kanaat ve düşüncelerini de yaymaktadır. Böylece kanaat önderleri haber medyası ile takipçiler arasında iki aşamalı iletişime öncü olmaktadır. İki aşamalı iletişim teorisi ve takipçinin bağlamı, haber seçiciliği modelleriyle ilgilidir. Haber seçimi, tarihsel olarak bilinen bir kaynağı seçmek anlamına gelir. İnsanlar belirli haber programlarını izler veya bilinen gazeteleri takip ederler. Bu nedenle, alışık oldukları haber ortamlarını takip etmede ısrarcıdırlar. Sosyal ağ siteleri ortamında, bunun aksine, ağ algoritmaları, arkadaşlar veya takipçiler tarafından önerilen çok çeşitli kaynaklardan gelen iletiler seçilir. Öyleyse eğilim, haberlerin daha genel olarak tesadüfi maruz kalmanın bir sonucu olarak veya kullanıcının bildiği diğer kişilerin tavsiyeleri üzerine karşılaşılması yönündedir (Bergström ve Jervelycke, 2018, s. 586). Dolayısı ile bugün sosyal medya üzerinde gerçekleşen kanaat önderliği geleneksel medyada olduğundan çok daha farklı biçimde ve karmaşık ilişkiler paralelinde gerçekleşmektedir.

Araştırmanın Yöntemi

Bazı benzer rolleri paylaşan sembolik seçkinler ve kanaat önderlerini tartışmak ve sosyal medyadaki haber ağlarında etkin olarak tanınan gazetecilerin hangi grupta değerlendirilebileceğini sorgulamak bu çalışmanın problemini oluşturmaktadır. Gerekçesi ne olursa olsun, haber medyasının geleneksel ve yeni mecralarında bazı gazeteciler haber kuruluşuna denk bir etki ile habercilik faaliyetlerini yürütmekte ve geniş kitleler tarafından takip edilmektedir. Son yıllarda birçok sosyal medya ortamında da yeni yaklaşım, analiz ve değerlendirmelerle, tanınan gazetecilerin de haberciliğe devam ettikleri ve yeni iletişim ortamlarına uyum sağladıkları görülmektedir. Youtube, toplumda geniş hedef kitleleri tarafından takip edilen gazetecilerin oldukça yüksek sayıda kullanıcı ve takipçinin bulunduğu ve etkileşime girdiği bir platform olarak öne çıkmaktadır. Bu nedenle tanınan habercilerin bu kitleler için kanaat önderi mi yoksa birer seçkin olarak mı kabul edildiği konusunda bir fikre varmak için Youtube platformu örneklem olarak seçilen haberleşme ve etkileşim ortamıdır. Son yıllarda isimleri toplumsal meseleler ile özdeşleşmiş üç gazeteci olan İsmail Saymaz, Fatih Portakal ve Ahmet Hakan da takipçileri yüksek sayıda olan veya tanınan örneklemler olarak belirlenmiştir. Bu kapsamda tartışılmak üzere aşağıdaki araştırma soruları oluşturulmuştur:

1. Gazetecilerin Youtube ortamındaki abone sayıları kaçtır?
2. Elde edilen veride olumsuz olarak kabul edilebilecek kavramlar nelerdir?

3. Elde edilen veride kanaat önderliğine işaret edebilecek ağırlıklı olarak öne çıkan kavramlar hangileridir?
4. Kullanıcı ve takipçilerin, gazeteciler ile ağırlıklı olarak tartıştıkları konular nelerdir?
5. Sonuç olarak, habercileri kanaat önderi veya sembolik seçkin olarak konumlandırmak mümkün müdür?

Belirlenen isimler çerçevesinde, gazetecilerin isimlerinden oluşan anahtar kavramlar ve hashtagler çerçevesinde veri setleri elde edilmiştir. Verinin, Youtube ortamından çekilip analiz edilmesi sürecinde Maxqda programından yararlanılmıştır. Buna göre, belirlenen anahtar kelime ve hashtaglar üzerinden en fazla 7 gün geçmişe gidebilecek şekilde veri elde edilebilmektedir. Dolayısı ile araştırmanın en temel sınırlılığı veri toplama esnasındaki bu zaman sınırlılığı olmakla birlikte, verinin güncel olması da araştırmaya dayalı değerlendirmelerin güncelliğini olanaklı kılmaktadır. Nitel bir araştırma yöntemi ile gerçekleştirilen araştırmada elde edilen veri, Bourdieu'nun temel kavramlarından biri olan sembolik seçkin ve Katz ile Lazarsfeld'in temel araştırmalarına dayanan kanaat önderi kavramları ekseninde, yorumsamacı ve görsel bir analize tabi tutulmuştur.

Araştırma kapsamında belirlenen üç video habera dayalı yorumlar, Fatih Portakal, Nevşin Mengü ve Özgür Demirtaş'ın[1] Youtube kanallarındaki haber yorumlarından oluşmaktadır. Bu isimler hem tanınan ve tartışılan isimler hem de hâlihazırda Youtube ortamında habercilik faaliyetlerini sürdüren kişilerdir. Adı geçen habercilerin, Youtube hesaplarında gündemi kendi bakış yorumları çerçevesinde değerlendirmekte ve görece büyük bir hedef tarafından takip edilmektedir. Ancak bazı haberleri belirli oranda sansasyonel olabilmekte ve izleyicileri, etkileşimli

---

[1] Özgür Demirtaş gazeteci değildir. Ancak ekonomi temelli gelişmeleri değerlendirdiği bir Youtube hesabı olduğu ve izleyici kitlesinden yüksek etkileşim aldığı için örnekleme dâhil edilmiştir. Bu yönüyle haberci ola-rak kabul edilmiştir.

bir ortam olan Youtube'da tartışma çevresinde toplayabilmektedir. Bu kapsamda bu isimlerin en çok çok görüntülenen birer video yayını belirlenmiş ve bu videolara yapılan kullanıcı yorumları analize tabii tutulmuştur.

Araştırmanın Bulguları

Youtube gazeteciler için alternatif bir haber mecrası olarak görülmeye başlanmıştır. Geleneksel gazetecilik kodlarından bağımsız, hiyerarşi ve denetim sisteminin dışında kalan, kendi iç dinamikleri bulunan ve kişilerin görece daha özgürce yayıncılık yapabildiği bir ortam olması dolayısı ile de gittikçe daha fazla haberci tarafından benimsenmektedir. Aynı zamanda maliyet açısından bir yükünün bulunmaması da gazeteciler için cazip hele gelmesinde önemli bir etkendir. Diğer yandan Youtube gibi dijital ortamların haberci ve izleyiciler açısından dezavantaj denebilecek özellikleri bulunsa da, habercilerin bu mecrayı etkin biçimde kullanımı devam etmektedir. Araştırma kapsamında belirlenen ve örneklemi oluşturan üç isim de Youtube'u etkin bir habercilik mecrası olarak kullanmaya devam etmektedir. Ancak bu isimler Youtube'da habercilik amaçlı olarak bulunmadan önce de tanınan ve takip edilen kişilerdir. Youtube'da yaşadıkları habercilik pratikleri ile de Youtube ortamına uyum sağlamaya çalışmaktadırlar. Asıl merak edilen konu ise bu isimlerin Youtube izleyici kitleleri tarafından birer kanaat önderi olarak görülüp görülemeyecekleri sorunsalıdır. Kullanıcı yorumlarından hareketle bu sorunun yanıtının arandığı bu çalışmada habercinin çağımız sosyal medya mecrasında nasıl konumlandırıldığını da sorgulamak mümkün olacaktır. Bu amaçla araştırma kapsamında örneklem olarak belirlenen kişilerin haber videoları ile bilgiler Tablo 1'de özetlenmiştir.

Tablo 1. Örneklem Olarak Belirlenen Haberciler ve Yorumları
Analiz Edilen Video Haberler

Hesap adı	Abone sayısı	En çok izlenen videosu	Görüntüleme	Kullanıcı Yorum
Özgür Demirtaş	533 bin	Prof. Dr. Özgür Demirtaş--Gelecek Kaygısı Olanlar El Kaldırsın...	1,048,540	400
Fatih Portakal	323 bin	TTB: SALGIN KONTOR DIŞINDA!	341,181	647
Nevşin Mengü	59.4 bin	Erdoğan cuma günü ne açıklayacak?	88,861	192
TOPLAM			1.478.582	1,239

Belirlenen isimlerden en fazla aboneye sahip olan isim 553 bin abone ile Özgür Demirtaş'tır. En fazla görüntülenen video haber de yine 1.048.540 ile aynı Demirtaş'ın olmuştur. Bu videonun altına yapılan yorumlardan analize tabii tutulan üst düzey yorum ve kodlama sayısı ise 400'dür. Üst düzey yorumlar herhangi bir yoruma yanıt olarak yazılmamış ve ilk elden yapılmış olan yorumlardır. İkinci sırada 323 bin abone sayısı ile Fatih Portakal gelmektedir. Portakal'ın salgın ile ilgili haberi en çok izlenen video haber olmuştur ve 647 üst düzey yorum ve kodlama sayısı ise 341,181 görüntülemeye 647'dir. Bu yorum sayısı en fazla üst düzey kodlanmış yorum sayısıdır. Son sırada ise Nevşin Mengü'nün Cumhurbaşkanı'nın vereceği müjdenin haberi ile ilgilidir. Mengü 59,4 bin aboneye sahiptir ve bu haberi 88,861 görüntüleme almıştır. Bu video haberin kodlanan üst düzey yorum sayısı ise 192 olmuştur. Toplam kodlanan üst düzey yorum sayısı ise 1,239 olarak sonuçlanmıştır. Kodlanan üst düzy yorumlar tema bazında Tablo 2'de özetlenmiştir.

Tablo 2. İzleyicilerin Haber ve Habercilere Yönelik Yaptıkları Yorumların Tematik Olarak Sınıflandırılması

Kod Sistemi	Prof. Dr....	Prof. Dr...	TTB: SALGIN...	TTB: SALGIN...	Erdoğan...	TOPLAM
⌄ Olumsuz İfade İçeren Yorumlar						0
saçma	2	8	3	5	2	20
kötü	6	12	6	11	8	43
yalan	1	1	14	23	19	58
boş	10	27	9	18	17	81
fitne				8		8
⌄ Kanaat Önderliğine İşaret Eden Yorumlar						0
önemli	7	12	10	8	8	45
haberci			17	12	4	33
doğru	6	23	42	23	13	107
gerçek	13	34	35	31	14	127
bilgi	2	32	27	18	11	90
yorum	50	147	38	32	63	330
haber	2	5	165	92	33	297
∑ TOPLAM	99	301	366	281	192	1.239

Tablo 2'ye göre olumsuz kavramların içerisinde bulunduğu temalar beş kavram çerçevesinde şekillenmiştir. Buna göre en fazla tekrar edilen olumsuz yöndeki ifade 81 ile *boş* ifadesi olmuştur. Bu ifade ile izleyiciler ağırlıklı olarak doğrudan habercileri hedef alsa da haberin içeriğine yönelik olarak da sarf edilen bir kelime olmuştur. Aslında diğer kavramlar için de bu durum geçerlidir. Örneğin *yalan* ifadesi de 58 kere kullanılmıştır. *Kötü* ifadesi de 43 kodlama ile en çok tekrar eden olumsuz ifadelerin başında yer almaktadır. İzleyiciler bazen bu kavramları kendileri ile özdeşleştirmiş veya başka konular bağlamında da ifade etmişleridir. Ancak çoğunlukla beğenmedikleri haber ve habercilere yönelik ifadeler şeklinde kullanmışlardır. Örneğin bir izleyici Özgür Demirtaş'a yönelik olarak (Y.Y. 2020) *"Öyle ıkınmayla suni ve kopya jest be mimikler ilim adamı olunmaz, hoca olunmaz. tek kelimeyle boş antipatik ve sunisin"* şeklinde bir cümle ifade etmiştir. İzleyici bu cümleyi sarf ederek Özgür Demirtaş'ı yapaylıkla suçlamış ve özgün olmadığını belirtmiştir. Olumsuz ifadelerin yer yer hakaret diline vardığı da görülmektedir.

Bazı izleyiciler ise habercilerin bazı eleştirilerini Türkiye'nin başarısı ve durumu açısından gereksiz olarak algılamıştır. Bir izleyici hesap, Fatih Portakal'a yönelik olarak (F. F. 2020) *"Abi yeter artık bu işler boş artık kendini bu boş işler le oyalama sana fay-*

dası olacak işlerle meşgul ol 6 7 aydır ülkemizi vurusu iyi yönetmemekle suçluyorsunuz e hani taploya bak Türkiye nerde öbür ülkeler nerde" şeklinde bir sitemi dile getirmiştir. Bir başka izleyici de (N. H. 2020) *"Bomboş. Kocaman bir balonsun Özgür Demirtaş"* şeklinde bir ifadeyi dile getirmiştir. Bir izleyici ise Fatih Portakal'ın Youtube'da yayın yapmasını eleştirmektedir. *"Burada konuşacağına fox haberde konuşacaktın. Boş işler yaptığın youtuber yakışmıyor sana".* Esasında izleyiciler tanınmış habercileri alışık oldukları mecralarda görmeye alışmıştır. Fatih Portakal da çalıştığı televizyon kanalı ile bütünleştirilmiş, ayrılması sonrası da oldukça eleştirilmiştir. Bu durumu örnekleyen bir başka izleyicinin yorumu da şu şekildedir: *"Fatih bey sizden bir ricam var belki kırmazsınız ya da fikir kabul edersiniz. Günün belli bir saatinde fox haberdeki gibi takım elbise giyseniz arka fon kırmızı olsa ve gündeme dair günlük yorum yapsanız. Bizler çok mutlu oluruz. Saygılar sevgiler..."* (B. K. 2020). Bu ve benzeri ifadeler göstermektedir ki bir kısım izleyici ve okuyucu kitlesi, habercileri tanıyıp benimsedikten sonra onları ilk defa tanıdıkları haber mecraları ile özdeşleştirme eğilimindedirler.

Diğer yandan aynı habercilerin Youtube'da haber yapmaya devam etmesini isteyen izleyiciler de mevcuttur. Bir izleyici (G. B. 2020) Fatih Portakal'a yönelik olarak *"Çok memnunum, özlediğimiz ses, yorum, ama kendi hayatını değiştirirken, dürüstlüğüne, doğruluğuna hep inandığımız, haberciliğini esirgemeyip, buradan ses vermeniz herkesi mutlu ediyor... Siz de hep mutlu olun.. Ve buradan yayınlara devam edin, teşekkürler"* şeklinde bir ifadeyi dile getirmiştir. Görüldüğü üzere bu haber mecrasında habercilik yapan gazetecilerin fikir ve yorumları bir kısım izleyici kitlesi açısından oldukça değerlidir ve bu yönüyle izleyiciler bazı habercileri kanaat önderi olarak görüp gündemi ve temel toplumsal meseleleri onların bakış açısı çerçevesinden değerlendirme eğilimindedir.

Genel anlamda haber ve habercilerin izleyiciler tarafından tartışma alanına çekildiği temel kavram en sık yinelenen *yorum* kavramıdır. *Yorum* tartışması tam 1239 kodlamanın 330'unda dile getirilmiştir. Habercilere karşı dile getirilen olumsuz yorumlara karşın, onları olumlayan ve onaylayan ifadelerin daha fazla sayıda ve sıklıkla yinelendiğini söylemek mümkündür. Örneğin *doğru* ve *gerçek* ifadeleri toplamda 234 kez yinelenmiş ve video haberler bağlamında tartışılmıştır. Bu kavramların bazıları olumsuz denebilecek şekilde habercilerin aleyhine yöneliktir ancak burada üzerinde durulması gereken şey, geleneksel haber medyası açısından oldukça sorunsallaşan bu iki kavramın Youtube izleyici kitlesi tarafından oldukça önemsenmesidir. *Doğru* ve *gerçek* kavramları hem haberlerin hem de habercilerin ortaya çıkardığı işi nitelemesi ve gazetecilik mesleği açısından çok değerli iki kavram oldukları için tartışmaların bu kavram açısından da gerçekleştirilmesi, hem bu iki kavramın mevcut habercilikteki eksikliğini belirtmesi hem de çağdaş bir habercilik için elzem olduklarını göstermesi açısından önemlidir. Bazı izleyiciler de gerçek ve doğru haberleri ancak video haberlerini izledikleri gazetecilerin yaptıklarını belirtmiştir. Örneğin M. C. adlı izleyici (2020) Fatih Portakal'a yönelik olarak *"Abi gömlekten dolayı kamufle olmuşsun, videoda seni seçemiyorum:) Seni seviyoruz sorgulayan ve düşünen gerçek gazetecisin saygılar."* şeklinde gerçeklik kavramına vurgu yapmıştır. Bir diğer izleyici de aynı güvenini şöyle açıklamıştır (H. İ. 2020): *"Abi InsaAllah burada en iyi şekilde en etkili şekilde durumları olayları olduğu gibi anlatmaya devam eder ve daha fazla kitleye ulaşırsın insanlara doğru bilgiyi aktarmaya devam edersin gerçekten bunu en çok hak eden sensin"*. Bir diğer izleyici de (S. Y. 2020) Özgür Demirtaş'a yönelik olarak, *"Gurur duyuyorum. Böyle bir Türk olduğu için. Aynı millete mensup olmak, aynı dili konuşmak gerçekten çok güzel bir his. Helal olsun özgür hocam"* şeklinde bir ifadeyi dile getirmiştir.

Her ne kadar *doğruluk* ve *gerçeklik* kavramları bağımsız, özgür ve hak odaklı habercilik için elzem kavramlar olsa da, listede 297 yineleme ile ikinci olarak en fazla dile getirilen tema olan

Disiplinlerarası Yaklaşımla Sosyal Medya-2

haber kavramı da dikkat çekici bir kavramdır. Bu durum göstermektedir ki tartışmaların 297 tanesi haber veya habercilik olgusu çevresinde yaşanmıştır. Ana akım medya üzerinden çokça tartışma konusu olan doğru haber olgusu, önemini sosyal medya ortamında da korumaktadır. Haberciliğin doğru ve gerçekçi bir biçimde yapıldığına olan inanç, aynı zamanda gazetecileri birer kanaat önderi olarak görmeye olan inançla da bağlantılıdır. Örneğin bir izleyici (G. I. 2020) Fatih Portakal'a yönelik olan inancını *"Fatih bey sürekli buradan bize bilgilendirirsen çok sevinirim çünkü ben hiç bir haber kanalına inanmıyorum sizin haberiniz e inanıyorum Allah'ım bu ülkeyi fatih portakal sız bırakmasın"* şeklinde dile getirmiştir. İzleyici burada ana akım haber kanallarına değil de kendisine inandığını vurgulamış, Portakal'ı toplumun tamamı için de önemli bir şahsiyet olarak gördüğünü beyan etmiştir. Bu inanç ve yaklaşım daha birçok izleyici açışından da bu şekildedir. Bir izleyici de (A. G. 2020) Nevşin Mengü'ye yönelik olarak *"Haberciliğin kraliçesi"* yakıştırmasında bulunmuştur. Nevşin Mengü'nün yayınladığı video haberin yorumlarına bakıldığı zaman çoğu yorumun Cumhurbaşkanının vereceği müjde ile ilgili olduğu görülmektedir. Bu nedenle burada izleyiciler habercilik veya gazetecilik hakkında pek fazla yorumda bulunmamıştır. Özgür Demirtaş ve Fatih Portakal ile ilgili yapılan yorumlar ise daha çok habercilik kaynaklıdır. Örneğin bir izleyici (E. A. 2020) Demirtaş hakkında *"Önce YouTube a teşekkürler çünkü sayelerinde böyle değerli insanlardan haberdar olup, mutlu oluyoruz. Hocama"* şeklinde bir yorum yapmıştır. Youtube platformundan da olumlu yönde bahsedilmekte ve kanaat önderi şeklinde görülen kişi ile yayıncılık ortamı bütünleştirilmiştir. Öne çıkan olumu yöndeki temalar dışında *bilgi* 90, *önemli* 45 ve *haberci* de 33 kez yinelenmiştir. Bu kavramlar, bazı cümlelerde de bir arada dile getirilmişlerdir. Temalar arası ilişkiyi görselleştirmek için de tüm temaların kesişim sıklığını gösteren Kod Haritası aşağıdaki gibi çıkartılmıştır.

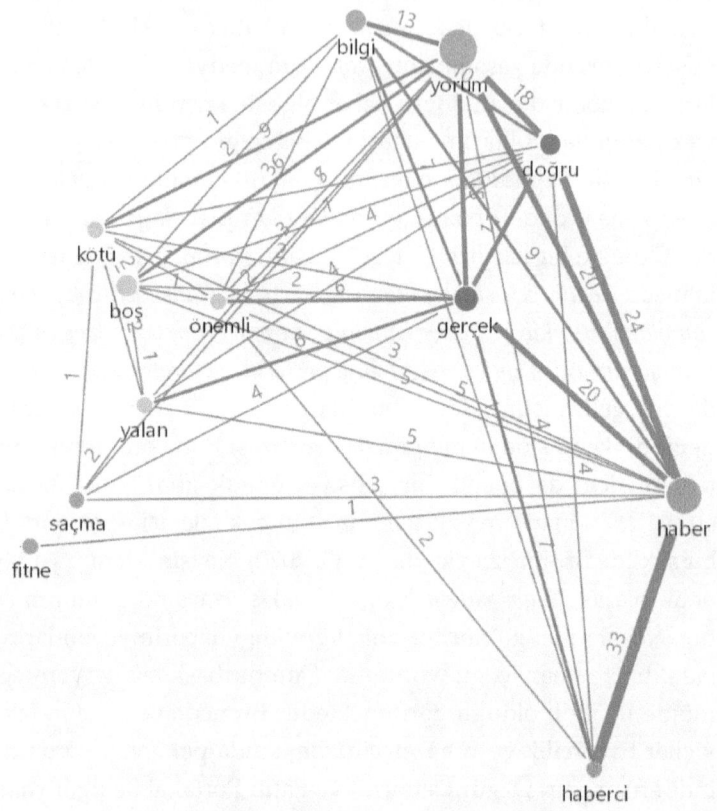

Şekil 1. Temalar Arası İlişkileri Gösteren Kod Haritası

Şekil 1'de kesişen temalar en sık olandan en az olana doğru incelen çizgilerle belirtilmiştir. Buna göre, en sık kesişen dört temanın 33 ile *haber-haberci*, 24 ile *haber-doğru* ve 20 ile *haber-gerçek* temalarıdır. Diğer bir deyişle bu dört tema en sık bir arada yinelenen kodlara sahiptir. Gerçeklik ve doğruluk kriterleri, görüldüğü üzere haber veya haberciden en net biçimde beklenen öncelikli kriterlerdir. Gazeteciliğin vazgeçilmez iki hassas ilkesi de yine doğruluk ve gerçekliktir. Aslında izleyici kitlenin bir gazeteciyi kanaat önderi olarak kabul etmesindeki kritik

Disiplinlerarası Yaklaşımla Sosyal Medya-2

eşik de yine gazetecinin doğru ve gerçeğe dayalı haber yaptığına olan inancıdır.

Şekil 1'de öne çıkan bir diğer önemli kesişim sıklığı da *gerçek, doğru, yorum* ve *bilgi* temaları arasında gerçekleşmiştir. Yorum teması oldukça sık bir biçimde yinelenmiştir. Günümüz haberciliğinde, gazetecilerin yorumları oldukça öznel olmakla birlikte izleyici kitlenin ilgisini canlı tutmak konusunda da etkili olmaktadır. Aynı zamanda gazeteciler Youtube kanallarında gündemi değerlendirirken sadece haberi anlatmamakta, izleyicileri nezdinde bir fikir ve kamuoyu oluşturmak için de olayları derinlemesine değerlendirmektedir. Özellikle örneklemi oluşturan haberlerde de genel olarak seçilen habercilerin ve isimlerin video içeriklerinde de ağırlıklı olarak yorumların yer aldığını görmek mümkündür.

Analiz kapsamında, kodlanan yorumlar içerisinde en sık ifade edilen kelime listesine de bakılmıştır. Şekil 2'de analiz kapsamında kodlanan temalarda en çok yinelenen kelimeler görülmektedir.

Şekil 2. Yorumlarda En Sık Yinelenen İfadelerin Kelime Bulutu

Şekil 2 incelendiğinde en sık telaffuz edilen kelimenin *Fatih* kelimesi olduğu görülmektedir. Sırasıyla *hocam, ne, gibi portakal* kelimelerinin en sık yinelenen kavramlar olarak art arda geldiği görülmektedir. Aynı zamanda *haber, güzel, özgür, iyi, insan, bence, konuşma, teşekkürler, doğru* ve *mutlu* gibi kavramlar da yine sık yinelenen kavramlardır. Genel olarak değerlendirildiğinde Fatih Portakal isminin diğer haberciler arasından en fazla tekrarlanan isim olduğu, ardından *hocam* ifadesi ile Özgür Demirtaş'ın geldiği görülmektedir. Bunun yanısıra ağırlıklı olarak olumlu ifadelerin olumsuz anlam içeren sözcüklere göre daha fazla tekrar edildiği ortaya çıkmıştır. Bu sözcükler göstermektedir ki izleyiciler habercilere bir sesleniş halindedir. Bu sesleniş içerisinde gerçeklik, doğruluk ve haber kavramlarını barındırmaktadır. Habercilere yönelik sarf edilen ifadeler olumludur.

Sonuç

Youtube ortamı geleneksel habercilik için henüz ciddi bir alternatif değildir. Daha çok geleneksel medya kodları ve hiyerarşik yapısını birer engel olarak haberciler için sıkça tercih edilen bir platform şeklinde bürünmektedir. Geleneksel haber medyasında tanınan ve büyük kitlelerce takip edilen ünlü habercilerin abone sayılarının Youtube ortamında yine görece fazla olduğu sonucuna ulaşılmıştır. Bu durum bu habercilerin hesaplarının daha fazla görüntülenmesini ve daha fazla etkileşim almalarını sağlamaktadır. Bunun dışında genel olarak Youtube platformundaki habercilik faaliyetlerinin daha amatör şekilde veya bireysel ya da profesyonel olmayan kişi veya ekipler tarafından gerçekleştirildiği ortaya çıkmıştır.

Geleneksel haber medyasında veya yeni haber platformlarında okuyucu ve izleyici kitlesinin habercilere yönelik bir sesleniş halinde oldukları söylenebilir. Bu sesleniş içerisinde gerçeklik, doğruluk ve haber kavramlarını barındırmaktadır. Araştırma kapsamında da ortaya çıkmıştır ki habercilere yönelik sarf edilen ifadelerin çoğu bu seslenişi barındırmaktadır ve bu yönüyle olumluya yönelik bir yaklaşım ve beklenti içerisine girilmiştir. İzleyici kitle, haberlere ve habercilerin güncel meseleler konusundaki derinlikli değerlendirmelerine ihtiyaç duymaktadır. Onların değerlendirmeleri sonucunda fikir ve kanaatlerini oluşturmaktadır. Bu nedenle konuya hâkim, habercilik mesleğinin gerektirdiği kriterler çerçevesinde yapılan değerlendirmeler, izleyici kitle açısından genellikle olumlu dönüşler almaktadır. Bu nedenle araştırma kapsamında ele alınan video haberlere yapılan izleyici yorumları değerlendirildiğinde, habercilere yönelik yorumların ağırlıklı olarak olumlu olduğu ve izleyicinin habercileri kanaat önderi gibi görebilecekleri sonucunu ortaya çıkarmıştır. Yorumların yer yer olumsuz ifadeler ve hakaret diline vardığı da görülmektedir. Ancak bu habercilik mesleğinin her daim yaşadığı bir durumdur. Bazı kişiler, haberleri rahatsız edici bulmakta, habercileri yanlı ya da ideolojik düşünen kimseler olarak nitelendirmektedir. İzleyici yorumları incelendiğinde, haberleri yanlı veya öznel olarak değerlendirilen kişilerin nefret dili de kullanabildikleri görülmektedir.

Youtube video haber izleyicileri, haberciler ve haber ortamlarını birlikte değerlendirmesi genel olarak ikiye ayrılmaktadır. Bazı izleyiciler tanınmış habercileri alışık oldukları mecralarda görmeye alıştıklarından ve asıl haber ortamlarının geleneksel haber medyası ortamları olarak düşündüklerinden dolayı, Youtube'da haber yayını yapan habercileri eski haber ortamlarında görmek istediklerini belirtmiştir. Bir kısım izleyici ise bilakis habercilerin Youtube ortamında daha başarılı olduklarını dile getirmiştir. Bu yönüyle de Youtube platformu hâlihazırda kesin bir habercilik mecrası olarak da değerlendirilemeyeceğini göstermektedir. Haberciler ve izleyicilerin Youtube ve diğer sosyal medya platformlarını birer haber ortamı olarak görmelerinin zaman alacak bir gelişme olacağı sonucuna varılabilmektedir.

Habercilerin sembolik seçkin olarak değerlendirilip değerlendirilemeyeceği, izleyici yorumlarından net biçimde anlaşılmamaktadır. Sembolik seçkin ya da seçkinlik düşüncesi kuramsal boyutu ile tartışılmaya devam eden bir düşüncedir. Teorinin temel iddiasına göre ideolojiyi, iktidarın mevcut egemen fikirlerinin yeniden inşasını, gündelik ve toplumsal pratiklere, kamuoyunun nasıl ve ne ölçüde bir yaklaşım sergilemesi gerektiğini belirleyen sınıf sembolik seçkinlerdir. Haberciler de tıpkı diğer elit sınıflar gibi sembolik seçkinler arasında yer almaktadır. Ancak bugünün iletişim teknolojileri, meseleler hakkında çeşitli haber kaynaklarına ulaşabilme, doğrulayabilme olanaklarının izleyici kitle için mümkün olması, beraberinde maruz kaldıkları enformasyon ve haberlere gönüllü bir seçicilikte bulunabilecekleri yaklaşımını da tartışmaya açmıştır. Bu nedenle çalışma kapsamında bugünün habercilerinin geneli hakkında kanaat önderliğine mi yoksa sembolik seçkinliğe mi yakın oldukları konusunda net bir sonuç elde edilmemiştir. Ancak yapılan yorumlardan izleyicilerin ağırlık olarak takip edip, tanıdıkları habercileri önemli birer kaynak olarak gördükleri, onların haber ve fikirlerine oldukça fazla önem atfettikleri anlaşılmaktadır. Bu yönüyle kamuoyunda etkisi fazla olan habercilerin sadece habercilik yapsalar dahi önemli birer siyasi figür gibi görüldükleri de ortaya çıkmaktadır. Her ne kadar habercilerin haber dil ve söylemleri ideolojik içerikli olsa da, izleyicilerin de medya veya başka kanallı oluşan düşünce, kanaat ve tercihlerin altında ideolojik süreçlerin olduğu unutulmamalıdır. Her ne sebeple olursa olsun, kullanıcı yorumlarına genel olarak bakıldığında bu yorumlardan *haber-haberci*, *haber-doğru* ve *haber-gerçek* ifadelerinin sıklıkla yinelendiği, en sık telaffuz edilen kelimelerde ise yine bu ifadelerle birlikte doğrudan habercilerin isimlerinin bulunduğu sonucuna ulaşılmıştır. Aynı zamanda *haber*, *güzel*, *özgür*, *iyi*, *insan*, *bence*, *konuşma*, *teşekkürler*, *doğru* ve *mutlu* gibi kavramlar da yine sık yinelenen kavramlardır. Bu sonuçlar açısından söylenebilir ki, izleyici kitle özellikle güncel meselelerde farklı, zengin, derinlikli ve eleştirel olarak değerlendirilebilecek habercilerin varlığına ihtiyaç duymaktadır ve geleneksel haber medyası açısından da bu ihtiyaç okur ve izleyicinin haber medyasına yönelik genel bir seslenişi veya talebi olarak değerlendirilebilir.

Kaynakça

Bergström, A., & Jervelycke Belfrage, M. (2018). News in Social Media: Incidental Consumption and the Role of Opinion Leaders. *Digital Journalism, 6*(5), pp. 583-598.

Bode, L. (2016). Political News in the News Feed: Learning Politics from Social Media. *Mass Communication and Society, 19*(1), pp. 24–48.

Bourdieu, P. (1979). Symbolic Power. *Critique of Anthropology, 4*(13-14), pp. 77-85.

Bourdieu, P. (1989). Social Space and Symbolic Power. *Sociological Theory, 7*(1), pp. 14-25.

Bourdieu, P. (1996). *The Rules of Art: Genesis and Structure of the Literary Field.* Cambridge: Polity Press.

Bourdieu, P. (1998). *On Television.* Ferguson, P., P. (Tr.). New York: The New Press.

Bourdieu, P. (2011). Champ Du Pouvoir et Division Du Travail De Domination. *Actes De La Recherche En Sciences Sociales, 190*(5), pp. 126-193.

Cho, Y., Hwang, J., & Lee, D. (2012). Identification of Effective Opinion Leaders in the Diffusion of Technological Innovation: A Social Network Approach. *Technological Forecasting and Social Change, 79*(1), pp. 97-106.

Dillard, J. P., Segrin, C., & Harden, J. M. (1989). Primary and Secondary Goals in the Production of Interpersonal Influence Messages. *Communications Monographs, 56*(1), pp. 19-38.

Gerbner, G. (1985). Mass Media Discourse: Message System Analysis As a Component of Cultural Indicators. *Discourse and Communication. New Approaches to the Analysis of Mass Media Discourse and Communication,* pp. 13-25.

Goyal, A., Bonchi, F., & Lakshmanan, L. V. (2008, October). Discovering Leaders from Community Actions. In *Proceedings of the 17th ACM Conference on Information and Knowledge Management,* pp. 499-508.

Güngör, N. (2013). *İletişim Kuramlar ve Yaklaşımlar,* 2. Baskı, İstanbul: Siyasal Kitabevi.

Katz, E. & Lazarsfeld. P. F. (1955). *Personal Influence: The Part Played by People in the Flow of Mass Communications.* New York: The Free Press.

Khan, N. S., Ata, M., & Rajput, Q. (2015, December). Identification of Opinion Leaders in Social Network. In *2015 International Conference on Information and Communication Technologies (ICICT)* (pp. 1-6). IEEE.

Le Wita, B. (1994). *French Bourgeois Culture*. Cambridge: Cambridge University Press.

Mora, N. (2008). *Medya, Toplum ve Haber Kaynağı Olarak Sembolik Seçkinler. Uluslararası İnsan Bilimleri Dergisi*, 5(1), ss. 1-25. (Çevrimiçi). http://www.insanbilimleri.com. 20.11.1987

Nisbet, M. C., & Kotcher, J. E. (2009). A Two-Step Flow of Influence? Opinion-Leader Campaigns on Climate Change. *Science Communication*, 30(3), pp. 328-354.

Orlikowski, W.J. (2007). Sociomaterial Practices: Exploring Technology at Work. *Organization Studies*, 28(9), pp. 1435-1448.

Sabuncuoğlu, A., & Gülay, G. (2014). Sosyal Medyadaki Yeni Kanaat Önderlerinin Birer Reklam Aracı Olarak Kullanımı: Twitter Fenomenleri Üzerine Bir Araştırma. *İletişim Kuram ve Araştırma Dergisi*, (38), ss. 1-24.

Swartz, D. (1996). Bridging the Study of Culture and Religion: Pierre Bourdieu's Political Economy of Symbolic Power. *Sociology of Religion*, 57(1), pp. 71-85.

Turcotte, J., York, C., Irving, J., Scholl, R. M., & Pingree, R. J. (2015). News Recommendations from Social Media Opinion Leaders: Effects on Media Trust and Information Seeking. *Journal of Computer-Mediated Communication*, 20(5), pp. 520-535.

van Dijk, T. A. (1989). Structures of Discourse and Structures of Power. *Annals of the International Communication Association*, 12(1), pp. 18-59.

van Dijk, T. A. (Ed.). (2011). *Discourse and Communication: New Approaches to the Analysis of Mass Media Discourse and Communication* (13-25). Berlin, New York: Walter de Gruyter.

Gençlerin Sosyal Medyayı Kullanma Deneyimleri: Anadolu Üniversitesi İletişim Bilimleri Fakültesi Son Sınıf Öğrencileri Üzerine Bir Analiz

*Tezcan Özkan Kutlu**
*Ferhat Yasav***

Giriş

Sosyal medya; iletişim, haber alma, haber/bilgi üretme ve paylaşma, siyaset, eğitim, eğlence, tüketim, evlilik, arkadaşlık, vatandaşlık gibi toplumsal hayatın birçok katmanı üzerindeki doğrudan ve dolaylı etkileri nedeniyle özellikle son yıllarda tartışılan bir kavram olarak karşımıza çıkmaktadır. Sosyal medya adı verilen bu fenomenin oluşmasında, günümüz yeni medya ve iletişim ortamının en popüler uygulamaları olan sosyal paylaşım ağları/sitelerinin rolü büyüktür. Facebook, Twitter, Instagram ve benzeri sosyal paylaşım ağları hem bireysel hem toplumsal yaşama etkileri hem de ulaştıkları kullanıcı sayıları nedeniyle sosyal bilimler alanındaki birçok araştırmaya konu olmuştur.

Yapılan araştırmalarda kullanıcıların sosyal medyayı kullanım amaçları arasında; yakın ve uzak çevredeki arkadaşlarla iletişim kurmak, haber okumak, eğlenceli vakit geçirmek, araştırma yapmak, alışveriş yapmak ilk sıralarda yer almaktadır. Özellikle üniversite öğrencilerine yönelik yapılan bir çalışmada, araştırma yapmak amacıyla kullanım ilk sırada yer alırken, sı-

---

* Dr. Öğr. Üyesi, Anadolu Üniversitesi İletişim Bilimleri Fakültesi, Basın ve Yayın Bölümü, tozkan@anadolu.edu.tr, ORCID ID: 0000-0001-9971-131X
** Araş. Gör., Anadolu Üniversitesi İletişim Bilimleri Fakültesi, Basın ve Yayın Bölümü, ferhatyasav@anadolu.edu.tr, ORCID ID: 0000-0001-9203-0300

rasıyla iletişimi sürdürebilmek, eğlence, sosyal etkinlik planlama ve iletişim başlatmak diğer amaçlar olarak sıralanmaktadır (Başoğlu ve Yanar, 2017, s.10). Benzer şekilde başka bir çalışmada da üniversite öğrencilerinin bilgi araştırma ve iletişim sürdürme süreçlerinde sosyal medya platformlarını etkili bir şekilde kullandıkları ifade edilmektedir (Yıldız vd., 2017). Bir diğer araştırmaya göre ise, öğrencilerin sosyal medyayı sırasıyla en çok iletişim kurmak, güncel olaylardan haberdar olmak, eğlenceli içerikler ile zaman geçirmek amacıyla kullanıldığı belirtilmektedir (Şahin vd., 2016). Yine üniversite öğrencilerine ilişkin başka bir araştırmada da sosyal medyanın en fazla zaman geçirmek ve sohbet etmek amacıyla kullanıldığı tespit edilmiştir (Yıldız ve Demir, 2016, s.28). Kırklareli Üniversitesi öğrencileriyle yapılan bir çalışmada ise, katılımcıların sosyal medyayı en çok eğlence, iletişim ve gündemi takip etme amacıyla kullandıkları, en az ise kişilere ulaşmak, kişisel sunum ve bilgi paylaşmak ve insanları daha iyi tanımak için kullandıkları tespit edilmiştir (Çömlekçi ve Başol, 2019, s.180). Özellikle nicel bir yaklaşımla ve anket tekniğiyle sürdürülen bu çalışmalardan yola çıkılarak, gençlerin sosyal medya kullanım alışkanlıklarının çoğunlukla benzerlikler taşıdığını söylemek mümkündür.

Bu araştırmanın konusu da sosyal medyayı aktif olarak kullanan ve/veya kullandığını beyan eden öğrencilerin deneyimleridir. Yukarıda atıfta bulunulan araştırmalardan farklı olarak ise, bu çalışmada niteliksel bir yaklaşımla öğrencilerin sosyal medya kullanım deneyimlerinin kendi sözleriyle açıklanması hedeflenmektedir. Üniversite öğrencilerinin sosyal medyaya ilişkin kullanıcı deneyimlerini derinlemesine araştırmaya yönelik böyle bir yaklaşım, son yıllarda sıklıkla tartışılan dijital yerlilerin tutum ve davranışlarını anlamaya yönelik ipuçları sunacaktır. Öyle ki; bilgi ve iletişim teknolojileri kullanımlarıyla günümüz toplumlarında farklı kavramsallaştırmalarla (Z kuşağı, Yeni Binyılın Öğrencileri, Net Kuşağı, Gelecek Kuşağı vb.) tartı-

Disiplinlerarası Yaklaşımla Sosyal Medya-2

şılan dijital yerlilere (digital natives), doğdukları andan itibaren dijital medya ile çevrilmiş olarak büyüyen ilk nesil olmaları nedeniyle sosyal dönüşümde önemli bir güç atfedilmektedir (Oblinger ve Oblinger, 2005). İçinde doğup büyüdükleri dijital ortam nedeniyle düşünme ve bilgi işleme süreçlerinin kendinden önceki kuşaklardan farklılaştığı belirtilen dijital yerlilere (Pedro, 2006) ilişkin eğitim, siyaset, pazarlama, tüketim ve iletişim gibi farklı disiplinlerden araştırmalara ihtiyaç ortaya çıkmaktadır. Dolayısıyla bu çalışmada, günümüzün dijital yerlileri (Prensky, 2004) olarak kabul edilen üniversite öğrencilerinin kullanıcı deneyimlerini betimlemek ve böylece sosyal medyanın özellikle genç kuşak için ne ifade ettiğini anlamaya yarayacak bulgulara ulaşmak amaçlanmıştır.

Sosyal Medya Nedir?

Sosyal medya, günümüzün etkileşimli ve katılımcı internet medyasını anlatmak amacıyla başvurulan bir şemşiye kavram niteliğindedir. Geleneksel medya olarak adlandırılan; radyo, televizyon, basılı gazete gibi kitle iletişim araçlarından farklı olarak sosyal medya; web tabanlı dijital teknolojilerin egemen olduğu, kullanıcı (izleyici/okuyucu/dinleyici) odaklı yeni bir iletişim ve medya ortamına gönderme yapar. Söz konusu bu yeni medya ortamında kilit nokta ise, internet ve yeni iletişim teknolojilerinin kullanıcıları olan sıradan vatandaşlara sunduğu yeniliklerdir. Bu yenilikler bağlamında ve en genel anlamda sosyal medya, bireylerin iletişim kurmak ve sosyalleşmek amacıyla kullandıkları medyadır.

Sosyal medyayı, elektronik ve internet araçlarının diğer insanların deneyimlerini, bilgilerini paylaşmak ve tartışmak amacıyla kullanımı olarak tarif etmek mümkündür (Gürsakal, 2009, s.21). Borges (2009, s.31) sosyal medyayı, insanların internet ortamında birbirleriyle interaktif (etkileşimli) olarak iletişim kurduğu, görüşlerini paylaştığı bir yapı olarak tanımlar. Palmer ve Lewis (2009, s.165) sosyal medyayı; bilgi ve içerik paylaşımını, işbirliğini ve kolay etkileşimi amaçlayan medya platformu ve online uygulamalar olarak tarif ederler. Kietzmann vd.'na (2011) göre; sosyal medya, mobil ve web teknolojileri aracılığıyla kişilerin ve toplulukların, paylaşarak, iş birliği yaparak, tartışarak ve içerik üreterek etkileşime girmelerini sağlayan platformlardır. Doruk vd.'na (2014, s.213) göre, sosyal medya zaman ve mekân sınırlaması olmayan, insanların hikâyelerini ve deneyimlerini videolar, görseller ve diğer çeşitli teknolojik unsurlar vasıtasıyla paylaştığı sosyal, sosyalin ötesinde sanal paylaşma ve tartışma ortamıdır.

Sosyal medyanın kullanıcılarına şimdiye kadar eşi benzeri görülmemiş bir şekilde kendini ifade etme ve etkileşim olanağı yarattığını belirten Lievrouw'a (2016, s.12) göre; web siteleri, akıllı telefonlar, dijital fotoğrafçılık, görüntülü ve sesli bloglar, wiki'ler, forumlar, sosyal paylaşım ağları, açık kaynak yazılımlar gibi teknoloji tabanlı yeniliklerin hepsi birbirinden farklı ilgi ve çıkarlara sahip toplumsal grupların kendi topluluklarını kurmalarına ve toplumsal görünürlük kazanmalarına imkan yaratmıştır. Wellman'a göre de (2001) nasıl ki bilgisayar ağları makineleri birbirine bağlıyorsa, sosyal ağlar da zaman ve mekandan bağımsız olarak bireyleri birbirine bağlamaktadır. Wellman'ın *ağlaşmış bireyselcilik* (networked individualism) olarak ifade ettiği bu durum, özellikle kablosuz internetle birlikte *"bir yerden bir yere bağlanma"*nın yerini *"bireyden bireye bağlanma"*nın almasının bir sonucudur. Bireylerin istedikleri zamanda ve yerde bağlantıda olmalarını sağlayan bu yeni durum onların kendi ağlarını yaratabilmelerini sağlamıştır.

Benzer şekilde Castells de (2019) sosyal medyanın bireylerin kendi kitlesel iletişim sistemlerini yarattığını belirtir. Bu durumu *kitlesel öz-iletişim* (mass self-communication) şeklinde kavramsallaştıran Castells'e (2019, s.65) göre, internet ortamındaki sosyal ağların yaygınlaşmasını destekleyen yeni teknolojiler, araçlar ve uygulamaların bir sonucu olarak bireyler sahip oldukları dijital iletişim araçlarıyla -bloglar, wiki'ler, podcastler vb.- kendi kitlesel iletişim sistemleri (medyalarını) oluşturma imkanına sahip olmuşlardır.

Sosyal Medyayı Neden ve Nasıl Kullanıyoruz?

Toplumsal yaşamın devamlılığı, insanların mal ve hizmet noktasında gereksinimlerinin karşılanması, kültürün yaratılması ve bu kültürün sonraki kuşaklara aktarılması gibi insana özgü tüm etkinliklerin temelinde iletişim ve bu etkinliğin gerçekleştirilmesini olanaklı kılan iletişim ortam ve araçları yer almaktadır. İletişim ortamı, insan yaşamının ve düşüncesinin biçimlendiği temel mecralardan birisidir (Törenli, 2005, s.7). Günümüzde bu ortamı sağlayan en önemli araçlardan biri ise sosyal medyadır. Yakın dönemde sosyal medya platformları internet kullanım oranlarını iyice artırırken, bu mecranın kullanım nedenleri ve alışkanlıkları üzerinde de büyük değişiklikler meydana getirmiştir. Web 2.0 olarak adlandırılan dönemle birlikte kullanıcıların ürettikleri içerikler (user-generated content) de hızla dolaşıma girmeye başlamıştır. Facebook, Twitter, Instagram ve Youtube gibi kullanıcı içeriğine dayanan sosyal medya platformları bu yeni dönemin yükselen mecraları haline gelmiştir (Fuchs, 2015, s.13). Bu sosyal medya platformları; kullanıcılara bağlanmayı, paylaşmayı, dünyaya açılmayı, keşfetmeyi, izlemeyi, yaratmayı, haberdar etmeyi, ortaya çıkarmayı, ilgilenmeyi, irtibat kurmayı, öğrenmeyi, takip etmeyi, eğlenmeyi, özgürlüğün ve fırsatların tadını çıkarma olanağını sağlamıştır (Fuchs, 2015, s.354).

Sosyal medya ortamları kullanıcıların ihtiyacı bağlamında amaçları ve işlevleri bakımından farklılıklar göstermektedir: Örneğin, anlık kısa mesajların hedef kitleye ulaştırılması noktasında Twitter kullanılırken, uzun mesajlar yazmak için Facebook kullanılmaktadır. Kullanıcılar video paylaşmak istediklerinde ise Youtube gibi video paylaşım platformları daha avantajlı olmaktadır (Altunbaş, 2014, s.47). Bu bağlamda kullanıcılar, sosyal paylaşım platformlarında uygun içeriğin oluşturulmasında etkin rol oynamaktadırlar. Sosyal medya kullanıcıları, paylaşma, bağlantı kurma ve yapmanın kültürüyle uğraşan yaratıcı, toplumsal ve etkin üre-tüketicilerdir (prosumer) ve bu çalışma etkinlikleri toplumsal kullanım değerleri olan içerik, toplumsal ilişkiler ve işbirliğini yaratmaktadır (Fuchs, 2015, s.406).

Son yıllarda sosyal medyanın özellikle aktivistler, sanatçılar gibi politik ve kültürel gruplar tarafından kendi seslerini duyurma, kendin yap (DIY: Do it yourself) bilgi kaynaklarını üretme ve paylaşma gibi alternatif ve aktivist amaçlarla kullanılmasına dair örneklere de sıkça rastlanmaktadır (Lievrouw, 2016). Dolayısıyla sosyal medyanın farklı alanlarda kullanılması ile birlikte kullanıcı profili de değişmiştir. Günümüzde, her yaş grubundan insan farklı amaçlarla sosyal medya araçlarını kullanmaktadır. Sosyal medyanın farklı kullanım alanlarının olmasının yanı sıra sağladığı çeşitli kolaylık ve faydanın da olması bu platformları popüler ve yaygın yapan en önemli nedenlerdir (Altunbaş, 2014, s.52-53).

Sosyal medya, sürekli güncellenebilmesi, çoklu kullanıma açık olması ve sanal paylaşıma olanak tanıması açısından bireyler tarafından etkin bir şekilde kullanılmaktadır. İnsanlar sosyal medyada düşüncelerini yazmakta, bu düşünceler üzerine tartışabilmekte ve yeni fikirler ortaya koyabilmektedirler. Ayrıca çeşitli fotoğraflar ve videolar paylaşabilmekte, hatta iş arayıp bulabilmektedirler. Bunun yanı sıra hiç sıkılmadan gerçek dünyayı sanal ortamda yaşayabilmeleri, gün geçtikçe tüm dikkatlerin bu alana yönelmesine sebep olmaktadır (Vural ve Bat, 2010, s.3349).

İletişim olanaklarının, yaşam biçiminin ve teknolojinin gelişimi ile birlikte bilgi edinme ve kişisel gelişim süreci farklı bir boyut kazanmıştır. Sosyal medya ortamı, bilginin çeşitlenmesinde, bilginin yaygınlaşmasında, bilginin biçiminde, bilgiye ulaşılmasında ve bilginin içselleştirilmesinde belirleyici bir faktör olmuştur. Günümüzde bireyler siyasi, sosyal, kültürel, ekonomik, sanat vb. alanlardaki bilgileri internet ve sosyal medyadan rahatlıkla edinmektedir. Bireyin bilgiyle karşılaşması, o bilgiyle yeni bilgiler üretmesi ve yaşam döngüsünde de bu bilgiyi uygulaması ya da kullanması kişisel gelişimini artırmasını sağlamaktadır (Kamiloğlu ve Yurttaş, 2014, s.132). Özellikle bu noktada sosyal medyanın; yabancı dil, yemek tarifi, bitki bakımı, örgü, bilgisayar programları, resim, müzik vb. birbirinden farklı birçok konuda yeni şeyler öğrenmek isteyenler için de eğitici ve öğretici içeriklerle kullanıcılar için cazibe merkezi haline geldiği söylenebilmektedir.

Araştırmanın Amacı ve Önemi

Bu çalışmanın temel amacı, üniversite öğrencilerinin sosyal medyayı kullanma deneyimleri doğrultusunda sosyal medyaya yükledikleri anlamları ortaya çıkarmaktır. Bu temel amaç doğrultusunda, gençlerin sosyal medya algısı ve sosyal medyanın gençler tarafından nasıl kullanıldığı tartışılmaya çalışılacaktır. Bu kapsamda araştırmada şu sorulara yanıt aranmıştır:

- Öğrencilerin sosyal medyaya yönelik algıları nedir?
- Öğrencilerin sosyal ağları kullanma alışkanlıkları nasıldır?
- Öğrencilerin sosyal medyaya yönelik algıları ve kullanım alışkanlıkları sosyal medya deneyimlerine nasıl yansımıştır?

Facebook, en çok kullanılan sosyal medya uygulamaları sıralamasında ilk sırada yer almakla birlikte üniversite öğrencileri arasında da yaygın bir şekilde tercih edilmektedir (Başoğlu ve Yanar, 2017, s.10; Otrar ve Argın, 2014). Sosyal medya kullanıcıları arasında ilk sırada yer alan gençlerin bu mecraya ilişkin deneyimlerini onların kendi ifadelerine dayanarak anlama çabasıyla yürütülen bu çalışmanın yeni medya ve toplum ilişkisini açıklamaya yönelik alanyazına katkı sağlaması öngörülmektedir. Bu kapsamda çalışmanın, özellikle son yıllarda dijital yerlilere yönelik artan akademik, toplumsal, siyasi vb. kapsamlı ilgi ve meraka yanıt oluşturabilecek bilgi birikimine katkı yapması hedeflenmektedir.

Yöntem

Bu çalışmada nitel araştırma desenlerinden fenomenoloji (olgubilim) benimsenmiştir. Fenomenolojik çalışmalar, birincil kişilerin bakış açısından ve kişisel yaşamlarına dair öznel deneyimlere odaklanır. Böylece kişilerin söylediklerine dayalı olarak onların duygu ve düşüncelerini anlamaya ve yorumlamaya çalışılır (Smith ve Eatough, 2007). Fenomenolojik çalışmalarda, farkında olunan ancak derinlemesine ve ayrıntılı bir anlayışa sahip olunmayan olgulara odaklanılması hedeflenmektedir (Creswell, 2006). Küçük gruplarla ve niteliksel bir yaklaşımla ilerleyen bu çalışma yöntemiyle, nicel ve genellenebilir verilerle gözden kaçırılması muhtemel olan keşfedici verilere ulaşılması amaçlanmaktadır.

Bu kapsamda araştırmaya Anadolu Üniversitesi İletişim Bilimleri Fakültesi'nde (İBF) son sınıfta okuyan 4 kadın 4 erkek toplam 8 öğrenci katılmıştır. Potansiyel olarak iletişim ve medya dünyasının profesyonelleri olmaya aday konumları ve sosyal medyaya yönelik akademik eğitim şansına sahip olmaları nedeniyle araştırma için İletişim Fakültesi öğrencileri tercih edilmiştir. Öğrencilerin belirlenmesinde ise gönüllülük esası benimsenmiş ve son sınıfta olma şartı aranmıştır. Katılımcılar görüşme öncesinde araştırmanın amacı ve kapsamı hakkında detaylı bir şekilde bilgilendirilmiş, katılımcıların kişisel verilerinin korunmasına yönelik gerekli tedbirler alınarak görüşmeler gerçekleştirilmiştir. Bu doğrultuda katılımcıların gerçek kimlikleri gizlenmiştir. Görüşme öncesi her katılımcı gönüllülük durumlarını beyan eden görüşmeci rıza formunu da imzalamışlardır. Bu bilgiler ışığında katılımcıların özelliklerine ilişkin bilgiler şu şekildedir:

- Katılımcıların 4'ü kadın 4'ü erkektir.
- Katılımcıların yaşları 22 (en küçüğü) ile 27 (en büyüğü) arasında değişmektedir.

- Katılımcıların 7'si Basın-Yayın Bölümü, 1'i de İletişim-Tasarımı Bölümü öğrencisidir.
- Katılımcıların hepsi Anadolu Üniversitesi İBF 4. sınıf öğrencisidir.
- Katılımcıların ilk kullandıkları sosyal medya platformu Facebook'tur.

Verilerin Toplanması ve Analizi

Araştırmanın veri toplama süreci iki aşamalıdır ve niteliksel veri toplama araçları da gözlem ve derinlemesine görüşmedir. Birinci aşamada katılımcıların -gerekli izinler alınarak- Facebook profil sayfaları 1 Nisan-30 Mayıs 2018 tarihleri arasında 60 gün boyunca gözlemlenmiştir. Katılımcıların Facebook'ta yaptıkları günlük paylaşımlar gözlemlenerek, kullanıcı profillerine dair bir izlenim elde etmek amaçlanmıştır. Böylece araştırmanın ikinci aşamasında, katılımcıların sosyal medya kullanımlarına ilişkin yapılan görüşmelerden elde edilen verilerin de bir sağlamasının yapılması hedeflenmiştir. Bu noktada Facebook hesaplarının tercih edilmesindeki amaç, katılımcıların kullandıkları ilk sosyal ağ olması nedeniyle sosyal medya algısı ve deneyimlerini araştırmak için başvurulacak önemli bir mecra olarak kabul edilmesidir. Aynı zamanda Türkiye'de en çok kullanılan sosyal medya platformları arasında ilk sıralarda yer alan Facebook (Digital News Report 2020), tüm katılımcıların da ilk ve ortak olarak kullandıkları tek sosyal ağdır.

Veri toplama sürecinin ikinci basamağı ise derinlemesine görüşmedir. Olgubilim araştırmalarında başlıca veri toplama aracı görüşmedir. Bu aşamada araştırma verileri yarı-yapılandırılmış görüşme ile toplanmıştır. Tam yapılandırılmış görüşmelere veya anketlere kıyasla, görüşmecinin bakış açısının daha fazla yansıtması beklenen yarı-yapılandırılmış (semi-structured) görüşme, en yaygın kullanılan görüşme türlerinden biridir (Flick, 2009, s.150). Derinlemesine görüşme yapılan öğrencilere; sosyal medya kullanım alışkanlıkları ve deneyimleri, sosyal medya algısı, sosyal medyanın önemi ve gücü alt başlıklarında sorular yöneltilmiştir. Her katılımcı görüşme öncesi çalışma hakkında bilgilendirilmiş, sözlü ve yazılı olarak görüşmeci rızası alınmıştır. Yapılan görüşmelerin süresi (en az) 45 ila (en fazla) 90 dakika arasında değişiklik göstermiştir.

Görüşme verileri tematik olarak analiz edilmiştir. Tematik analiz yapılarak en genel düzeydeki temaları ortaya çıkarmak ve bu temalar altındaki alt temaları, bu alt temalar altında da kodları düzenlemek mümkündür (Yıldırım ve Şimşek, 2006, s.237). Bu araştırmada, veriler iki farklı araştırmacı tarafından kodlanmış ve temalar oluşturulmuştur. Bu kapsamda araştırma verileri; sosyal medya kullanım alışkanlıkları, sosyal medyanın işlevi, sosyal medyanın avantajları ve dezavantajları, sosyal medyanın bireysel ve toplumsal önemi alt temalarından oluşmuştur. Bu alt temalar da; sosyal medya algısı (1), kullanıcı farkındalığı/bilinçliliği (2) ve sosyal medyanın gücü (3) olmak üzere üç ana temada toplanmıştır.

Bulgular

Araştırmadan elde edilen verilerden hareketle öğrencilerin sosyal medya deneyimlerini 1) sosyal medyayı algılama biçimleri, 2) kullanıcı farkındalığı ve 3) sosyal medyanın gücüne (potansiyeline) ilişkin yaklaşımları çerçevesinde başlıca üç kategoride sınıflandırmak mümkündür.

Sosyal Medyayı Algılama Biçimleri

Sosyal medya kullanıcıları olarak öğrenciler günde ortalama olarak 4-5 saatlik bir zaman dilimini sosyal ağlarda gezinerek geçirdiklerini belirtmektedirler. Çoğu da bu nedenle kendini aktif kullanıcı olarak tanımlamaktadır. Ancak bu aktif olma durumu, içerik üretimi ve kişisel paylaşımlar bakımından görece kısıtlıyken, her gün sosyal ağlarını kontrol etme ve genelde de başkalarının hesaplarını takip etme düzeyinde kalmaktadır. Dolayısıyla araştırmaya katılan öğrencileri sosyal medya kullanım deneyimleri açısından 'tüketici olarak aktif, üretici olarak pasif' olarak nitelendirebilmek mümkündür. Öğrencilerin Facebook profillerine bakıldığında da içerik üretimi ve paylaşımı açısından oldukça pasif oldukları, çoğu zaman sadece arkadaş gönderilerini beğenmenin (like'lamak) dijital eylemleri arasında başı çektiği açıkça görülmektedir.

Araştırma bulgularına göre, öğrencilerin sosyal medyayı; gerek kişisel (ticari olmayan) gerekse de ticari (ekonomik getirisi olması) açıdan *"insanların/ürünlerin/fikirlerin iyi ve güzel yanlarının sergilendiği bir tezgah ya da vitrine"*[1] benzettikleri söylenebilmektedir. Sosyal medyanın, özellikle tanınmış/ünlü kişilere ulaşmak, yeni tanışıklıklar/arkadaşlıklar edinmek ve kendi tanınırlığını/bilinirliğini arttırmak bakımından *"reklam ve tanıtım aracı"* olarak yaygın kabul gördüğü belirtilmektedir.

[Katılımcı E1]:"Sosyal medya insanların kendisini vitrine koyduğu bir mağaza olduğunu söyleyebilirim. Yani, bir tezgâh düşünecek olursak eğer, o tezgâhın önüne her zaman iyi olan meyveler konulur. Arkada çürükler kalır. İnsanlarda sosyal medyada öyle. Her zaman insanlar nasıl görünmek istiyorsa sosyal medyaya o şeklini koyuyor. Sosyal medya için böyle bir benzetme yapabilirim."

[Katılımcı E3]: "Ben sosyal medyayı çok aktif olarak kullanıyorum. Gerçekten sosyal medya benim hayatımda önemli bir yere sahip. Müzikle uğraştığım için açıkçası benim için sosyal medya yaptığım müziği insanlara tanıtabileceğim bir platform. Bunun dışında farklı bir amacı yok. Tam anlamıyla sosyal medyayı yaptığım müziği daha farklı ve daha fazla insana ulaştırabilmek için kullanıyorum... Sosyal medya kendi reklamımı yapabildiğim bir yer."

[Katımcı K3]: "Sosyal medya benim için, boş vakit anlamına geliyor ama o olmadığı zamanda hayatımda da bir çok şey eksikmiş gibi hissediyorum. Benim için hayatımın yarısı diyebilirim. Aslında çok da verimli bir şeyini görmüyorum. Nasıl değerlendirdiğime de bağlı aslında. Kendimi göstermek açısından sosyal medyayı kullanıyorum..."

---

[1] Çalışmada öğrencilerin birebir kendi ifadelerine dayanan açıklamaları *"tırnak içinde ve italik"* olarak belirtilmiştir.

İçerik paylaşımları açısından ise öğrencilerin paylaşımlarında ilgi alanlarına göre dağılım olduğu görülmektedir. Profesyonel ya da amatör/hobi düzeyinde spor, müzik vb. gibi bireysel ilgi alanlarına göre içerik paylaşımları da değişmektedir. Bu bağlamda kişilerin deneyimlerini paylaştıkları *"bireysel paylaşım ansiklopedisi"* ne benzetilen sosyal medya kişisel/özel anıların ve deneyimlerin başkalarıyla paylaşılarak kamusallaştırıldığı bir mecra olarak tarif edilmektedir. Bu doğrultuda, katılımcıların hem kendi beyanları hem de araştırmacılar tarafından Facebook profillerinin gözlemlenmesi sonucunda içerik paylaşımlarının genellikle doğa, gezi, hayvan, futbol, sosyal etkinlik (konser, arkadaş buluşması vb.) öğrenci etkinlikleri (kiralık ev, eşya alma-satma vb.) gibi temalarda fotoğraf ve video ağırlıklı olduğu görülmektedir. Paylaşımların siyasi, toplumsal veya güncel tartışmalardan uzak olması da diğer bir ortak yöndür.

Kullanıcı Farkındalığı

Öğrencilerin paylaşımları ilgi alanlarına paralel olarak şekillendiği gibi takip ettikleri kişiler ve gruplara/topluluklara üyelikleri de benzerlik göstermektedir. İlgi alanları dışında okuldaki ders grupları ve memleketleriyle ilişkin paylaşımlar da en çok paylaşım yapılan diğer kategoriler arasında yer almaktadır. İçerik türü olarak ise fotoğraf ve video gibi görsel içerik paylaşımlarının yaygın olduğu görülmektedir. Diğer yandan ise, içerik türü olarak metin/yazı paylaşımı *"artık hiç kimse tarafından okunulmadığı"* gerekçesiyle fazla tercih edilmemektedir.

[Katılımcı E1]:" Şu an bir Vine paylaşımının altına bile 7 saniyemi çaldın diye yorum yazılabiliyor. Yani bu kadar tahammülsüz insanların olduğu bir ortamda 1000 kelimelik bir köşe yazısı insanlar için bir eziyete dönüşebiliyor ki okumuyorlar yani. Köşe yazılarımda çeşitli konularda yazılar yazdım ki en son 250 kelimeye kadar düşürdüm ki bir haber metninin spotu kadar küçük bir metin onun bile uzun olduğunu diyenler oldu. Bu açıdan bakıldığında zamanla değişen etkileşimler beni de etkiledi diyebilirim. Daha az durum paylaşıp daha fazla fotoğraf paylaşmam bununla alakalı olduğunu söyleyebilirim."

[Katılımcı E2]: "En çok fotoğraf ve video paylaşıyorum... İnsanlar artık çok fazla yazı okumuyor... fotoğraflı içerik daha çok ilgi çekiyor... Yazılı içerik üretmek bana göre olmadığı için benim en büyük tercihim fotoğraf üretmek."

Bununla birlikte içerik paylaşımı yapılırken zamanlamaya da dikkat edilmektedir. İçerik ve kişi takibi açısından özellikle *"uyumadan önce"* 22:00-24:00 saatleri arasının tercih edildiği belirtilmektedir. İçerik paylaşımı açısından ise bu zamanlama sosyal ağ türüne göre değişebilmektedir. Örneğin, Facebook sosyal ağı için 21:00-23:00 saatleri arası kullanılırken, Instagram için sabah saatleri tercih edilmektedir. Bazı öğrenciler ise, *"canları istediği an"*da paylaşım yaptıklarını, zamanlamaya dikkat etmediklerini belirtmektedir.

Etiket (hashtag) ve emoji (dijital ifade) kullanımının da öğrenciler arasında yaygın olduğu görülmektedir. Etiket kullanımının paylaşılan içeriklerin daha fazla kişiye ulaşmasını sağlaması açısından tercih edildiği belirtilmektedir:

[Katılımcı E3]: "Hashtag benim için olmazsa olmazlarımdan bir tanesidir. Hashtagler, insanların benim içeriğime bir şekilde ulaşabilmeleri için önemli... Bu yüzden genelde benim paylaşımlarımın altında çok sayıda hashtag olur. Aslında en başından beri bu hashtagler sayesinde bir büyüme elde edebildim. Çünkü bu hashtagler diğer milyon takipçisi olan sayfaların beni görüp beğendilerse paylaşmalarına da vesile oluyor. Bu yüzden hashtag kullanıyorum."

Emoji kullanımındaki temel neden ise, çoğu zaman *"yazıyla ifade edilemeyen duygulara tercüman olması ve yazıdaki anlamı tamamlayıcı/destekleyici"* bir işlevi olduğunun düşünülmesi olarak belirtilmektedir:

[Katılımcı K1]: "Kahkaha, gülümseme emojilerini kullanıyorum. Paylaşımlarımın sonuna gülümseme emojisi falan koyuyorum. Bazen bir şey yazmak gerekiyor diye düşündüğüm oluyor. Sadece onu öyle paylaşmak yerine bir gülümseme koyup paylaşmak beni o an hissettiğim şeye baktığımda 'Aaa çok iyi hissettim. Ben şu şöyle oldu, bu böyle oldu" diye yazmaktansa bir gülümseme koyuyorum. Bu benim için iyi bir şey. O yüzden paylaşıyorum, kısa yolla anlatmak için. Eğlenceli oluyor."

Paylaşım yapılması tercih edilmeyen konular arasında ilk sırada siyaset ve ülke gündemiyle ilgili gelişmeler bulunmaktadır. Bu noktadaki çekimserliğin nedeni, *"takipçilerinin tepkileriyle uğraşmak istememek"* olarak belirtilmektedir. Dolayısıyla öğrencilerin *"sosyal medyadaki linç kültürü"* nedeniyle siyasi içerik paylaşımından uzak durmaya çalıştıkları söylenebilmektedir. Ayrıca mezuniyet aşamasındaki katılımcıların *"iş bulma ve arama süreçlerinde sıkıntı yaratabilmesi"* kaygısıyla da paylaşımlarında dikkatli davranmaya çalıştıkları belirtilmektedir. Facebook başta olmak üzere sosyal medya *"farklılıklara tahammülün olmadığı bir alan"* olarak betimlenmektedir.

[Katılımcı K1]: "...Siyasi şeyler. Tepkilerden dolayı, bir de artık çok yoruldum da galiba. Daha aktif paylaşım yaptığım dönemlerde oldu. Bir şeylerin artık değiştiğini ve insanların bir şeyi gördüğü halde görmezden geldikleri için gerekli olduğunu düşünmüyorum. Bir karşılığı yok yani. Ben oraya bir şeyler yazsam da bir şeylerin değişmeyeceğini düşünüyorum. Boşa bir çaba gibi...Onun yerine can sıkman gerekli değil diye düşünüyorum. Ayrıca çok fazla takip etmemeye çalışıyorum. Mesela yaşanan gelişmelerden son bir aydır olabildiğince uzak kalmaya çalışıyorum. Çünkü mutlu hissetmiyorum..."

[Katılımcı E2]: "Siyasi içerik çok paylaşmıyorum. Çünkü günün sonunda karşınızdaki kişiye ne derdinizi anlatabiliyorsunuz, zaten anlatsanız da gerek yok öyle bir şeye. Herkesin siyasi düşüncesi farklı olduğu için günün sonunda zaten paylaştığınız şey kimsenin çıkarına olmuyor. Siyasi şeyleri hem paylaşmaktan zevk almıyorum hem de paylaştığım şey karşımdakine ulaşmayacak ya da ulaşsa da düşüncesini değiştiremiyorsunuz. İnsanlar kalıp düşüncelere sahip olduğu için çok fazla farklı düşüncelere tahammül edemiyorlar. En küçük farklı bir fikrinizde bile tepki gördüğünüz için artık gerek görmüyorum bu tarz paylaşımları."

[Katılımcı K3]: "...Bu bir yerden sonra kısıtlama getiriyor. Siyasi paylaşımlarda yapmıyorum. Çünkü önümde hayalini kurduğum şey TRT'de işe girebilmek. Bunun içinde mecburen otokontrol-otosansür dediğimiz şeyi uygulamam gerekiyor."

Ayrıca bütün katılımcılar tarafından özel hayatla ilgili paylaşımlar da fazla tercih edilmeyen içerik kategorileri olarak belirtilmektedir. Bu yöndeki paylaşımların fazlalığının *"diğer in-*

Disiplinlerarası Yaklaşımla Sosyal Medya-2

sanları rahatsız ettiği" düşünülmekte ve *"takipçi kaybetmemek için"* böyle paylaşımlara dikkat edilmektedir. Ayrıca yine son sınıf öğrencileri olarak katılımcıların mezuniyet sonrası *"iş bulma kaygıları"* da paylaşımların niteliği üzerinde etkili olmaktadır:

> *[Katılımcı K3]: "Şu an benim için önemli olan iş bulabilmek ve geleceğimi kurabilmek. Bu da yani mesleğimden geçiyor. Bunu ön plana çıkartmak istiyorum. Günlük hayatımı sürekli olarak paylaşıp da sosyal medya hesaplarımın basit bir görünüm almasını istemiyorum. Gerekli şeyleri atıp insanların gözünde olumlu olup pozitif görünmek ve sadece mesleğimle anılmak istiyorum. Bu şekilde var olmak istiyorum."*
>
> *[Katılımcı K2]: "...Ben bir içerik paylaşırım ve yarın bir gün bir işe girmeye çalışırım, sonra ilk baktıkları şey artık sosyal medya olduğu için. Bu gibi iş bulamama kaygılarından dolayı bu tarz içerikleri paylaşmıyorum. Sadece ben değil, tüm arkadaşlarım böyle düşünüp, böyle yapıyorlar."*

Öğrenciler, paylaşılan içeriklerin beğenilip beğenilmeme durumuyla ilgili olarak benzer görüşler dile getirmektedir. Genel olarak paylaştıkları içerik *"beğeni alınca mutlu olduklarını"* belirtmektedirler. Ama olumsuz bir yorum veya istenilen oranda beğeni almama durumunda psikolojilerinin çok fazla etkilenmediğini ve bundan *"çok olumsuz olarak etkilenmediklerini"* söylemektedirler. Örneğin katılımcı E3, böyle bir durumda yaşadığı hissi *"Sevinme ya da üzülme oluyor ama psikolojimi etkileyecek derecede değil"* şeklinde ifade etmektedir. Diğer yandan, yapılan paylaşımlara beğeni (like) beklemek bazen *"tepki alma"* veya *"onaylanma"* ihtiyacının doğal bir karşılığı olarak da ortaya çıkmaktadır:

> *[Katılımcı K4]: "Açıkçası paylaşım yapma amacım, düşüncelerimi başkalarına iletmek olduğu için sevdiğim insanların onu (paylaşımımı) beğenmesini isterim. Tabii kimse kimsenin görüşüne karışamaz, beğenmek zorunda da değildir ama yine de o beğenme duygusunu almak istiyorum galiba paylaştıklarımdan. Olayların sıcak olduğu zamanlarda bir şey paylaştığım zaman ona anında tepki almak istiyorum mesela."*
>
> *[Katılımcı E4]: "Tabii ki de herkes beğenilmek ister. Beğenilmek önemli bir şeydir ama sırf bu anlamda paylaşım hiçbir zaman yapmadım.*

İnsanların beğenip takdir etmesi güzel bir şey. Şimdi şöyle bir şey var, ortaya beğeni almak için bir ürün koymam. Bir ürün koyarım beğeni alırım. Beğeni almazsa, üzülmüyordum ama üzülmeye başladığımı farkettim. Bu da sosyal medyanın olumsuz yönü bence ama bunu da yendiğimi düşünüyorum. Paylaştığım bir fotoğrafı sevmediysem kaldırmışımdır. Sırf insanların yorumuna göre ya da 'like'na göre kaldırmadım ama niye az 'like' aldı diye düşündüğüm olmuştur yani samimiyetle söyleyecek olursam."

[Katılımcı K2]: "Önceleri bu durum umurumdaydı. Ne kadar çok beğenim varsa o kadar çok sevenim var diye düşünürdüm. Ama artık bunun önemsiz bir şey olduğunu düşünüyorum. İlk zamanlar önemliydi. Ancak sanırım zaman geçtikçe ve olgunlaştıkça bunun önemsiz bir şey olduğunu farkettim. Ama yin ede beğeni alınca mutlu da oluyorum. Çünkü hala beni takip edenler var diye düşünüyorum bu beğeniler aracılığıyla."

[Katılımcı E3]: "Sonuçta hepimiz insanız ve beğenilme kaygısı güden varlıklarız. Bu yüzden beğenilmek istiyorum. Bu benim için çok önemli bir yer tutmuyor ama illa ki beğeneyim, 500-600 beğeni gelsin gibi bir şey aklımda yok. Bireysel olarak baktığımız zaman ne kadar çokta beğeni gelirse o kadar çok mutlu olabiliyorum."

Sosyal Medyanın Gücüne (Potansiyeline) İlişkin Yaklaşımları

Öğrenciler genel anlamda *"sosyal medyanın kullanıcılar açısından avantajlarının dezavantajlarından daha fazla olduğunu"* düşünmektedirler. Bu anlamda öğrencilerin sosyal medyaya ilişkin olumlu bir algıya sahip oldukları görülmektedir. Sosyal medyanın avantajları olarak "hızlı ve kolay iletişim" ile "hızlı örgütlenebilme" en fazla dile getirilenler arasındadır.

[Katılımcı E3]: "Sosyal medyanın toplumu değiştirme gücü de var. Olumsuz olduğu gibi olumlu yönde de değiştirme gücü olabilir. Her ne olursa olsun sosyal medyanın bir değiştirme, dönüştürme gücü kesinlikle var. Artık sokaklara çıkıp böyle örgütlenebilmek için önce sosyal medya hesaplarında insanlar örgütleniyor... Artık herkese kolayca ulaşabilmenin yolu sosyal medya. Bu yüzden herhangi bir ideolojiyi desteklemek veya yermek amaçlıda bir yerlerde yürüyüşler, toplantılar yapılacaksa hep genelde sosyal medya üzerinden bunlar planlanıyor. O yönden ben kitlelere hitap ettiği için gündemi değiştirebileceğini

veya toplum olarak bir şeye olumlu bakarken onu sosyal medya sayesinde olumsuz bir şekilde baktırabileceğini düşünüyorum."

Ayrıca, sosyal medyanın; günümüzde toplumsal olarak giderek yaygınlaşan yalnızlık duygularının giderilmesinde bir sosyalleşme kanalı olarak hizmet edebileceğine işaret edilmektedir:

[Katılımcı K1]: "Biliyorsunuz yaş ilerledikçe insanlar daha da yalnızlaşıyor, kendi haline kalıyor. En azından orada (sosyal medyada) bir uğraşı, vakit geçirme, o yalnızlığı giderme gibi noktalarda faydalı olabilir. Sonuçta bu durum bizler için de geçerli. Mesela biz de yalnızken vakit geçirmek için sosyal medyayı kullanıyoruz. Bu yüzden onlar için de iyi olabilir. Bir noktada onlar içinde bir sosyalleşme kanalı. Sonuçta komşuluk, akrabalık ilişkileri zayıfladığı için yalnız kalıyor insanlar, mutsuzluk daha çok çöküyor. Onun yerine orada oyalanıyor, oradan dizi izliyor, oradan birileriyle, komşusuyla falan yazışıyor. Evinden çıkamıyorsa veya bir engel durumu varsa oradan aktif bir şekilde her şeyi görüp, vakit geçirebiliyor."

Sosyal medyanın başlıca dezavantajı olarak ise *"insanların gerçeklik algısında sorunlar yaratabilme potansiyeli"* olmasıyla birlikte yaşa ve cinsiyete bağlı olarak değişen sorunlara da vurgu yapılmaktadır. Kullanıcıların yaşı açısından çocuklar ile cinsiyete bağlı olarak da kadınların dezavantajlı grupları oluşturdukları düşünülmekte ve birtakım potansiyel tehditler (siber zorbalık, cinsel istismar vb.) karşısında daha savunmasız oldukları belirtilmektedir:

[Katılımcı E3]: "... Bu dezavantajı kız arkadaşlarımız için özellikle daha çok sorun oluyor. Bir kız arkadaşımızın bir erkek arkadaşıyla fotoğrafına maalesef çevresindeki akrabaları tarafından olumsuz yorumlar gelebildiği için olumsuz yönde onları daha çok etkilediğini düşünüyorum."

[Katılımcı E1]: "... Pedofili açısından dezavantaj. Çocuklara ya da gençlere yönelik olarak sahte profilden kaynaklı oluşabilecek durumlar açısından bir dezavantajdır. Bu durumları sürekli olarak sosyal medyada ya da haber sitelerinde duyulan veya görülen haberlerden yola çıkarak söylüyorum."

Öğrenciler tarafından günümüzde artık herkesin sosyal medya kullanıcısı olmasının önemine de işaret edilmektedir. Sosyal medyanın bireyler ve toplumlar üzerindeki etkilerine vurgu yapılmakta, bireysel gelişim ve toplumsal dönüşüm için sunduğu potansiyele dikkat çekilmektedir. Bu güç ise sosyal medyanın kendiliğinden yarattığı bir potansiyel olarak algılanmamakta ve bunun toplumsal bir karşılığının olması gerektiğine vurgu yapılarak, özellikle böylesi bir güçten olumlu bir şekilde yararlanabilme noktasında da *"bilinçli kullanım ve bilinçli kullanıcıların önemine"* işaret edilmektedir. Söz konusu bilinçli kullanım ise, kişisel ve toplumsal öğrenme süreci olarak değerlendirilerek sosyal medya kullanıcısının sahip olduğu deneyimlerin bir sonucu olarak belirtilmektedir:

[Katılımcı K1:] "...O zamanlardaki sosyal medya kullanımımla şimdiki sosyal medya kullanımım arasında farklılıklar var... O zamanlarda her şey herkese açıktı tam olarak bilmediğim için. Şu an daha bilinçli kullanabiliyorum, kontrol edebiliyorum. O zamanlarda kontrol etmiyordum, serbestti... Zamanla daha bilinçli olarak kullanmaya başladım. Bu durum herkeste böyle. İlk başlayanla sonradan kullanımını sürdüren arasında elbette farklılıklar oluyordur... Sosyal medyanın doğru kullanıldığında faydalı olduğunu düşünüyorum."

[Katılımcı E1:] "Ben bu değişim gücünün var ama yetersiz olduğunu görüyorum. Bunu toplumun alışkanlığından ve bilincinden kaynaklı olduğunu düşünüyorum. Sosyal medyanın toplumsal dinamikleri değiştirme gücü potansiyel olarak var ama toplumsal tabaka olarak bir karşılık bulursa. Bu durumda insanların yüzdesi önemli. İnsanların % 30'u bunu bilinçli olup değiştirmeye çalışıyorsa % 70'e karşı fazla başarılı olamaz ama % 50'den fazlası biliyorsa ve bilincindeyse sosyal medya potansiyel güçten faaliyete geçen bir güç olarak değer kazanabilir."

Bununla birlikte, eğer amaçlanırsa bu gücün bireysel ve toplumsal anlamda *"olumsuz yönde kullanımı"* gibi bir riski de beraberinde getirdiği belirtilmektedir.

[Katılımcı K1:] "Bu konuda büyük bir gücü var. Bu gücü kullanmak istendiği zaman etkili olabilir. Bu durumun olumlu ya da olumsuz olması kullanım amacına bağlı. Kim bunu hangi amaç için kullanıyor o önemli. Mesela ben çevre aktivistiyimdir, bir yeri korumak için bir konu açarım, insanlardan da destek isterim gelirler. Ama bir yerde birini 'yuhlamak' amacıyla bir konu açarım, o düşüncede olan insanlar gelirler oraya. Yani sizin hangi amaçla kullandığınızla ilgili bir durum biraz. Gezi'de de gördük zaten."

Sonuç

İnternet ve yeni iletişim teknolojilerinin gelişmesiyle yaygınlaşan çevrimiçi sosyal ağlar günümüzde toplumsal bir fenomen olarak sosyal medyayı ortaya çıkarmıştır. Sadece teknolojik değil toplumsal bir olgu olarak da tartışılması gereken sosyal medya kavramı gündelik hayatın vazgeçilmez bir parçası haline gelmiştir. Sosyal medya, geleneksel medyadan farklı olarak kullanıcılarının sadece içerik tüketimini değil içerik üretimini de destekleyen, etkileşimin en üst düzeyde olduğu kullanıcı kaynaklı medya olma özelliğine sahiptir (Poynter 2012, s.208). Bu yeni medya türünün aynı zamanda hedef kitlesini de oluşturan kullanıcıların büyük çoğunluğunu *dijital yerliler* olarak adlandırılan günümüz gençleri oluşturmaktadır (Prenksy, 2004).

Araştırma kapsamında görüşülen öğrencilerin de belirttiği üzere sosyal medya günümüzün birincil iletişim ve haberleşme ağı olarak çok önemli bir araç olarak kabul edilmektedir. Özellikle kendi yaş gruplarındaki bu sosyolojik grup için sosyal medya kullanımının artık *"bir gereklilik olduğu"* düşünülmektedir. Gerek okul ve derslerle ilgili gelişmeler için gerek ülke gündemini takip etmek için gerekse de yakın çevre ve arkadaşlardan haberdar olmak için mutlaka bir sosyal medya hesabına sahip olunulmalıdır.

Bununla birlikte sosyal medyanın herhangi bir mağduriyete, yanlış anlaşılmalara neden olmadan veya taciz, hakaret, saldırı gibi tehditlere maruz kalmadan *"güvenli ve sağlıklı"* kullanımı konusunda kullanıcılara belirli bir eğitimin verilmesinin gerektiği düşünülürken, bilinçli kullanıcı olmanın önemine vurgu yapılmaktadır. Sosyal medyada paylaşılan içeriklerin bilinçsizce üretiminin ve/veya tüketiminin bireysel ve toplumsal anlamda olumsuzluklara yol açabileceğinin altı çizilmektedir.

Çalışmada gençlerin sosyal medya algısına yönelik sonuçlar da dikkat çekicidir. Özellikle sosyal medya paylaşımlarının kişilerin gerçek kimliklerini tamamen yansıtamayacağına ilişkin görüşler vurgu yapılan unsurlar arasındadır. Bu durumun nedenleri arasında öncelikle *"farklılıklara tahammülün olmadığı bir yer"* olarak nitelendirilen sosyal medyadaki linç kültürünün kullanıcıların paylaşımları üzerindeki etkisine dikkat çekilmektedir. Kişisel paylaşımlarından dolayı sosyal medyada linç girişimine uğrama korkusu ve diğer insanlara kendini açıklamak zorunda kalmak sosyal medyada *"gerçek"* duygu ve düşüncelerin paylaşılmamasının temel nedeni olarak karşımıza çıkmaktadır. Ayrıca Türkiye'nin içinde bulunduğu siyasi atmosfer de öğrencilerin paylaşımları konusunda oto-sansür yapmalarının bir gerekçesi olarak belirtilmektedir.

Ayrıca bu kapsamda özellikle bir *"vitrin"* benzetmesi yapılan sosyal medyada gördüklerimize inanmadan önce kişisel bir değerlendirme süzgecinden geçirilmesinin önemine yapılan vurgu gençlerin farkındalıkları hakkında bilgi vermektedir. Genellikle sosyal medya kullanıcılarının en iyi, en güzel, en mutlu vb. deneyimleri paylaşma eğiliminde oldukları düşünülmekte ve bunun da diğer insanların sürekli eğlendiği gibi bir yanılgıya neden olduğu belirtilmektedir. Bilinçli kullanıcıların ise artık bu yanılgıya düşmemesi beklenmelidir.

Çalışmanın diğer önemli bulgularından biri de; üretici olarak pasif ama tüketici olarak aktif bir sosyal medya kullanımının gençler arasındaki yaygınlığıdır. Bu durum en kısa vadede sosyal medyanın kişisel gelişim ve üretkenliğe yönelik potansiyelinin değerlendirilememesiyle sonuçlanmaktadır. Dolayısıyla da her sosyal medya kullanıcısının aynı zamanda içerik üreticisi de (prosumer) olduğunu varsaymak yanıltıcı bir iyimserlikle birlikte gerçekçi bir yaklaşım da değildir.

Uzun vadede ise gençlerin sosyal medyanın sunduğu fırsatları eğitim, iş ve toplum hayatına entegre etmede zorluklar yaşadığını söylemek mümkündür. Bu durum, sosyal medya kullanımının *"kişisel anı ve deneyim günlüğü"*ne indirgenmesine neden olmakla birlikte, sosyal medyayla birlikte sıklıkla dile getirilen bireysel ve kamusal alanda aktif ve katılımcı yurttaşlığın kendiliğinden otomatikman gerçekleşebilecek bir olgu olmadığının da göstergesidir. Bu bağlamda Lievrouw'un (2016) işaret ettiği gibi, etkileşimli yeni medya ortamının her koşulda yurttaş katılımını destekleyerek bireyler tarafından alternatif ve aktivist bir müzakere alanı olarak kullanılabilmesi toplumsal koşullarla çok yakından ilişkilidir.

Son olarak araştırmadan elde edilen veriler ışığında, gençlerin sosyal medyaya oldukça realist bir perspektiften baktıkları, olumlu ve olumsuz denilebilecek bütün özellikleriyle bu mecranın benimsendiği, içinde bulundukları özel ve kamusal çevrenin sosyal medya paylaşımlarına etkisi konusunda farkındalıklarının yüksek olduğu söylenebilmektedir. Ayrıca literatürde gençlerin sosyal medya kullanım alışkanlıklarıyla ilgili yapılmış niceliksel çalışmaların bulgularından farklı olarak, sosyal medyada saatler geçirmenin her zaman "aktif ve üretken" bir kullanıcı olma anlamına gelmeyeceğini de belirtmekte fayda bulunmaktadır.

Kaynakça

Altunbaş, F. (2014). *Sosyal Medyaya Genel Bir Bakış*. M. Demir (Ed.). *Yeni Medya Üzerine*, Konya: Literatürk Yayınları, 45-62.

Borges, B. (2009). *Marketing 2.0 Bridging the Gap Between Seller and Buyer Through Social Media Marketing*, USA: Wheatmark.

Başoğlu, U. D. ve Yanar, Ş. (2017). Üniversite Öğrencilerinin Sosyal Medya Kullanım Amaçları ve Alışkanlıklarının Belirlenmesi. *Kilis 7 Aralık Üniversitesi Beden Eğitimi ve Spor Bilimleri Dergisi*, 1(2), ss.6-13.

Castells, M. (2009). *Communication Power*. USA: Oxford University Press.

Creswell, J: W. (2016). *Nitel Araştırma Yöntemleri: Beş Yaklaşıma Göre Nitel Araştırma ve Araştırma Deseni*. Ankara: Siyasal Kitabevi.

Çömlekçi, M. F. ve Başol, O. (2019). Gençlerin Sosyal Medya Kullanım Amaçları ile Sosyal Medya Bağımlılığı İlişkisinin İncelenmesi, *Celal Bayar Üniversitesi Sosyal Bilimler Dergisi*, 17(4), ss.173-188.

Digital News Report (2020). Reuters Institute for the Study of Journalism, University of Oxford. (Çevrimiçi). https://www.digitalnewsreport.org/ 10.10.2020

Doruk, E., Çavdar, D. ve Okumuş, M. (2014). Sosyal Medya Kullanıcılarının Sanal ve Gerçek Hayattaki Protestolara Katılma Durumlarının Karşılaştırılması ve Sanal Protestoların Kullanıcı Algısı Bakımından Etkililiği. M. Demir (Ed.) *Yeni Medya Üzerine*, Konya: Literatürk Yayınları, 213-242.

Flick, U. (2009). *An Introduction to Qualitative Research*, London: Sage.

Fuchs, C. (2015). *Dijital Emek ve Karl Marx*, Çev. E. Kalaycı ve S. Oğuz. Ankara. Notabene Yayınları.

Gürsakal, N. (2009). *Sosyal Ağ Analizi*. Bursa: Dora Yayınları.

Kamiloğlu, F. ve Yurttaş, U. Ö. (2014). Sosyal Medyanın Bilgi Edinme ve Kişisel Gelişim Sürecine Katkısı ve Lise Öğrencileri Üzerine Bir Alan Çalışması. *Galatasaray Üniversitesi İletişim Dergisi*, (21), ss. 129-150.

Kietzmann, J., Hermkens, K., McCarthy, I. P., Silvestre, B. S. (2011). Social Media? Get Serious! Understanding the Functional Building Blocks of Social Media. *Business Horizons*, 54 (3). ss.241-251.

Lievrouw, L. A. (2016). *Altenatif ve Aktivist Yeni Medya*. Çev. İ.S. Temizalp. İstanbul: Epsilon Yayıncılık.

Oblinger, D. ve Oblinger, J. L. (2005). (Eds). *Educating The Net Generation*. Washington DC: Educause.

Otrar, M. ve Argın, F. S. (2014). Öğrencilerin Sosyal Medyaya İlişkin Tutumlarının Kullanım Alışkanlıkları Bağlamında İncelenmesi. *Eğitim ve Öğretim Araştırmaları Dergisi*. 3(3). ss.1-13.

Palmer, A. ve Koenig-Lewis, N. (2009). An Experiental, Social Network-Based Approach to Direct Marketing. *Direct Marketing: An International Journal*, 3 (3), ss.162-176.

Pedro, F. (2006). The New Millennium Learners: Challenging our Views on Ict and Learning. (Çevrimiçi). https://publications.iadb.org/publications/english/document/The-New-Millennium-Learners-Challenging-our-Views-on-ICT-and-Learning.pdf. 10.09.2020.

Poynter, R. (2012). *İnternet ve Sosyal Medya Araştırmaları El Kitabı*, Çev. Ü. Şensoy. İstanbul: Optimist Yayınları.

Prenksy, M. (2004). The Emerging Online Life Of The Digital Native: What They Do Differently Because Of Technology, And How They Do It, (Çevrimiçi) http://www.marcprensky.com/writing/PrenskyThe_Emerging_Online_Life_of_the_Digital_Native-03.pdf. 10.12.2019.

Smith, J. A. ve Eatough, V. (2007). Interpretative Phenomenological Analysis, E Lyons ve A Coyle (Eds.). *Analysing Qualitative Data In Psychology*, Los Angeles: Sage Publications, ss.35-50.

Şahin, A., Kaynakçı, C. ve Aytop, Y. (2016). Ziraat fakültesi Öğrencilerinin Sosyal Medya Kullanım Alışkanlıklarının Belirlenmesi, *Tekirdağ Ziraat Fakültesi Dergisi*, 13(2), ss.34-45.

Törenli, N. (2005). *Yeni Medya, Yeni İletişim Ortamı,* Ankara: Bilim ve Sanat Yayınları.

Vural, Z. B. ve Bat, M. (2010). Yeni Bir İletişim Ortamı Olarak Sosyal Medya: Ege Üniversitesi İletişim Fakültesine Yönelik Bir Araştırma, *Journal of Yasar University,* 20 (5), ss.3348-3382.

Wellman, B. (2001). Physical Place and Cyber-place: The Rise of Networked Individualism, *International Journal for Urban and Regional Research,* 25(2), ss.227–252.

Yıldırım, A. ve Şimşek, H. (2006). *Sosyal Bilimlerde Nitel Araştırma Yöntemleri,* Ankara: Seçkin Yayınları.

Yıldız, A. ve Demir, F. M. (2016). Üniversite Öğrencilerinin İnternet ve Sosyal Medya Kullanım Amaçlarının Belirlenmesine Yönelik Bir Araştırma: Muğla Sıtkı Koçman Üniversitesi Örneği. *Sosyal ve Beşeri Bilimler Araştırmaları Dergisi.* 17(37), ss.18-36.

Yıldız, K., Çokpartal, C., Ada, Ö. ve Kalkan, N. (2017). A Research on Facebook Connection Strategeies of University Students. *GYMNASIUM,*18(2), ss,127-134. (Çevrimiçi) DOI:10.29081/gsjesh.2017.18.2.09.

Sosyal Televizyon Bağlamında Yerli Dizilerin Sosyal Medya Kullanımı Üzerine Bir İnceleme: Sen Çal Kapımı Örneği

*Ürün Yıldıran Önk**

Giriş

Sosyal televizyon, sosyal ağların televizyon yayınlarıyla bir araya gelmesi biçiminde tanımlanmaktadır. Televizyon endüstrisinin geliştirdiği yeni bir yayıncılık stratejisi olan sosyal televizyon, bugün 54 milyon aktif sosyal medya kullanıcısının bulunduğu Türk televizyonları açısından da son derece önemlidir. İzleyicilere gelişmiş kullanıcı deneyimi ve çevrimiçi alışveriş olanakları sunarken, reklam ve izleme ölçümleri için yeni fırsatlar açan (Çatak, 2015, s. 95-96) bu alan, son yıllarda yerli diziler özelinde başarılı uygulamalara sahne olmaktadır. Bu noktadan hareketle bu çalışmanın amacı, yerli dizilerin sosyal medya kullanımını çeşitli boyutlarıyla incelemektir. Bu bağlamda Türkiye'de ulusal kanallarda yayınlanmakta olan yerli diziler arasında sosyal medyada en çok konuşulan dizi olan (DigiLup, 2020) Sen Çal Kapımı (Bülbüloğlu, 2020-) dizisi örneklem olarak seçilmiştir. Bu çerçevede, yapıma ilişkin sosyal medya kullanım pratikleri dört sosyal medya platformu (Youtube, Instagram, Facebook, Twitter) üzerinden araştırılmış ve diziyle ilgili 7 günlük süreçteki (16-22 Kasım 2020) iletiler içerik analizi yöntemiyle incelenmiştir. Yapılan analizler, dizinin adını taşıyan (Sen Çal Kapımı) sosyal medya platformlarındaki iletiler, dizinin yapım

---

* Dr. Öğr. Üyesi, Yaşar Üniversitesi, İletişim Fakültesi, Radyo, Televizyon ve Sinema Bölümü, urun.onk@yasar.edu.tr

şirketine (MF Yapım) ait sosyal medya platformlarındaki iletiler ve dizinin yayıncı kuruluşuna (Fox TV) ait sosyal medya platformlarındaki iletiler olmak üzere üç başlıkta ele alınmıştır. Ayrıca MF Yapım sosyal medya uzmanı Şefkat Peker'le dizinin sosyal medya kullanımındaki yaratıcı uygulamaların tasarım ve karar süreçleriyle ilgili bir görüşme gerçekleştirilmiş, edinilen bilgiler çalışma içerisinde paylaşılmıştır. Yerli diziler için kritik bir alan olarak sosyal televizyonla ilgili çalışmalar son derece azdır. Bu bağlamda bu çalışmanın hem sektörde kullanılan standart ve yaratıcı uygulamaların belirlenmesi hem de sosyal medya platformlarının yerli diziler açısından öneminin altının çizilmesi bakımından alana katkı sağlayacağı düşünülmektedir.

Türkiye'de Yerli Dizilerin Yükselişi

Televizyonda her zaman popüler olmuş bir tür olarak diziler, bugün de hem dünyada hem de Türkiye'de programcılık eğilimlerinde başı çekmektedir. İzleme alışkanlığı yaratma becerisiyle her yeni bölüm için izleyiciyi yeniden ekran başına çekebilmesi, dizilerin popülerliğinin kilit noktasıdır. Bu potansiyel izleyici, dizileri, hem reklam veren açısından hem de yayıncı kuruluşlar açısından cazip hale getirmektedir. Ayrıca medya kuruluşlarının küresel bağlantıları ve yeni iletişim teknolojilerinin sağladığı olanaklar sayesinde medya içeriklerinin dünya çapında dolaşımının hız kazanması, dizilere yapılan yatırımları da artırmıştır. Son dönemde ise dijital platformlar sayesinde yeni gösterim olanakları yakalayan diziler, televizyon endüstrisinin lokomotifi durumundadır.

Türkiye'de ise dünyadaki eğilimlere paralel biçimde dizi sektörü, tarihindeki en parlak dönemini yaşamaktadır. Tüm ulusal televizyon kanallarında haftada en az dört-beş yerli dizinin yayınlandığı bu ortama Türkiye'de faaliyet gösteren yerli ve yabancı dijital platformlar da eklendiğinde sektörün büyüklüğü anlaşılmaktadır. Sadece iç piyasada değil, yurtdışında da önemli bir pazar başarısı yakalayan yerli diziler sayesinde Türkiye, dünya çapında dizi ihraç eden ülkeler arasında 2. sırada yer almaktadır (Amerika'dan Sonra Dünya'da, 2019). Türkiye'de yayınlanan ilk yerli dizi olarak kabul edilebilecek Hayattan Yapraklar (1975)'dan (Serim, 2007, s. 71) bugüne kadarki 45 yılı aşkın geçmişiyle yerli dizilerin, oldukça önemli bir yol katetmiş olduğu ortadadır.

TRT'nin tek kanallı ilk yıllarında yayınladığı yabancı diziler yerine yerli yapımlara yönelmesi 1975'lerde gerçekleşmiştir. Televizyonun araçsal özelliklerinin henüz kavranamadığı bu yıllarda yerli dizilerde sinema estetiğinin egemen olduğu bir yapı görülmektedir. 80'li yıllar ise TRT'nin kamu yayıncılığı ilkesi doğrultusunda yapımlara imza attığı ve yerli dizi anlamında önemli gelişmelerin yaşandığı bir dönem olarak dikkat çekmektedir. Taranç, 1970'li yıllardaki başlangıç dönemini izleyen bu süreci, gelişim dönemi olarak adlandırmakta, bu yıllarda TRT içinden yetişen yönetmenler tarafından çekilen yerli dizilerin hem biçim hem içerik olarak televizyona uygunluğunun altını çizmektedir (Taranç, 1991, s.130-133). 1990'lı yıllar ise TRT'nin tek kanal tekelinin yıkıldığı, özel televizyonların hızla yaygınlaştığı bir dönem olmasının yanı sıra henüz teknik ve yasal altyapılarını tamamlamaya çalışan bu kanalların, dizi gibi hem maliyetli yüksek hem de yapımı zor programlar yerine stüdyo programlarını tercih ettiği bir sürece işaret etmektedir. Bu nedenle dramatik programlar için dış alımın egemen olduğu bir başka deyişle yabancı dizilerin televizyon kanallarını doldurduğu bir dönem yaşanmıştır. Ancak bu dönemin bitişini müjdeleyen yatırımların yapılması ve bu yatırımların başarı kazanmasıyla yerli diziler, sayısal anlamda büyük çıkış yakalamıştır.

2000'li yıllar boyunca Türkiye'de yerli dizi piyasasının günden güne güçlendiğini söylemek yanlış olmayacaktır. Önceleri sadece ulusal kanallarda gösterim olanağı yakalayan yerli diziler, bugün ulusötesi bir niteliğe kavuşmuştur. Yerli dizilerin popülerliği; gerek televizyon kuruluşlarının kullandığı dijital olanaklar gerekse dizi piyasasında uluslararası dağıtım yapan şirketler aracılığıyla 2001'den itibaren, başta Ortadoğu, Balkanlar, Türki Cumhuriyetler gibi coğrafi ve kültürel yakınlıkları da aşarak bugün Uzak Doğu'dan Rusya'ya, Latin Amerika ülkelerinden Afrika'ya kadar genişlemiştir. Yüksek maliyetine ve zorlayıcı yapım koşullarına karşın sektör tüm hızıyla üretime devam etmekte, yerli diziler özellikle 2020 yılında yaşanan Covid 19 Pandemisi sonrasında kısıtlanan sosyal yaşam nedeniyle eve kapanmak zorunda kalan kitlelerin önemli bir serbest zaman etkinliği olarak altın çağını yaşamaktadır. Resmi mercilerce Türkiye'nin 25. ihraç kalemi olarak da tasdiklenen ticari potansiyeliyle yerli dizilerin popülaritesi, yeni teknolojilerin geleneksel bir medya aracı olan televizyonu öldüreceği varsayımlarına net bir yanıttır zira televizyon yeni teknolojileri de bünyesine katarak zaman, mekân ve mecra sınırlarını aşmış durumdadır.

Türkiye'de Dijital Medya Döneminde Sosyal Televizyon ve Yerli Diziler

Kendisi de teknik bir buluş olan televizyon, geçmişten günümüze varlığını korumakla kalmamış, iletişim teknolojilerindeki pek çok yeniliği bünyesine katarak her dönem başat kitle iletişim aracı olmayı sürdürmüştür. Atabek, televizyonun bu serüvenindeki teknolojik gelişmeleri; görüntü ve ses teknolojilerinin gelişmesi, uzaktan kumanda kullanımı, şifreli yayın teknolojisi, ölçüm sistemlerinin gelişmesi, teletext, kablo ve uydu yayıncılığı teknolojileri biçiminde sıralamaktadır (Atabek, 2020, s.184-212). Bu gelişmeler arasında kuşkusuz en önemlilerinden biri ise dijitalleşmedir. Atabek'in (2020, s.182) ifadesiyle karasal yayın teknolojisi hariç "Günümüzde televizyon yayıncılığı, kameradan stüdyo çıkışına kadar tüm yayın ve yapım aşamalarıyla dijitalleşmiştir." Dijitalleşmenin televizyon özelinde en önemli etkisi internet ile entegre olabilmesini sağlamasıdır (Akyol ve Ünlü, 2020, s. 91). Böylece web sisteminin de gelişmesiyle yeni medyanın özelliklerini içeren yeni televizyon yayıncılığı türleri (WEB TV, IPTV, OTT TV, HBTV, MOBİL TV) ortaya çıkmıştır (Akyol ve Ünlü, 2020, s. 73). Bu süreçte "Daha önce tek yönlü bir iletişimin kurulduğu ve izleyicinin genel anlamda pasif kabul edildiği dönemden interaktif ve aktif, üretken, katılımcı izleyicinin olduğu bir yayıncılık dönemine geçilmiştir." (Bilginer Kucur, 2020, s. 126). Böylece izleyiciden kullanıcıya dönüşen birey, geleneksel televizyonculuktan sosyal televizyonculuğa da adım atmış olmaktadır. Televizyon izlerken çeşitli sosyal araçlar kullanarak iletişim kurma biçiminde tanımlanan (Akt. Kim v.d. 2019, s. 2) sosyal televizyon, televizyon endüstrisi tarafından geliştirilen yeni ve işlevsel bir stratejidir. Bu kapsamda Engin sosyal televizyonun amaçlarını üç maddede ele almaktadır: Mobil cihazlarla televizyon yayıncılığına yeni bir teknolojik destek getirerek farklı bir izleme modeli oluşturmak, yeni program türlerinin gelişmesinin önünü açmak ve televizyon izleyicisini aktif bir konuma getirerek yeniden tanımlamak (Akt. Dikmen, 2006, s.3).

2020 yılı itibariyle 54 milyon aktif sosyal medya kullanıcısının (Digital 2020 Turkey) olduğu Türkiye'de sosyal televizyon kavramının gündemde olması da son derece doğaldır. Zira her ne kadar başat kitle iletişim aracı olmaya devam etse de televizyonun reklam pastasından aldığı payın her geçen yıl azaldığı da bilinmektedir. Bu noktada Türkiye'deki televizyon endüstrisinin bu kapsamda etkinliklerinin olması neredeyse bir zorunluluktur. Öte yandan yerli diziler özelinde sosyal televizyonun inanılmaz bir hızla geliştiği görülmektedir. Yerli diziler, popüler sosyal medya platformlarında (YouTube, Instagram, Facebook, Twitter vb.) bulunan hesapları aracılığıyla ürettikleri içerikleri, alanyazında sosyal televizyon bağlamında öngörülen biçimde televizyon yayını öncesinde, yayın sırasında ve sonrasında paylaşarak önemli bir etkileşim (Akcan, 2017, s. 82-83) sağlamaktadır. Bu anlamda yerli dizilerin hayranlarının özel hesaplar açarak hayran grupları oluşturdukları, yerli diziler için tt (*trend topic*) kampanyaları düzenledikleri, diziye özel içerik üreterek yine sosyal medya platformları aracılığıyla paylaştıkları gözlenmektedir. Bu anlamda yerli dizilerin sosyal medyada kullandıkları özel bir dil bile oluştuğundan söz edilebilir. Dizinin adının kısaltması veya dizideki çiftlerin adlarından oluşan kısaltmalar buna örnek verilebilir. Dizinin resmi sosyal medya hesaplarını yöneten kişilerle kurulan özel bir iletişim de söz konusudur. Bu çerçevede izleyici/hayran soruları ve talepleri bu hesapları yöneten ve 'Admin, Adminiçe, Adminella' gibi adlarla hitap edilen kişilere yöneltilmektedir. Öte yandan yerli dizilerin yayıncı ve yapımcı kuruluşlarının da destek verdiği içerik üretiminde önemi bir katkı da dizi oyuncularından gelmektedir. Türkiye özelinde uzun çalışma saatleri nedeniyle zamanlarının büyük kısmını sette geçiren oyuncuların sosyal medya platformları aracılığıyla çeşitli içerikler üreterek paylaştıkları hatta Instagram üzerinden canlı yayın yaparak sevenleriyle bir araya geldikleri bilinmektedir.

Türkiye'de sosyal televizyon bağlamında yapılan çalışmaların çoğu televizyon ve sosyal medya arasındaki ilişkiyi incelemekte ve özellikle televizyon izleme sürecinde Twitter veya hashtag kullanımına odaklanmaktadır. Hem Türkiye'deki hem de diğer ülkelerdeki çalışmaların büyük bir bölümünü ise diziler oluşturmaktadır. Yoğun bir etkileşimin olduğu gözlenen bu alanda, yerli dizilerin sosyal medya platformlarını nasıl kullandıklarını açıklamak bu araştırmanın tasarlanmasına neden olmuştur. Zira yerli dizilerin gerek yurtiçinde gerekse yurtdışında yakaladığı başarının sürdürülmesinde sosyal televizyonun etkisi ve katkısı son derece büyük olacaktır, olmaktadır.

Sen Çal Kapımı Dizisinin Sosyal Medya Kullanımı

8 Temmuz'da ilk bölümü yayınlanan Sen Çal Kapımı (SÇK) dizisi 2020'nin en ses getiren dizilerinden biri olarak Fox TV'de ekrana gelmektedir. Başrollerini Hande Erçel (Eda Yıldız) ve Kerem Bürsin'in (Serkan Bolat) paylaştıkları romantik komedi (*rom-com*) türündeki yerli dizi, birbirine zıt iki karakterin nişanlı taklidi yapmak durumunda kalmalarıyla başlamaktadır. Sonrasında bir anlaşmayla devam eden bu sahte nişanlılık süreci, ikilinin yakınlaşmasına ve aşık olmasına doğru ilerlemektedir. İş,

aile ve arkadaş çevrelerinin de olaylara dâhil olduğu dizide aşkın hem hüzünlü hem romantik hem de komik yönleri konu edilmektedir.

Tablo1. Sen Çal Kapımı Dizisinin Künye Bilgileri

Dizinin Adı	Sen Çal Kapımı
Yapım Şirketi	MF Yapım (Faruk BAYHAN & Fatih AKSOY)
Yapımcı	Asena BÜLBÜLOĞLU
Yayın Yılı	2020
Yayıncı Kanal	Fox TV
Yayın Günü	Cumartesi (Önceden Çarşamba)
Yayın Saati	20:00-00:15
Bölüm Sayısı	22 (Sürüyor)
Yönetmen	Altan DÖNMEZ
Hikâye	Ayşe ÜNER KUTLU
Senaryo	Yeşim ÇITAK, Dilek İYİGÜN, Erdem AÇIKGÖZ
Görüntü Yönetmeni	Hakan GENCAN
Oyuncular	Hande ERÇEL, Kerem BÜRSİN, Anıl İLTER, Bige ÖNAL, Başak GÜMÜLCİNELİOĞLU, Melisa DÖNGEL, Sitare AKBAŞ, Elçin AFACAN, Neslihan YELDAN, Evrim DOĞAN, Ahmet Mark SOMERS, Çağrı ÇATANAK, Sarp BOZKURT, Alican AYTEKİN, İlkyaz ARSLAN
Geçtiği Yer	İstanbul
Sosyal Medya Yönetimi	Şefkat PEKER-Elif KARPUZOĞLU / Melon Dijital / Fox TV
Resmi Web Sitesi	https://www.mfyapim.com/productions/sen-cal-kapimi/

Yazın başlaması nedeniyle sonbahar sezonunda yayına girecek dizilere göre avantajla ekrana gelen SÇK, 18. bölümüne kadar Çarşamba günleri yayınlanmıştır. Ancak birbiri ardına yayına başlayan Sadakatsiz ve geçen sezondan devam eden Kuruluş Osman gibi iddialı diziler karşısında izlenme oranları düşmeye başlamıştır. Bu oranların % 4'ün altına düşmesi (Dizilah, 2020) ise yayıncı kanalın dizinin gününü değiştirmesine neden olmuştur. Sonrasında Cumartesi günü yayınlanmaya başlanan dizinin izlenme oranları da yeniden artmıştır. Ancak bu süreçte dikkat çeken asıl konu, dizinin televizyondaki izlenme oranlarına karşın sosyal medya reytinglerinin belli bir istikrarı sürdürmesidir. SÇK'ya ait izlenme oranları (televizyon), sosyal medya reytingleri ve sıralamaları aşağıdaki tabloda gösterilmektedir:

Tablo 2. Sen Çal Kapımı Dizisinin İzlenme Oranları (Televizyon), Sosyal Medya Reytingleri ve Sıralamaları

Bölüm	Yayın Tarihi	Sosyal Medya Reytingi	Sıralama (Günlük)	Total	AB	ABC1
1	8 Temmuz	13,24	2	4,00	4,99	4,92
2	15 Temmuz	21,01	2	8,25	7,40	8,40
3	22 Temmuz	13,71	2	7,23	6,67	7,41
4	29 Temmuz	25,58	1	6,61	6,39	6,81
5	12 Ağustos	12,62	2	6,38	6,17	6,85
6	19 Ağustos	26,45	1	7,15	7,16	7,52
7	26 Ağustos	24,58	1	7,57	8,01	7,96
8	2 Eylül	23,74	1	7,45	8,29	7,99
9	9 Eylül	20,02	1	7,84	8,57	9,11
10	16 Eylül	26,29	1	7,92	7,68	9,75
11	23 Eylül	32,68	1	8,82	8,72	9,93
12	30 Eylül	30,43	1	7,94	7,47	8,52
13	7 Ekim	20,03	1	4,86	5,11	5,45
14	14 Ekim	22,19	1	4,24	4,01	4,71
15	21 Ekim	15,86	2	4,35	4,28	4,75
16	28 Ekim	19,02	1	4,21	4,17	4,88
17	4 Kasım	16,15	2	4,49	4,01	4,39
18	11 Kasım	10,78	2	3,92	3,39	4,00
19	21 Kasım	12,71	1	4,72	4,49	4,86
20	28 Kasım	8,18	4	4,63	4,42	4,84
21	5 Aralık	10,63	4	5,10	5,73	5,73

Yukarıdaki tablodan da anlaşılacağı üzere dizinin sosyal medya yönetiminin oldukça başarılı olduğu söylenebilir. Kasım ayı içerisinde 1,5 milyon ileti alarak sosyal medyada en çok konuşulan yerli dizi olan SÇK'nın (DigiLup, 2020) bu başarısında her ne kadar takipçi sayıları milyonlarla ifade edilen başrol oyuncularının etkisi olsa da, diziye ilgili sosyal medya platformlarının yaratıcı ve etkin kullanımının da etkili olduğu açıktır. Diziyle ilgili resmi hesapların yönetimi üç farklı birim tarafından yürütülmektedir. Yapım Şirketi (MF Yapım) adıyla anılan sosyal medya hesapları (Instagram, Facebook, Twitter), sosyal medya uzmanı Şefkat Peker ve Elif Karpuzoğlu tarafından yönetilmektedir. Dizinin Sen Çal Kapımı adlı YouTube kanalı Melon Dijital tarafından, dizinin adıyla anılan Instagram, Facebook, Twitter resmi hesapları ise yayıncı kuruluş olan Fox TV'nin kendi ajansından bir ekip tarafından idare edilmektedir (Şefkat Peker, kişisel iletişim, 10 Aralık 2020). Dizinin yurtdışından da yoğun ilgi gördüğü anlaşılan resmi sosyal medya hesaplarıyla ilgili bilgiler aşağıda sıralanmıştır:

YouTube Kanalı: Dizinin adıyla anılan Sen Çal Kapımı adlı kanalın 1,75 milyon abonesi bulunmaktadır. Henüz dizi yayınlanmaya başlamadan 28 Haziran 2020 tarihinde açılan kanalın, toplam görüntülenme sayısı 744 milyonun üstündedir. Kanalda, önceden Fox TV'den yayınlanmış olan 19 bölümün tamamı 100'den fazla dile ait altyazı seçeneğiyle izlenebilmektedir. Her bir bölümünün milyonlarla ifade edilen görüntülenme sayıları aşağıdaki tabloda gösterilmiştir. Kanalda ayrıca diziye ait fragmanlar, özel sahnelere ait videolar, dizinin ana karakterleri olan Eda ve Serkan'a (EdSer) ait özel sahnelerin videoları bulunmaktadır. Kanalda videolara gelen izleyici yorumlarından oluşan seçkilere yer verilen "Yorumlardan seçtik" başlıklı iki video dikkat çekmektedir. Kanalda videolar dışında fotoğraflar da yer almaktadır.

Tablo 3. Sen Çal Kapımı YouTube Kanalında Yayınlanan Bölümlerin Görüntülenme, Beğenilme ve Beğenilmeme Sayıları

Bölüm	Görüntüleme (Milyon)	Beğenenler (Bin)	Beğenmeyenler (Bin)
1	16,0	197	10
2	10,9	122	82
3	9,9	107	7
4	8,4	91	4,6
5	8,2	106	4,7
6	7,9	105	3,8
7	7,5	97	3,7
8	7,3	94	3,8
9	6,9	87	3,5
10	6,8	81	3,5
11	6,9	98	3,2
12	6,3	66	2,3
13	5,2	55	2
14	4,4	47	1,9
15	3,5	41	1,5
16	4,3	49	2,1
17	3,9	29	2
18	4,2	55	2,5
19	3,7	56	2,2
20	3,9	58	2,3

Instagram Hesabı: Dizinin sencalkapimi adlı resmi Instagram hesabı 1,3 milyon takipçi sayısına sahiptir. 22 Mayıs 2020 tarihli ilk iletiden bu yana toplam 699 ileti yayınlayan hesap, hem fotoğraf hem de video biçiminde iletiler paylaşmaktadır. Hesabın hikâye paylaşımlarında da oldukça aktif olduğu görülmektedir. Dizinin ilk tanıtımından itibaren karakterlerin tanıtıldığı, dizinin yayın gün ve saatinin hatırlatıldığı, bölüm hashtag'lerinin duyurulduğu ve dizinin izlenme oranlarının paylaşıldığı iletiler düzenli olarak yapılan iletiler arasındadır.

Facebook Sayfası: Sen Çal Kapımı adlı Facebook sayfası da diğer sosyal medya platformları gibi dizinin yayınından önce faaliyete geçmiştir. 2 Mart'ta oluşturulan sayfada ilk iletinin 21 Mayıs 2020'de paylaşıldığı görülmekte, içeriklerin Instagram hesabıyla benzerliği dikkat çekmektedir. 105.156 takipçisi olan sayfanın video ve fotoğraflardan oluşan içeriklerinde güncel olduğu kadar eski bölümlere ait görüntülerin de yer aldığı görülmektedir.

Twitter Hesabı: 60,2 bin takipçisiyle hesap, Haziran 2020'den beri faaliyet göstermektedir. Dizinin sosyal medya hesapları arasında en az takipçi sayısına sahip sosyal medya platformudur. Dizinin yayın günü dışında günde bir bazen iki iletinin paylaşıldığı anlaşılmaktadır.

Sen Çal Kapımı Dizisinin Sosyal Medyada Kullandığı Uygulamalar

Sen Çal Kapımı dizisinin sosyal medya kullanımında 22 bölüm süresince dört sosyal medya platformunda yapılan standart uygulamaların dışında yaratıcı kullanımlar da dikkat çekmektedir. Aşağıda sıralanan bu uygulamalar, ilgili sosyal medya platformlarının tüm iletilerinin taranması sonucu oluşturulmuştur. Bu uygulamaların tasarım ve karar aşamalarıyla ilgili süreçler ise sosyal medya uzmanı Şefkat Peker'le 10 Aralık 2020 Perşembe günü gerçekleştirilen görüşme kapsamında elde edilen bilgilere dayandırılmıştır. MF Yapım adına halkla ilişkiler ve sosyal medya hesaplarını yöneten Peker, MF Yapım'a ait resmi Instagram, Facebook ve Twitter sosyal medya hesapları üzerinden diziyle ilgili paylaşımlar yapmaktadır. Dizinin adının belli olmasının hemen ardından sosyal medya hesaplarını aldıklarını anlatan Peker, bu hazırlık sürecinde karakterleri çalıştıklarını ve oyuncularla tanıştıklarını aktarmaktadır. Set fotoğraflarından, kamera arkasına, anonslardan, etiket duyurularına bütün materyallerin kendileri tarafından sağlandığını ifade eden Peker, ayda bir toplantı yaptıklarını ancak sosyal medyanın anlık belirlenen yapısı gereği sürekli takipte olduklarını "Bu ay kaç arttık? Ya da düştük mü? Etkileşimimiz nasıl? Tekrara düşüyorsak da farklı yöntemler deniyoruz. Mesela sete gidip kamera arkası almak gibi. Klişelerin dışında neler yapabiliriz vs bunların üzerine çokça vakit harcıyoruz aslında." sözleriyle paylaşmaktadır. Bu anlamda "Romantik komedilerde dijitale daha iyi malzeme çıkıyor." diyen Peker, sosyal medya yöneten biri için, içinde hem aşk hem komedi barındıran işlerin daha keyifli olduğunu dile getirmektedir. Sosyal medya uzmanı, SÇK dizinde rekor sayıda Instagram takipçileri olan başrol oyuncuları Hande Erçel (17,6 M) ve Kerem Bürsin'in (5.8 M) de katkılarının altını çizmektedir. Dizilerin sosyal medya yönetiminde hayranların büyük bir payı olduğunu vurgulayan Peker, hayran kitlesi dışındaki kullanıcıları etkilemenin önemine de işaret etmektedir (Şefkat Peker, kişisel iletişim, 10 Aralık 2020).

Hashtag: Konu etiketi anlamına gelen hashtag, kullanıcıların sosyal medya platformlarında aynı konu hakkında paylaşım yapmasını sağlayan bir araçtır. Yerli dizilerle ilgili iletilerde dizinin adının yanı sıra oyuncularının ve canlandırdıkları karakterlerin adlarının hashtag olarak kullanılmasına sıklıkla rastlanmaktadır. Ancak dizinin her bölümü için özel olarak düşünülen hashtag'ler dikkat çekmektedir. Dizinin televizyon yayını sırasında değişik aralıklarla ekrana gelebilen hashtag kullanımıyla ilgili süreci Peker şöyle açıklamaktadır: "Senaryoyu okuyoruz önce. En vurucu sahnede geçen bir kelime ya da bir replik. Bölümün hissini yansıtan bir şey belirliyoruz. Minimum beş tane alternatif hazırlıyoruz bölüm başına. Yapımcımız veya uygulayıcı yapımcımız en uygununu seçiyor." (Şefkat Peker, kişisel iletişim, 10 Aralık 2020). Her bölüm için belirlenen hashtag, bölüm yayınlanmadan önce sosyal medya platformları üzerinden duyurulmaktadır. SÇK'da 22 bölüm boyunca tercih edilen hashtag'ler aşağıda sıralanmıştır:

Görüntü 1. Dizide Kullanılacak Hashtag'lerin Sosyal Medyadan Duyurulması

Tablo 4. Dizide Kullanılan Hashtag'ler

Bölüm	Hashtag
1	#sençalkapımı
2	#sençalkapımı
3	#sençalkapımı
4	#aşıkların oyunu
5	#sençalkapımı
6	#sençalkapımı
7	#aşkbiroyun
8	#özgüven
9	#aşktagurur
10	#aşktasürpriz
11	#gitmeeda
12	#aşktankopma
13	#nefesnefese
14	#unutmakistiyorum
15	#ruhikizim
16	#aşkhissetmektir
17	#sençalkapımı
18	#çokseviyorum
19	#sençalkapımı
20	#ikiaşıkkalp
21	#bizihisset
22	#nazlısevgili

Bölüm Tanıtımı (Fragman): Dizinin sonraki bölümünde yer alan seçme görüntülerden oluşan kısa bir tanıtım filmi olarak tanımlanan bölüm tanıtımları/fragmanlar, haftada bir yayınlanan yerli diziler için önemli bir reklam etkinliğidir. Sonraki bölümdeki ilgi çekici/merak uyandırıcı sahnelerden görüntüler içeren bir video olan bölüm tanıtımı, SÇK dizisinde, biri yayınlanan bölümün hemen ardından diğeri ise hafta ortasında olmak üzere 44-63 sn'lik iki farklı video olarak sunulmaktadır. Son dönemde dizinin yayınlanan bölümünün hemen arkasından gelen sonraki bölüm tanıtımı/fragmanı yeri dizilerde sık başvurulan bir uygulamadır. Bu süreçte Peker, bölüm tanıtımının ne zaman yayınlanacağını paylaştıkları 10 sn.lik kısa videolar hazırladıklarını anlatmaktadır. 'Fragmanın fragmanı' biçiminde değerlendirilebilecek bu uygulamanın yeni olduğunu vurgulayan Peker, izleyici için fragmanın çok önemli olması ve bunun merakla beklenmesinden yola çıkarak bu uygulamaya başladıklarını aktarmaktadır (Şefkat Peker, kişisel iletişim, 10 Aralık 2020).

Görüntü 2. Dizinin Bölüm Tanıtımı/Fragmanı ve 'Fragmanın Fragmanı'

Bölüm Emojileri: Sen Çal Kapımı dizisinde kullanılan en yaratıcı uygulamalardan biri olarak dizinin sonraki bölümünü emojilerle anlatma, hayranların iletilerinde önemli bir yer kaplaması ve dolayısıyla etkileşimi artırması bakımından dikkat çekicidir. İletinin paylaşılmasının ardından yakaladığı yoğun etkileşim, örnekteki yorum, retweet ve beğeni sayılarından an-

Disiplinlerarası Yaklaşımla Sosyal Medya-2

laşılmaktadır. Peker, bu emojilerin dizi açısından bir *spoiler* (diziyle ilgili ipucu) içermediğini söylemektedir. Hayranlar açısından önemli olanın emojiler arasında kalp veya öpücük olması olduğunu belirten Peker, bölüm sonunun da emojilerden tahmin edilmeye çalışıldığının altını çizmektedir (Şefkat Peker, kişisel iletişim, 10 Aralık 2020).

Görüntü 3. Dizinin Sonraki Bölümünü Anlatan Emojiler

Dizi Fotoğrafları: Dizinin sonraki bölümüne ilişkin dört-beş adet fotoğraf da yayınlanan özetle birlikte basına servis edilmektedir. Peker, Cumartesi akşamları yayınlanan Sen Çal Kapımı dizisinin sonraki bölümle ilgili fotoğraflarının Pazar günü kendilerine ulaştığını, onlar arasından bir seçim yaparak onay aldıklarını, en erken Salı ya da Çarşamba günü, en geç Perşembe günü basına ve sosyal medyaya ayrı ayrı verdiklerini ifade etmektedir. Bu konuda set fotoğrafçılarının katkısının da altını çizmektedir (Şefkat Peker, kişisel iletişim, 10 Aralık 2020).

Dizi Özeti: Dizinin sonraki bölümüne ilişkin özet bilgiler birkaç paragraftan oluşan bir metin biçiminde yayıncı kuruluş olan Fox TV websitesinden paylaşılmaktadır.

Görüntü 4. Dizinin Sonraki Bölümünün Özeti

Ön İzleme: Dizinin yayınlanacak sonraki bölümünde yer alan bir sahnenin önceden yayınlanmasıdır. SÇK dizisinde sadece bir kez rastlanan bu uygulamanın tercih sebebini Peker, hayranların memnuniyetsizliğini gidermek olarak açıklamaktadır (Şefkat Peker, kişisel iletişim, 10 Aralık 2020). Bu uygulamayı her hafta düzenli olarak tekrarlayan yerli diziler de bulunmaktadır.

Sayaç: Sosyal medya platformlarının olanak sağladığı bir uygulama olarak geri sayım sayacı görüntüsü, dizinin yayın gün ve saatini hatırlatıcı bir unsur olarak kullanılmaktadır.

Görüntü 5. Dizinin Gün ve Saatini Hatırlatan Sayaç Uygulaması

Kamera Arkası Videolar ve Fotoğraflar: Dizinin setinde çekim aşamasındaki veya çekime hazırlık aşamasındaki görüntüleri içeren kamera arkası videoların ve fotoğrafların da sıklıkla sosyal medya platformlarında paylaşıldığı görülmektedir. Peker dizinin hayranları açısından bu durumu şöyle anlatmaktadır: "İzleyiciler oyuncuları ekranda görüyorlar ama onun bir de arka tarafını görmek istiyorlar. Sen Çal Kapımı'da Hande Erçel'i Eda olarak izliyorlar ama Hande Erçel'in sette nasıl olduğunu herkes merak ediyor. O yüzden kamera arkası videoların etkileşimde yeri büyük". Bu nedenle her hafta sete giderek kamera arkası görüntü alarak paylaşmaya çalıştığını söyleyen Peker, böylece hayranlarla daha sıcak bir ortam oluştuğunu ve etkileşimin de arttığını dile getirmektedir. Peker, bu konuda yapım ekibinin ve oyuncuların katkısını ise "Çok sıcakkanlılar.

Her şeye açıklar. İsteklerimize karşı hep olumlular. Bu anlamda çok şanslıyız." sözleriyle vurgulamaktadır (Şefkat Peker, kişisel iletişim, 10 Aralık 2020).

Görüntü 6. Dizinin Kamera Arkası Video ve Fotoğrafları

Konuşmaya Teşvik Eden İletiler: Sosyal medya uzmanı Şefkat Peker, dizilerin sosyal medya yönetimindeki en önemli unsurun etkileşim yaratmak olduğunu belirtmektedir (Şefkat Peker, kişisel iletişim, 10 Aralık 2020). Dolayısıyla bu etkileşimi yaratabilmek yani dizinin sosyal medya hesaplarını takip edenlerin (hayranların) içerik üretimine katılmalarını teşvik edecek iletiler paylaşmaktadırlar. Genellikle bir görselle tamamlanan bu iletilere örnek olarak şunlar sayılabilir: X emojisi hangi karakteri anlatıyor? X karakterine bilmediği bir şey söyle. X karakterini tek kelimeyle anlat. X karakterine şarkı armağan et. X cümlesini kim söylemiştir? Sen hangi karaktere benziyorsun?

Hangi karakterle iyi anlaşırdın? Bu fotoğraf kaçıncı bölümden? Sen burada kiminle olmak isterdin? Bu bölüm neler olacak? Eda Serkan'ı affedecek mi?

'Spoiler Vermeden Yeni Bölümü Anlat' Videosu: Sen Çal Kapımı dizisi için MF Yapım sosyal medya hesabı tarafından düzenlenen yaratıcı etkinliklerden bir diğeri de dizi karakterlerinin sonraki bölüm hakkında konuşuyor göründükleri ama önemli bilgileri içeren bölümlerde seslerinin sansürlendiği videolardır. Peker'in aslında bu videolarda kesinlikle *spoiler* olmamasına karşın hayranlar tarafından beğenilen bir uygulama olduğunu dile getirmektedir (Şefkat Peker, kişisel iletişim, 10 Aralık 2020). Dizinin 22 haftalık yayını süresinde beş kere kullanılmıştır.

Görüntü 7. 'Spoiler Vermeden Yeni Bölümü Anlat' İletileri

Dizi Haberleri: Diziyle ilgili her türlü haber değeri taşıyan bilgi de sosyal medya hesaplarından duyurulmaktadır. Bunlar arasında en sıklıkla rastlanan dizinin kadrosuna yeni katılan oyuncunun tanıtılması, ayrılan oyuncuya veda ve teşekkür edilmesidir. Dizinin izlenme oranı ve sosyal medya reytingi gibi bilgilere de yer verilmektedir. Sen Çal Kapımı dizisinin yurtdışı satışlarında yakaladığı başarı ve yaşanan gün değişikliği de yine diziyle ilgili haberler olarak bu hesaplardan paylaşılmıştır.

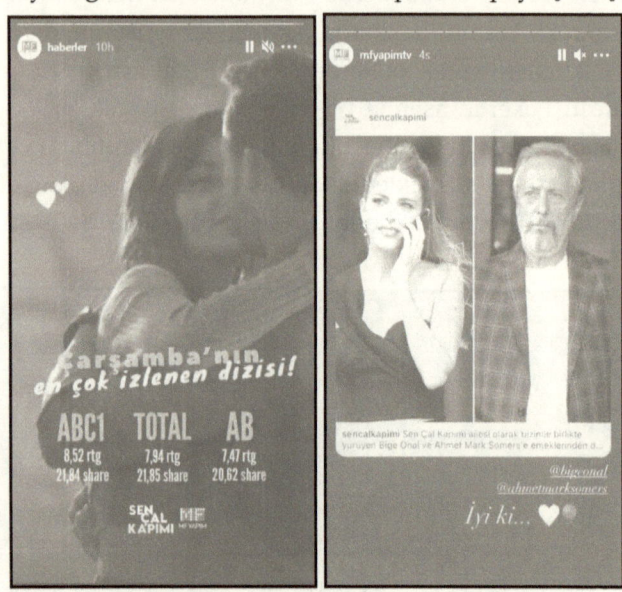

Görüntü 8. Diziyle İlgili Haberleri İçeren İletiler
(İzlenme Oranları ve Ayrılan Oyuncular)

Yöntem

Bu çalışmanın amacı, yerli dizilerin sosyal medya kullanımını çeşitli boyutlarıyla incelemektir. Çalışmanın araştırma bölümü için örneklemin belirlenmesi, kodlama cetveli oluşturulması, sosyal medya platformlarında yapılan iletilerin belirlenerek kodlama cetvelinin doldurulması, elde edilen verilerin tablolaştırılması ve bu verilerden bulgulara ulaşılması adımları gerçekleştirilmiştir. Bu bağlamda Türkiye'de ulusal kanallarda yayınlanmakta olan yerli diziler arasında yüksek sosyal medya reytingiyle (Somera, 2020) dikkat çeken bir yapım olan Sen Çal Kapımı (Bülbüloğlu, 2020-) dizisi örneklem olarak seçilmiştir. Bu seçimde dizinin en çok konuşulan diziler listesinin başında yer alması, Ekim ayından itibaren izlenme oranlarında görülen düşüşe karşın sosyal medya reytinginin istikrarlı oluşunun yanı sıra ana karakterlerin, sosyal televizyondaki en popüler karakterler ve en popüler çiftler sıralamalarında (Somera, 2020; DigiLup, 2020) başı çekmesi de etkili olmuştur. Çalışmada yöntem olarak içerik analizi kullanılmış ve diziyle ilgili sosyal medya iletileri; dizinin adını taşıyan sosyal medya hesaplarındaki (Sen Çal Kapımı) iletiler, dizinin yapımcı şirketine (MF Yapım) ait iletiler ve dizinin yayıncı kuruluşuna (Fox TV) ait iletiler olmak üzere üç kategori üzerinden değerlendirilmiştir. İletilerin yer aldığı platformlar ise Türkiye'de en fazla kullanılan sosyal medya platformları olan YouTube (%90), Instagram (%83) Facebook (%76), ve Twitter (%61) biçiminde sınırlandırılmıştır (Digital2020, 2020)[1]. Analizde kullanılan kategorilere ait sosyal medya platformları ve takipçi sayılarına ilişkin bilgiler aşağıdaki tabloda gösterilmiştir. Diziyle ilgili tüm iletilerin herhangi bir yardımcı yazılım kullanılmadan elde edilmesi mümkün olmadığından çalışma, 16-22 Kasım 2020 tarihleri arasındaki 7 günlük süreçte yapılan iletilerle sınırlandırılmıştır. Günlük iletilere olanak tanıyan ve Facebook, Instagram ve Twitter üzerinden yapılan hikâye paylaşımları kapsam dışında bırakılmıştır. Yapılan analizlerde, iletilerin sayısal verisi dışında yer yer içeriğine ilişkin bilgiler de kullanılmıştır. İletilerle ilgili etkileşimin belirlenmesi açısından beğeni, görüntüleme sayısı, yorum ve yeniden paylaşım sayılarına da yer verilmiştir. Ancak iletilere yapılan yorumlar kapsam dışında bırakılmıştır. Sen Çal Kapımı dizisiyle ilgili sosyal medya iletilerine araştırmacının

---

[1] Türkiye'de en çok tercih edilen sosyal medya platformlarından % 81 ile 3.sırada yer alan WhatsApp, buradaki iletilerin genele açık olmaması nedeniyle kapsam dışında bırakılmıştır.

sosyal medya hesapları aracılığıyla erişim sağlanmıştır. İncelenen iletiler sadece diziyle sınırlandırılmıştır, iletilerin kişisel bir nitelik taşıması (oyuncunun dergi röportajı vb.) durumunda inceleme dışında bırakılmıştır. Yukarıda belirlenen bu kategoriler ve sosyal medya platformları çerçevesinde hazırlanan kodlama cetvelleri her bir ileti için ayrı ayrı doldurulmuştur sonrasında günlük olarak birleştirilmiştir. Elde edilen veriler tablolaştırılarak sunulmuş ve yorumlanmıştır.

Tablo 5. İçerik Analizinde İncelenen Sosyal Medya Hesapları ve Takipçi Sayıları

	YouTube	Facebook	Instagram	Twitter
Sen Çal Kapımı	1,75 M	105,2 B	1,3 M	60,2 B
MF Yapım	147 B	18,2 B	322 B	56,2 B
Fox TV	3,8 M	3,6 M	1,9 M	1,3 M

Analizler ve Bulgular

Analizde kullanılan kategorilere ait sosyal medya hesaplarından 16-22 Kasım tarihleri arasında paylaşılan ileti sayıları dört sosyal medya platformu için ayrı ayrı analiz edilmiş ve elde edilen veriler aşağıdaki tablolarda sunulmuştur. Dizinin yayın gününe ait bilgiler italik olarak gösterilmiştir.

Sen Çal Kapımı Sosyal Medya Platformlarının İletileri

Tablo 6. Sen Çal Kapımı YouTube Kanalına Ait İletiler

Sen Çal Kapımı	YouTube				
	İleti Sayısı	Görüntülenme	Beğeni	Beğenmeme	Yorum
16 Kasım					
17 Kasım					
18 Kasım	2	3155 B	81 B	2,1 B	7,1 B
19 Kasım					
20 Kasım					
21 *Kasım*	21	18303 B	261,2 B	6,3 B	13,3 B
22 Kasım					
Toplam	23	21458 B	342,2 B	8,4 B	20,4 B

Tablo 7. Sen Çal Kapımı Instagram Hesabına Ait İletiler

Sen Çal Kapımı	Instagram			
	İleti Sayısı	Görüntüleme	Beğeni	Yorum
16 Kasım	3	461,4 B	2155	4790
17 Kasım	2	0	2268	4300
18 Kasım	4	1354,8 B	2940	2816
19 Kasım	3	1411,6 B	3447	6693
20 Kasım	3	4928 B	2809	2948
21 Kasım	12	3069,2 B	9862	11542
22 Kasım	2	255,6 B	1552	1052
Toplam	29	11019,2 B	25033	34141

Tablo 8. Sen Çal Kapımı Facebook Sayfasına Ait İletiler

Sen Çal Kapımı	Facebook			
	İleti Sayısı	Beğeni	Yorum	Paylaşım
16 Kasım	3	7,7 B	396	81
17 Kasım	2	6 B	289	86
18 Kasım	3	8,7 B	208	63
19 Kasım	3	12,2 B	508	178
20 Kasım	5	12,2 B	506	92
21 Kasım	16	84,9 B	1584	736
22 Kasım	2	4,6 B	94	25
Toplam	34	136,3 B	3585	1261

Tablo 9. Sen Çal Kapımı Twitter Hesabına Ait İletiler

Sen Çal Kapımı	Twitter				
	İleti Sayısı	Görüntüleme	Beğeni	Yorum	Retweet
16 Kasım	4	73,3 B	16 B	660	2760
17 Kasım	2		9,5 B	327	1522
18 Kasım	3	56,4 B	10,3 B	288	1194
19 Kasım	3	261,6 B	18 B	623	3872
20 Kasım	4	40,5 B	16 B	521	2460
21 Kasım	43	327,4 B	73,6 B	1875	11125
22 Kasım	2	16,1 B	63 B	103	473
Toplam	61	775,3 B	206,4 B	4397	23406

Sen Çal Kapımı YouTube kanalında yer alan 23 adet iletinin görüntülenme sayıları, kaç kullanıcının bu iletileri beğendiği ve beğenmediği bilgilerinin yanı sıra kullanıcılar tarafından yapılan yorum sayısına da yer verilmiştir. SÇK YouTube kanalından bir haftalık süreçte iki ayrı günde ileti paylaşıldığı görülmektedir. Bu iletilerin büyük çoğunluğunun dizinin yayın günü olması dikkat çekicidir. Buna karşın ileti sayısı oldukça fazladır. Ayrıca iletinin video olması da ulaştığı kitlenin büyük olmasında etkilidir. Yine dizinin adıyla anılan Instagram hesabında ise bir haftada 29 ileti paylaşıldığı görülmektedir. Benzer biçimde iletilerin dizinin yayın gününde yoğunlaştığı ancak haftanın diğer günlerinde de en az iki ileti paylaşıldığı anlaşılmaktadır. Sen Çal Kapımı adını taşıyan Facebook sayfasında da haftaya dağılan bir paylaşım dikkat çekmektedir. Dizinin yayın gününde yoğunlaşan iletiler, o gün için önemli sayıda kullanıcıya ulaşmış görünse de Facebook iletilerinin YouTube ve Instagram iletilerine göre daha az beğenildiği ortaya çıkmaktadır. Facebook sayfasından paylaşılan 34 iletinin neredeyse yarısı dizinin yayın gününde gerçekleşmiştir. Son olarak SÇK dizisinin Twitter hesabı da analiz edilmiştir. Toplam 61 ileti ile tüm sosyal medya platformları arasında en fazla iletinin Twitter'den yapıldığı görülmektedir. Özellikle dizinin yayınlandığı gün izleyicilerin/hayranların yoğun bir sosyal medya kullanımından rahatlıkla söz edilebilir zira ileti sayısının fazla olmasının yanı sıra retweet oranının da bir hayli yüksek olması önemli bir etkileşim yakalandığına işaret etmektedir.

MF Yapım Sosyal Medya Platformlarının İletileri

Tablo 10. MF Yapım YouTube Kanalına Ait İletiler

MF Yapım	YouTube				
	İleti Sayısı	Görüntülenme	Beğeni	Beğenmeme	Yorum
16 Kasım					
17 Kasım					
18 Kasım					
19 Kasım	1	157,2 B	4,8 B	101	263
20 Kasım					
21 Kasım	1	975,7 B	18 B	301	586
22 Kasım	1	357,6 B	5,8 B	97	411
Toplam	3	1490,5 B	28,6 B	499	1260

Tablo 11. MF Yapım Instagram Hesabına Ait İletiler

MF Yapım	Instagram			
	İleti Sayısı	Görüntüleme	Beğeni	Yorum
16 Kasım	2	101,8 B	103,2 B	3877
17 Kasım				
18 Kasım				
19 Kasım	1	392,2 B	78,4 B	1465
20 Kasım	1	190,3 B	54,9 B	1318
21 Kasım	4	290,3 B	201,2 B	4987
22 Kasım				
Toplam	8	974,6 B	437,7 B	11647

Tablo 12. MF Yapım Facebook Sayfasına Ait İletiler

MF Yapım	Facebook			
	İleti Sayısı	Beğeni	Yorum	Paylaşım
16 Kasım	2	2,8 B	173	46
17 Kasım				
18 Kasım	1	1,4 B	38	40
19 Kasım	1	1,2 B	59	18
20 Kasım				
21 Kasım	4	5,6 B	257	101
22 Kasım				
Toplam	8	11 B	527	205

Tablo 13. MF Yapım Twitter Hesabına Ait İletiler

MF Yapım	Twitter				
	İleti Sayısı	Görüntüleme	Beğeni	Yorum	Retweet
16 Kasım	4	65,8 B	28,7 B	2294	5900
17 Kasım	1	0	4,7 B	232	597
18 Kasım	2	51,4 B	11 B	684	2222
19 Kasım	2	279,8 B	15,9 B	792	3700
20 Kasım	3	69,4 B	19,9 B	1181	4600
21 *Kasım*	42	*218,1 B*	*110,3 B*	*6530*	*17843*
22 Kasım	2	0	13,7 B	840	2082
Toplam	**56**	**684,5 B**	**204,2 B**	**12553**	**36944**

Sen Çal Kapımı dizisinin yapım şirketi olan MF Yapım, diziyle ilgili iletilerini sahip olduğu dört sosyal medya platformu üzerinden paylaşmaktadır. Yapım şirketinin yapımını üstlendiği diğer dizilerle ilgili iletilerin de yer aldığı platformlarda sadece SÇK dizisiyle ilgili iletiler yine bir haftalık süreçte (16-22 Kasım) analiz edilmiş ve yukarıdaki tablolarda sunulmuştur. MF Yapım'ın YouTube kanalında diziyle ilgili üç farklı günde birer ileti paylaşıldığı görülmektedir. İleti sayısı az olmakla birlikte görüntülenme sayısı toplamda 1 milyon sınırını aşmaktadır. Yapım şirketinin Instagram hesabında ise dizinin yayın gününde yoğunlaşan bir ileti paylaşımına rastlanmaktadır. Bazı günler hiç ileti paylaşılmazken, dizi gününde dört ileti paylaşıldığı görülmektedir. Kuşkusuz bu süreçte yapım şirketi tarafından çekilen diğer dizilerin yayın günlerinde bu dizilerle ilgili iletilerin paylaşılması etkilidir. Toplam ileti sayısı fazla olmamakla birlikte, iletilerin beğeni ve yorum sayılarından yola çıkarak, hesap üzerinden paylaşılan iletilerin ulaştığı izleyici/hayran kitlesinin oldukça büyük olduğu söylenebilir. Facebook sayfası ise MF Yapım sosyal medya hesapları arasında SÇK dizisiyle ilgili en zayıf izleyici/hayran dönüşünü yansıtmaktadır. Zira paylaşılan 8 iletiye toplamda gelen beğeni sayısı 11 bin civarındadır.

Şirketin Twitter hesabı ise en yoğun ileti paylaşımının yaşandığı platform olarak dikkat çekmektedir. Bir haftalık süreçte 56 ileti paylaşılan hesapta, dizinin yayın gününde tam bir ileti yağmuru yaşanmaktadır. Hem fotoğraf, hem yazı, hem emoji, hem de video içeriklerine sahip iletilerin izleyicilerin/hayranların beğenisini kazandığı ve önemli bir etkileşim yakaladığı beğeni ve yorum sayılarındaki yüksekliğin yanı sıra iletilerin retweet olarak yeniden dolaşıma sokulduğundan da anlaşılmaktadır.

Fox TV Sosyal Medya Platformlarının İletileri

Tablo 14. Fox TV YouTube Kanalına Ait İletiler

Fox TV	YouTube				
	İleti Sayısı	Görüntüleme	Beğeni	Beğenmeme	Yorum
16 Kasım	1	679,1 B	9,8 B	244	791
17 Kasım					
18 Kasım					
19 Kasım	1	167 B	3,1 B	118	222
20 Kasım	1	169,6 B	2,8 B	97	142
21 Kasım	1	2233,3 B	35 B	3,2 B	4346
22 Kasım					
Toplam	4	3249,1 B	5,7 B	3,6 B	5501

Tablo 15. Fox TV Instagram Hesabına Ait İletiler

Fox TV	Instagram			
	İleti Sayısı	Görüntüleme	Beğeni	Yorum
16 Kasım	1	96,2 B	16,9 B	1156
17 Kasım				
18 Kasım	2	215,2 B	38,4 B	812
19 Kasım	2	239,1 B	49,7 B	1512
20 Kasım	2	155,7 B	34,3 B	838
21 Kasım	6	473 B	123,9 B	2039
22 Kasım				
Toplam	13	1179,5 B	263,3 B	6357

Tablo 16. Fox TV Facebook Sayfasına Ait İletiler

Fox TV	Facebook			
	İleti Sayısı	Beğeni	Yorum	Paylaşım
16 Kasım				
17 Kasım				
18 Kasım				
19 Kasım				
20 Kasım				
21 Kasım	5	6,5 B	159	34
22 Kasım				
Toplam	5	6,5 B	159	34

Tablo 17. Fox TV Twitter Hesabına Ait İletiler

Fox TV	Twitter				
	İleti Sayısı	Görüntüleme	Beğeni	Yorum	Retweet
16 Kasım	1	54,7 B	4,3 B	277	1100
17 Kasım					
18 Kasım	2	43,3 B	6,8 B	159	863
19 Kasım	2	231,3 B	12,5 B	536	3176
20 Kasım	2	36,4 B	5 B	152	787
21 Kasım	23	165 B	31,5 B	276	4576
22 Kasım					
Toplam	30	530,7 B	60,1 B	1400	10502

Türkiye'de ulusal çapta yayın yapan bir televizyon kanalı olarak Fox TV de SÇK dizisinin yayıncı kuruluşu olarak diziyle ilgili iletiler paylaşmaktadır. Kanal'ın diziyle ilgili bir hafta boyunca (16-22 Kasım) paylaştığı iletiler, yine dört sosyal medya platformu üzerinden değerlendirilmiştir. Kanalda yayınlanan diğer dizi ve televizyon programlarına da yer verilen platformlardaki iletiler arasında sadece diziyle ilgili olanlar kapsama alınmış, elde edilen veriler yukarıdaki tablolarda gösterilmiştir. Kanalın YouTube kanalından SÇK dizisiyle ilgili dört ileti paylaşılmıştır. Bunlar arasında dizinin yayın günü paylaşılan iletinin (ki bu sonraki hafta yayınlanacak bölümün fragmanıdır) oldukça yoğun ilgi gördüğü anlaşılmaktadır. Kanalın Instagram hesabından da haftanın iki günü dışında her gün diziyle ilgili ileti paylaşıldığı görülmektedir. Ancak bu iletilerin neredeyse yarısı yine dizinin yayın gününe denk gelmektedir. İletilerin sayıca az olmasına karşın toplamda ulaşılan görüntülenme ve beğeni sayıları oldukça iyidir. Fox TV Facebook sayfası ise kanalın kullandığı sosyal medya platformları arasında SÇK dizisi iletileri açısından en zayıf olanıdır. Sayfada sadece dizinin yayın gününde 5 ileti paylaşılmış, bunlar da fazla beğeni ve yorum alamamışlardır. Son olarak kanalın resmi Twitter hesabındaki iletiler incelenmiş ve SÇK dizisiyle ilgili olanların sayısı 30 olarak belirlenmiştir. Bunların 23 tanesinin dizinin yayın gününde olmasının dışında bazı günler diziyle ilgili hiç ileti paylaşılmaması, kanalın diğer dizi ve televizyon programlarıyla ilgili bir denge göz ettiğini akla getirmektedir. Öte yandan iletilerin biri dışında (oyuncuların dizinin yayın günü değişikliğini hatırlattıkları video) görüntülenme ve beğeni sayıları oldukça düşük görünmektedir.

Tablo 18. Sen Çal Kapımı Dizisine Ait Tüm Sosyal Medya İletileri

	YouTube	Instagram	Facebook	Twitter	Toplam İleti
Sen Çal Kapımı	23	29	34	61	147
MF Yapım	3	8	8	56	75
Fox TV	4	13	5	30	52
Toplam İleti	30	50	47	147	274

Sen Çal Kapımı dizisiyle ilgili dört sosyal medya platformunda paylaşılan iletiler topluca değerlendirildiğinde dizinin bir haftalık süreçte 274 ileti sayısına ulaştığı anlaşılmaktadır. Aşağıdaki tabloda da gösterildiği gibi sosyal medya platformları arasında Twitter iletileri diğer platformların oldukça önünde gitmektedir. Oysa takipçi sayılarına bakıldığında Twitter dört platform arasında en son sıradadır. Bu durum, Twitter'da içerik üretmenin (ve dolayısıyla etkileşim sağlamanın) diğer platformlara göre daha pratik olmasıyla ilişkilendirilebilir. Bu potansiyel nedeniyle, yerli diziler için etkili bir sosyal medya platformu olarak Twitter'ın doğru değerlendirilmesi ve yönetilmesi büyük önem taşımaktadır. Twitter'ın arkasından Instagram gelmektedir, özellikle dizinin kendi adıyla açılmış hesaplardan paylaşılan iletilerin çokluğu dikkat çekmektedir. Benzer biçimde YouTube iletilerinde de dizinin YouTube kanalı 23 iletiyle başı çekmektedir. Sayılar karşılaştırıldığında Sen Çal Kapımı hesaplarının tüm platformlarda yüksek ileti sayılarıyla birinci sırada olduğu görülmektedir. Hem MF Yapım'ın hem de Fox TV'nin başka dizilerle ilgili de ileti paylaşmak durumunda olmaları ve paylaşılan iletilerde bir denge gözetmeleri gerekliliği göz önünde bulundurulduğunda diziye özel hesapların önemi bir kez daha ortaya çıkmaktadır. Diziyle ilgili sosyal medya iletileri takipçi sayıları göz önünde bulundurularak değerlendirildiğinde ise tüm platformlarda milyonla ifade edilen yüksek takipçi sayılarına karşın Fox TV hesaplarının en az ileti sayısına sahip olduğu ortaya çıkmaktadır. Bu durumda hesabın takipçi sayısının tek başına bir ölçüt olmadığı sonucuna varılabilir. Öte yandan yine tüm platformlarda en az takipçi sayısına sahip olan MF Yapım'ın Twitter'da yakaladığı etkileşim sayısı dikkat çekicidir. Sen Çal Kapımı Twitter hesabından daha az takipçi ve ileti sayısına sahip olmasına karşın, iletilere yapılan yorum ve retweet sayılarının daha yüksek olması bu etkileşimin bir göstergesidir. Bu durum, Peker'in hayran iletilerine dönüş yapmanın sosyal medyadaki en önemli strateji (Şefkat Peker, kişisel iletişim, 10 Aralık 2020) olduğu yolundaki görüşlerini desteklemektedir. Son olarak sosyal medya iletilerinde en yoğun günün dizinin yayın günü olduğunun altı çizilmelidir. İzleyicilerin/hayranların da görüntüleme, beğeni, yorum, paylaşım ve retweet sayılarından bu etkileşimin içinde olduğu anlaşılmaktadır. Bu etkileşimin varlığı, Türkiye'deki yerli dizi izleyicilerinin/hayranlarının sosyal televizyon deneyiminin açık bir kanıtı olarak değerlendirilebilir. Sosyal televizyon çalışmaları bağlamında yerli diziler özelinde bu farkındalığın oluşması, sosyal medya platformlarının ilerde daha da etkili kullanımı açısından umut vericidir.

Sonuç

Diziler bugün tüm dünyada olduğu gibi Türkiye'de de televizyon endüstrisinin en popüler içeriğidir. Gelişen iletişim teknolojilerinin olanaklarını da başarılı biçimde kullanan bu dramatik yapımlar, Türkiye özelinde televizyon yayın akışlarında en çok tercih edilen program türüdür. Biçim ve içerik anlamında da kendine özgü nitelikler barındıran yerli diziler, Pandemi nedeniyle evde daha fazla zaman geçirmek zorunda kalan potansiyel televizyon izleyicisinin de katkısıyla, bugün en parlak dönemini yaşamaktadır. Maliyeti oldukça yüksek birer televizyon içeriği olarak yerli diziler, gerek yurtiçi gerekse yurtdışı satışlarıyla önemli bir ticari değer haline gelmiştir. Bu kapsamda günümüz dijital medya ortamının sunduğu tüm olanaklardan da yararlanmaktadır. Bu noktadan hareketle dijital dünyanın televizyon için araladığı önemli bir kapı olarak sosyal televizyon kavramı da büyük önem kazanmıştır.

Sosyal medya ve televizyonun kesişim noktasında yer alan sosyal televizyon, son dönemde gittikçe artan etkisiyle yerli diziler için de göz ardı edilemez bir potansiyel barındırmaktadır. Bu çerçevede Türkiye'de sosyal televizyon bağlamında yerli dizilerin başarılı sosyal medya yönetimlerine tanık olunmaktadır. Bu başarılı örneklerden biri olarak Sen Çal Kapımı dizisi bu çalışmada örneklem olarak alınarak, dizinin sosyal medya kullanımı çeşitli boyutlarıyla araştırılmıştır. Dizinin adıyla anılan sosyal medya platformlarının yanı sıra dizinin yapım şirketi ve yayıncı kuruluşu tarafından üretilen sosyal medya iletileri de içerik analizi yöntemiyle incelenmiştir. Dört farklı sosyal medya platformu aracılığıyla 7 günlük bir zaman dilimi içerisinde paylaşılan toplam 274 ileti belirlenmiş, bu iletilerin görüntülenme sayıları, beğenilme ve beğenilmeme sayıları, bu iletilere verilen yorumlar ve iletilerin paylaşılma/retweet sayıları analiz edilmiştir. Bulgular, Sen Çal Kapımı dizisiyle ilgili en fazla iletinin Twitter'da yapıldığını göstermektedir. Ardından sırayla Instagram, YouTube ve Facebook gelmektedir. İncelenen sosyal medya hesapları arasında en yüksek takipçi sayısı Fox TV'de olmasına karşın gerek ileti sayısının azlığı gerekse etkileşimin azlığı, takipçi sayısı fazlalığının tek başına bir ölçüt olamayacağını ortaya koymaktadır. MF Yapım'ın başarılı Twitter kullanımı da çalışma kapsamında rastlanan önemli bir bulgudur. Burada, sosyal medyada önemli bir etken olarak izleyicilere/hayranlara dönüş yapmanın ve 'Fragmanın Fragmanı', 'Emojiyle Anlatma', 'Spolier Vermeden Anlat' gibi yaratıcı uygulamalar kullanmanın etkili olduğu anlaşılmaktadır. Sadece Sen Çal Kapımı dizisiyle ilgili sosyal medya etkinlikleri yürütmek üzere açılan hesapların diğerlerine göre daha fazla olan ileti sayılarının yanı sıra etkileşimin de oldukça yüksek olduğu gözlenmektedir. Bu sonuç, diziye özel sosyal medya hesabı açmanın ne kadar önemli olduğunu gösteren bir bulgu olarak değerlendirilmiştir. İletilerin, dizinin yayın gününde yoğunlaşması ise sosyal medya yöneticilerinin, izleyicilerin sosyal televizyon deneyimiyle ilgili farkındalıklarına işaret etmesi bakımından değerli bulunmuştur. Sonuçta dizinin istikrarlı sosyal medya yönetiminin, televizyon izlenme oranlarına da yansıdığı görülmektedir.

Sosyal televizyon çalışmalarının Türkiye özelinde yerli dizilere sağlayacağı katkı açıktır. Bu alanda yeni ve yaratıcı uygulamaların kullanılması en az ileti sayısı kadar önemlidir. Bu kapsamda Türkiye'de televizyon sektörünün gelişmesi ve yurtiçi ve yurtdışında yakalanan başarının sürdürülmesi bakımından sosyal televizyon, dikkatle ele alınması, iyi değerlendirilmesi ve geliştirilmesi gereken bir alandır.

Kaynakça

Akcan, S. (2017). Televizyon Yayıncılığının Sosyal TV Aracılığıyla Sosyal Medya İle Etkileşimi. Yayımlanmamış Yüksek Lisans Tezi, İstanbul, İstanbul Ticaret Üniversitesi S.B.E.

Akyol, O. & Ünlü, T.T. (2020). Televizyın Yayıncılığı ve Etkileşimli Televizyon Uygulamaları, E. Sirer (Ed.), Yeni İzlence Yeni İzlerkitle. Konya: Literatürk Academia.

Amerika'dan sonra dünyada dizi sektöründe en iyi satış yapan ikinci ülke Türkiye (2019, 17 Haziran). [Çevrimiçi gazete haberi] Erişim adresi: https://www.medyatava.com/haber/amerikadan-sonra-dunyada-dizi-sektorunde-en-iyi-satis-yapan-ikinci-ulke-turkiye_167518

Atabek, Ü. (2020). Tarihten Geleceğe İletişim Teknolojileri. Ankara: Siyasal Kitabevi.

Bilginer Kucur, A. (2020). İkinci Ekran (Second Screen) Kullanımı İle İzleyicinin Değişen Televizyon İzleme Alışkanlıkları, E. Karataş (Ed.), *İletişim Bilimi Araştırmaları I*. İstanbul: Hiper Yayın, ss. 119-144.

Bülbüloğlu, A. (Yapımcı). (2020-). *Sen Çal Kapımı* [TV dizisi]. MF Yapım; Fox TV.

Çatak, S. (2015). Türkiye'de IPTV'den Sosyal TV'ye Dönüşüm. Yayımlanmamış Yüksek Lisans Tezi, İstanbul, Marmara Üniversitesi S.B.E.

DigiLUP Instagram Sayfası (2020). https://www.instagram.com/digilup/ 07.12.2020.

Dikmen, E. Ş. (2015). Türkiye'de Televizyon Yayıncılığının Yeni Medya Stratejileri. Türkiye'de İnternet Konferansı. İstanbul Üniversitesi. İstanbul, ss. 1-13 .

(Çevrimiçi) http://inet-tr.org.tr/inetconf21/bildiri/37.pdf 15.11.2020

Dizilah Instagram Sayfası (2020). https://www.instagram.com/dizilah/ 07.12.2020.

Fox TV Facebook Sayfası (2020). https://www.facebook.com/FOXtelevizyonu 05.12.2020.

Fox TV Instagram Sayfası (2020). https://www.instagram.com/foxturkiye/ 05.12.2020.

Fox TV Twitter Hesabı (2020). https://twitter.com/FOXTurkiye_06.12.2020.

Fox TV YouTube Kanalı (2020). https://www.youtube.com/c/FOXTurkiye/featured 05.12.2020.

Kim, J. & Merrill, K. Jr. &Yang, H. (2019). Why We Make The Choices We Do: Social TV Viewing Experiences and The Mediating Role of Social Presence. *Telematics and Informatics*, 45, pp. 1-11.

MF Yapım Facebook Sayfası (2020). https://www.facebook.com/mfyapimtv 05.12.2020.

MF Yapım Instagram Sayfası (2020) . https://www.instagram.com/mfyapimtv/_05.12.2020.

MF Yapım Twitter Hesabı (2020). https://twitter.com/mfyapimtv 06.12.2020.

MF Yapım YouTube Kanalı (2020). https://www.youtube.com/channel/UCvWqqUk7lFJd4fIKDvTKmyQ/featured 05.12.2020.

Sen Çal Kapımı Facebook Sayfası (2020). https://www.facebook.com/sencalkapimi 05.12.2020.

Sen Çal Kapımı Instagram Sayfası (2020). https://www.instagram.com/sencalkapimi/ 05.12.2020.

Sen Çal Kapımı Twitter Hesabı (2020). https://twitter.com/sencalkapimi_ 06.12.2020.

Sen Çal Kapımı YouTube Kanalı (2020). https://www.youtube.com/c/Sen%C3%87alKap%C4%B1m%C4%B1/featured 05.12.2020.

Serim, Ö. (2007). *Türk Televizyon Tarihi 1952-2002*. İstanbul: Epsilon Yayınları.

Somera Instagram Sayfası (2020). https://www.instagram.com/someratr/ 07.12.2020.

Taranç, R. (1991). Televizyon Dizi Filmlerinin Estetik Sorunları. Yayınlanmamış Doktora Tezi, İzmir, Dokuz Eylül Üniversitesi S.B.E.

We are Social. (2020). Digital 2020 Turkey. https://wearesocial.com/digital-2020 28.10.2020.

Reklamın İşleyiş Sürecinde Etki Hiyerarşisi Modelleri ve Sosyal Medya

*Simge Aksu**

Giriş

Türkiye'de ve dünyada sosyal medya kullanımının giderek yaygınlaşması ile birlikte sosyal medyanın bir reklam aracı olarak kullanımının artmakta olduğunu görmekteyiz. Geleneksel reklam mecralarına kıyasla sosyal medya işletmeler için hedef kitlelerini tespit edebilme, onlar hakkında daha detaylı bilgi sahibi olma noktasında oldukça ileri bir noktadadır. Sosyal medya kullanıcıları her an bu dijital ortamlarda bir ayak izi bırakmaktadır. Sevdikleri şeyleri anında ifade etmekte (beğen/like butonu), sevmedikleri şeyleri ise aynı hızda yermektedir (beğenmeme/dislike butonu/olumsuz yorumlar). Tüketicilerin ürün ve hizmetlerle ilgili böylesine anlık geri dönüş yaptığı ve içeriklerle bu kadar iç içe olduğu başka bir iletişim mecrası henüz icat edilmemiştir.

İşletmeler, müşterileriyle ne zaman iletişim kuracağını nasıl bilmektedir ve nasıl iletişim kurmaktadır? Müşteriler iletişimi kabul etmeye ve kuruluşun markasını elde etmeye ne kadar hazırdır? Bu sorular elbette yeni değildir? Etki hiyerarşisi modelleri bu soruların yanıtlarını uzun zaman önce sorgulamaya başlamıştır. Modeller, üç davranışsal boyuta dayanmaktadır: Bilişsel, duyuşsal ve davranışsal. O dönemdeki çalışmaların amacı,

---

* Dr. Öğr. Üyesi, Yozgat Bozok Üniversitesi, İletişim Fakültesi, Halkla İlişkiler ve Reklamcılık Bölümü, simge.aksu@bozok.edu.tr,
ORCID ID: 0000-0002-1818-0455

müşterileri ürün/hizmete yönelik farkında olmama durumundan, müşterinin işletmelerin mal veya hizmetlerini satın aldığı eylemlerden birine doğru tutumsal bir yolculuğa çıkarmaktır.

Sosyal medya ile birlikte tüketiciyi satın alma kararına yönlendirirken tüketicinin dikkatini çekme, ilgi uyandırma, bilgi verme, tutum oluşturma ve satın alma kararı verdirme artık tek bir yerden yapılabilmektedir. Sosyal medyanın çok kapsamlı doğası (yorum yapma imkânı, video, fotoğraf paylaşma, canlı yayın vb.) onu diğer iletişim mecralarından ayıran en belirgin özelliğidir. İletişimi tek boyuttan iki hatta üç boyuta çıkaran sosyal medya, işletmeler için uzun zamandır belirsiz olan tüketicinin doğasını daha iyi anlama ve ona daha yakından bakma fırsatı sağlamıştır. Sosyal medyayı kullanan kişilerin büyük bir çoğunluğu bu mecraları kullanırken perde arkasından her hareketlerinin izlendiğini ve kayıt altına alındığını bilmemektedir. Bilenler ise bu durumun ne derece kapsamlı yapıldığını henüz idrak edememiştir. 9 Eylül 2020 tarihinde yayınlanan belgesel film niteliğindeki *Sosyal İkilem* (Social Dilemma), günümüzün en önemli sosyal medya ve dijital teknoloji devleri olan Google, Twitter, Instagram, Apple, Facebook, Ndivia gibi şirketlerin temsilcileri ile yapılan röportajlara yer vererek sosyal medyanın perde arkasını anlatmaktadır. Belgesele göre sosyal medyada attığımız her adım bu şirketlerin organize ettiği bir sistem üzerinden (sayısız sunucular) izlenmekte/depolanmakta ve bir yapay zekâ üzerinden kişiye özel algoritmalar üretmektedir. Her kişinin sosyal medya kullanımına göre ona yeni içerikler öneren bu sistemin asıl amacı reklam verenlerin reklam içeriklerini olabildiğince çok kişiye izletmektir.

Günümüzde artık reklamlar hedef kitlesine ulaşmak için prime time[1] saatini beklemek zorunda değildir. Sosyal medya ve internet sayesinde artık reklam tüketici nerdeyse oraya gitmektedir. Tüketici hangi dijital mecrada neyi izliyor veya takip

---

[1] Televizyon yayınlarının en çok izlendiği zaman dilimidir.

ediyor/paylaşıyor/beğeniyor vb. ise reklam o anda orada belirmektedir. İşte bu sistem dünyadaki teknoloji devi şirketler aracılığıyla yapay zeka ve algoritmalar[2] aracılığıyla gerçekleştirilmektedir.

Reklamcılığın geleceği yeni web uygulamaları etkisinde her geçen gün daha kullanıcı odaklı hale dönüşmektedir. Tüketiciler internette ve sosyal medyada vakit geçirirken kendileri ile ilgisi olmayan reklam içerikleri ile karşılaşmak istememektedir. Bu nedenle tüketicilerin beğenileri ve tercihleri göz önünde bulundurularak hazırlanan reklam içerikleri tutundurma sürecinde markaların ve işletmelerin daha olumlu sonuçlar elde etmesine katkı sağlamaktadır.

Geleneksel Etki Hiyerarşisi Modelleri

Reklamın nasıl çalıştığı ile ilgili geliştirilen ilk modeller Hiyerarşi Modelleri veya Dizisel Modeller de denilen Etkiler Hiyerarşisi Modelleridir. Bu modeller içerisinde en çok bilinenler AIDA, DAGMAR ve Lavidge & Steiner'in (1961) Etkiler Hiyerarşisi Modeli'dir. Hiyerarşik sıra ile ilerleyen bu modeller tüketicilerin karar verme aşamasına bir dizi ardışık karar ile ulaştığını söylemektedir (Pelsmacker vd., 2001:60).

Bu modellere yönelik yapılan bazı eleştiriler de bulunmaktadır. Egan (2007: 46) klasik hiyerarşi modellerinin bazı eksikliklerine dikkat çekerken:

• Tüketicilerin her aşamadan geçtiklerini gösteren hiçbir ampirik destek yoktur

• Hiyerarşi modelleri, aşamalar arasındaki etkileşim potansiyelini hesaba katmaz

---

[2] **Algoritma:** Problem çözme prosedürü için mevcut bir terim olan algoritma, günümüzde bir makinenin (ve özellikle bir bilgisayarın) belirli bir hedefe ulaşmak için izlediği kurallar dizisi için yaygın olarak kullanılmaktadır. Algoritma genellikle bir dizi kuralın tasarlandığı etkinliği belirten sözcüklerle eşleştirilir. Örneğin, bir arama algoritması, büyük bir veri kütlesinden ne tür bilgilerin alınacağını belirleyen bir prosedürdür.

• Satın alma sonrası deneyim genellikle dikkate alınmaz.
Sıralamada aşamaların yerleri değişebilir mi? Tüm ürünler için tüm durumlarda tüm tüketici davranışlarını açıklayacak tek bir model olmadığı açıktır(Pickton ve Broderick, 2001:418).

Tablo 1: Etki Hiyerarşisi Modelleri (Pelsmacker ve Diğerleri, 2001, s. 61)

Yıl	Model	Bilişsel	Duygusal	Davranışsal
1900	AIDA, Elmo Lewis	Dikkat	İlgi, İstek	Eylem
1911	AIDAS, Sheldon	Dikkat	İlgi, İstek	Eylem, Tatmin
1921	AIDCA, Kitson	Dikkat	İlgi, İstek, İkna	Eylem
1961	ACCA(DAGMAR), Colley	Farkındalık, Kavrama	İkna	Eylem
1961	Lavidge ve Steiner	Farkındalık, Bilgi	Beğenme, Tercih, İkna	Satın Alma
1962	AIETA, Rogers	Farkındalık	İlgi, Değerlendirme	Deneme, Adaptasyon
1971	ACALTA, Robertson	Farkındalık, Kavrama	Tutum, Onaylama	Deneme, Adaptasyon

AIDA/NAIDAS Modeli

Reklamın pazarlama iletişimi içerisinde yer alan önemli elemanlardan biri olması ve sıklıkla kullanılması sebebiyle bu alanda yapılan çalışmalarda gün geçtikçe artmaktadır. Tüketicilerin pazarlama iletişimi çalışmalarından nasıl etkilendiği ve bu süreçlerin nasıl işlediği yapılan araştırmaların konusu olmuştur. AIDA ilk etki hiyerarşisi modellerinden birisidir ve bu model tüketicilerin reklama verdikleri tepkileri hiyerarşik bir şekilde işlediğini söylemektedir. AIDA modelini pazarlama alanına Lewis Elmo 1898 yıllında katmıştır (Pickton ve Broderick, 2001). Modelin ismi attention (dikkat), interest (ilgi), desire (arzu) ve action (eylem) kelimelerinin ilk harflerinden oluşmaktadır. Maslow modeline benzer şekilde, bu modelde de önceki adımların gerekliliklerini yerine getirmeden bir sonraki adıma geçilememektedir(Aktaş ve Zengin, 2010, s.31).

AIDA modeline göre bir tüketicinin reklamdan etkilenmesi veya bir ürün/hizmete yönelik satın alma kararı verme süreci birbirini izleyen dört aşamadan oluşmaktadır. Bu aşamalara göre satın alma kararı vermesi beklenen tüketicinin öncelikle dikkati çekilmeli, sonra tüketicide reklamda sunulan içeriklere ve düşüncelere yönelik bir ilgi uyandırılmalı, uyandırılan bu ilgi ürünü/hizmeti satın almaya yönelik arzu oluşturmalı ve son olarak da tüketicinin satın alma eylemini gerçekleştirmesi sağlanmalıdır. Bu modelde bilişsel, duygusal ve davranışsal süreçler birbirini izlemektedir (Elden, 2013, s.280). Belch ve Bech (2004) göre bu modelin geliştirilmesindeki asıl amaç satış elemanlarının kişisel satış süreçlerinde tüketicilerin hangi aşamalardan geçerek karar verdiğini açıklamaya çalışmaktır.

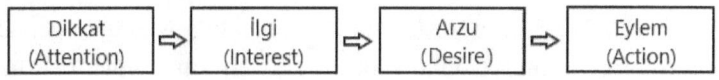

Şekil 1: AIDA Modeli

NAIDAS Modeli ise (Need-Attention-Interest-Desire-Action-Satisfaction) AIDA modelinin geliştirilmesi ile oluşmuştur. Bu modelin geliştirilmesindeki amaç tüketicilerin bir ürüne dikkat etmeden önce o ürüne ihtiyaçlarının olması gerektiği savıdır. Bu nedenle attention (dikkat) sözcüğünün başına need (ihtiyaç) kelimesi getirilmiştir. Modelde action (eylem) sözcüğünden sonra ise satisfaction (tatmin) kelimesi getirilerek satın alma davranışı sonrası memnuniyetinin ölçülmesi gerektiğine dikkat çekilmiştir. NAIDAS modelinde tüketicinin satın alma öncesi ve sonrasındaki davranışları da açıklamaya çalışmıştır. (Batra vd., 1995)

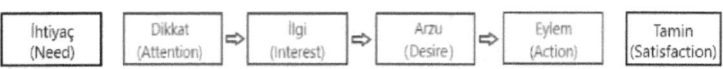

Şekil 2: NAIDAS Modeli

Etkiler Hiyerarşisi Modeli

Etkiler hiyerarşisi modeli 1961 yılında Robert Lavidge ve Gary A. Steiner tarafından AIDA modelinin tüketicinin satın alma sürecini açıklamada yetersiz kaldığını düşünerek geliştirdikleri bir modeldir. Bu modelde AIDA ve NAIDAS gibi bir hiyerarşik sıraya göre ilerlemektedir. Lavidge ve Steiner (1961), biliş, duygulanım ve çağrışımın insan psikolojik yönlerini etkiler hiyerarşisine bağlayan ilk kişilerdir (Rehman vd., 2014 s.303). Bu aşama modern gelişim aşaması olarak adlandırılır çünkü insan psikolojisi etkiler hiyerarşisi modeline bağlıdır. Lavidge ve Steiner (1961) tüketicilerin normalde ilgisiz bireylerden ikna olmuş alıcılara tek bir adımda geçmediklerini savunmaktadır. Bunun aksine, nihai satın alma işlemine, gerçek satın almanın ancak nihai eşik olduğu bir süreç veya bir dizi adım (yedi adım) yoluyla yaklaştıklarını belirtmektedir.

Bu adımlar şu şekildedir (Lavidge ve Steiner, 1961, s.59):

1. İlk adımda, potansiyel alıcılar söz konusu ürün veya hizmetin varlığından tamamen habersizdir.
2. Satın almaya daha yakın, ancak satın almaktan hala çok uzakta, yalnızca ürünün/hizmetin varlığının farkında olma.
3. Ürünün/hizmetin vaatlerini bilen potansiyel müşteri olma.
4. Ürüne karşı olumlu tutum geliştirme.
5. Olumlu tavırları tüm diğer olasılıklara karşı tercih noktasına kadar gelişmiş olanlar yine bir adım daha atmaktadır.
6. Satın almaya daha da yakın olan tüketiciler, tercihlerini satın alma arzusuyla ve satın almanın akıllıca olacağı inancıyla birleştiren tüketicilerdir.
7. Son olarak, elbette, bu tutumu gerçek satın almaya çeviren adımdır.

Bu model incelendiğinde modeli oluşturan üç ana aşamadan bahsetmek mümkündür. Bunlar sırasıyla, bilişsel süreç olan (öğrenme); farkında olma ve bilgi, duygusal süreç olan (hoşlanma ve tercih), davranışsal süreç olan (ikna olma ve satın almadır).

Farkındalık ➔ Bilgi ➔ Hoşlanma ➔ Tercih ➔ İkna olma ➔ Satın alma

Şekil 3: Etkiler Hiyerarşisi Modeli

DAGMAR Modeli

DAGMAR Modeli Russell Colley tarafından 1961 yılında İngilizce "Defining Advertising Goals for Measured Advertising Results" (Ölçülebilir Reklam Sonuçları için Reklam Hedeflerinin Belirlenmesi) cümlesindeki kelimelerinin baş harflerinden meydana gelmiştir. Bu modelin işleyişi de diğer hiyerarşi modelleri gibi aşama aşamadır. Modelde tüketicinin karar verme süreci şu şekilde ilerlemektedir:

- Farkına varma
- Kavrama
- İkna
- Eylem

Bu modelde Colley, nihai satışla ilişkili diğer bazı pazarlama faktörlerini belirlemiştir. Bunlar: rekabet açısından mükemmel ürün, tüketicilere ürün mevcudiyeti, çekici ambalaj tasarımı, uygun işlevsellik, kişisel satış desteği, verimli tanıtım, tanıtım ve rekabetçi fiyatlandırma stratejileridir. DAGMAR modelinin temel amacı reklam kampanyalarının ölçülmesidir.

DAGMAR reklam modelinin üç bölümden oluşmaktadır: "reklam hedeflerini tanımlama", "dört adım: farkındalık, kavrama, inanç ve eylem" ve son bölümde "reklam sonuçlarını ölçmektir". (Rehman vd., 2014 s.303). DAGMAR modeli, aynı zamanda "Düşün-Hisset-yap" modeli olarak da bilinir (Heuvel, 2012'den aktaran Rehman vd., 2014 s.303).

Tablo 2: DAGMAR Modeli

Yap	Satın alma/ Deneme
	Kanaat
Hisset	Marka Tercihi
	Markayı Sevme / Hoşlanma
Düşün	Marka Bilgisi/ Kavrama
	Kategori Farkındalığı

Kaynak: Heuvel, 2012'den uyarlayan Rehman vd., 2014 s.303),

- **Farkındalık:** Hedef pazarınızda farkındalık yaratmak için gereklidir.
- **Bilgi:** Kendi kendine ve müşterileri eğitmeye ilişkin bilgileri test etmek.
- **Beğenme:** Müşteriler sizi reklamlarda gördükçe firmanız hakkında fikir oluşturmaya başlar.
- **Tercih:** Müşterilerin sizinle neden iş yapmak istediklerine dair net bir tanımı vardır.
- **Kanaat:** Müşteriler, sorunları için doğru seçim olduğuna zaten ikna olmuşlardır.
- **Satın Alma:** Müşteriler, etki hiyerarşisini dikkate almadan satın alır (Rehman vd., 2014 s.304).

Yeniliklerin Benimsenmesi Modeli

Yayılma modelini geliştiren Rogers (1962), yeniliğin yayılmasını "bir yeniliğin bir sosyal sistemin üyeleri arasında zaman içinde belirli kanallar aracılığıyla iletildiği süreç" olarak tanımlamıştır. Yeniliklerin benimsenmesi modeli yeniliklerin yayılması sürecinde yeni bir ürünün tüketiciler tarafından benimsenmesi üzerinde durmaktadır (Elden, 2013, s.285). Rogers (2003) göre yayılma süreci dört temel unsurdan oluşmaktadır. Bunlar: inovasyon, inovasyonun etkilediği sosyal sistem, o sosyal sistemin iletişim kanalları ve zamandır. Rogers (1962) ayrıca diğer etki hiyerarşisi modelleri gibi tüketicilerin istenilen davranışta bulunmaları için bir dizi adımdan geçmeleri gerektiğini söylemektedir. Bu adımlar: farkındalık, ilgi, değerlendirme, deneme ve benimsemedir. Bu modelin diğer modellerden farkı tüketicinin bir yeniliği benimsemesi için öncelikle *denemesi* gerekmektedir (Elden, 2013, s.285).

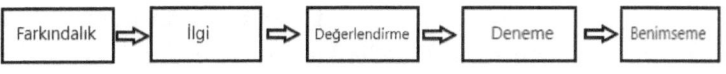

Şekil 4: Yeniliklerin Benimsenmesi Modeli

Bilgi İşleme Modeli

Reklamda bilgi işleme modeli diğer geleneksel bilgi işleme modelleri gibi ikna edici bir iletişim sürecine sahiptir ve model reklama bilgi işleme ve problem çözme görevlerini yüklemektedir (Elden, 2013, s.286). Model 1960'lı yılların sonunda sosyal psikolog William McGuire tarafından gelişilmiştir. Bilgi işleme modeli, (information processing model) reklamı bilgilendirici ya da problem çözücü olarak; alıcıları da ikna edici iletişime maruz kalan hedefler olarak kabul eder. Modelin süreci şöyledir: maruz kalma (presentation), dikkat (attention), anlama (comprehension), kabul etme (yielding), hatırlama (retention) (Şener, 2016, s.52).

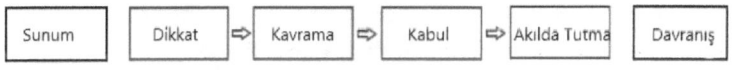

Şekil 5: Bilgi İşleme Modeli

Bu modelin diğerlerinden bir farkı davranış aşamasına geçmeden önce akılda tutma aşamasının olmasıdır. Burada tüketici daha öncesinde reklamlar aracılığıyla öğrendiği bilgileri aklında tutmakta ve satın alma davranışını gerçekleştirene kadar bu bilgileri zihninde işlemektedir.

Yapılan araştırmalar kadınlar ve erkeklerin bilgi işleme süreçleri birbirlerinden farklılaştığını göstermektedir. Buna göre kadınlar, daha ayrıntılı ve detaylı bilgi işleme süreci geçirirken, erkekler, şema temelli bilgi işleme süreci kullanmaktadır

(Meyers vd., 1991). Bu nedenle kadın ve erkeklere yönelik reklam içeriklerinin ve mesaj stratejilerinin farklılaştığını görmekteyiz.

Sosyal Medya ve Dijital Reklamcılık

Yeni iletişim teknolojilerinin gelişmesi, sosyal medyanın yaygınlaşması kurumların hedef kitleleri ve müşterileriyle olan iletişimini önemli ölçüde değiştirmiştir. Web 2.0 sisteminin bir sonucu olarak kullanıcıların oluşturduğu içerik geleneksel medyanın tek boyutlu iletişim tekelini elinden almış ve adeta kullanıcıların daha güçlü olduğu yeni bir iletişim mecrası doğmuştur (Çelik, 2014, s.29).

Yapılan son araştırmalara göre dünyada internet ve sosyal medya kullanma oranları giderek artmaktadır. Son verilere göre dünyada 4.57 milyar internet kullanıcısı, 3.81 milyar sosyal medya kullanıcısı ve 5.16 milyar mobil kullanıcısı bulunmaktadır. Bir önceki yıla göre internet kullanım oranı %7,1, sosyal medya kullanım oranı %8,7, mobil kullanım oranı %2,5 artmıştır (We are social, 2020). İnternet, sosyal medya ve mobil araçların kullanımındaki bu artışlara karşın reklamcılar bu gelişmeyi bütçelerinin büyük bir kısmını sosyal medyaya ayırarak karşılamışlardır (Okazaki ve Taylor, 2013). Ancak internet kullanıcılarının neredeyse yarısının reklam engelleyici kullandığı ifade edilmektedir (We are social, 2020).

Sosyal medya etkinlikleri reklam fonksiyonları olan; bilgilendirme, ikna etme, destekleme ve hatırlatma etkinliklerinin hepsinin birden yapılabileceği etkili bir alandır. Mangold ve Faulds (2009), sosyal medyayı tutundurma karmasının yeni ve karma bir elemanı olarak görmüş ve 'Social media: The new hybrid element of the promotion mix' adlı bir çalışma yapmışlardır. Belch ve Belch (2004) çalışmasında interneti tutundurma elemanlarının içerisine eklemiş ve tutundurma karması elemanlarını, reklam, satış tutundurma, kişisel satış, halkla ilişkiler, doğrudan satış ve internette satış olarak tanımlamıştır.

Tutundurma faaliyetlerinin amacı genel olarak; bilgi vermek, yeni ürün veya hizmet gelişimini teşvik etmek ve ürün ve hizmetlere yönelik farkındalığı geliştirmek, talebi uyarmak ve istek oluşturarak satışları artırmak, ürün/hizmet ile dikkat çekmek, rakiplerden farklılaşmak, ürün/hizmete yönelik hatırlatmalar yapmak, müşterilerin marka, ürün/hizmete dair algılarını etkilemektir (aktaran, Özdemir, vd., 2014, s.60).

Kotler ve Armstrong (2006) pazarlama iletişimi (tutundurma) sürecini şu şekilde tarif etmektedir:

1. Pazarı ve müşteri ihtiyaç/isteklerini anlama
2. Müşteri odaklı bir pazarlama stratejisi tasarlama
3. Üstün değer sunan bir pazarlama programı oluşturma
4. Karlı ilişkiler kurma ve müşteri memnuniyeti yaratma
5. Kar oluşturma ve kaliteli müşteriye sahip olmak için müşterilerden değer elde etme.

"Sosyal medya pazarlaması ve reklamcılığı kısaca; şirketin amaçları doğrultusunda sosyal medya platformlarına reklam ve pazarlama içeriklerini tüketicilerin maruz kalacakları şekilde entegre ederek onların mesajı yaymalarını, konuşmalarını kısaca reklam mesajı ile etkileşim kurmalarını sağlayan faaliyetler olarak tanımlanabilmektedir" (Sabuncuoğlu ve Gülay, 2014 s.3). Sosyal medya pazarlamasının uygulandığı pek çok kanal bulunmaktadır. Bunlar; arama motoru optimizasyonu (SEO), ücretli arama, görüntülü reklamcılık, sosyal medya pazarlaması, içerik pazarlaması, e-posta pazarlaması, etkileyici pazarlama, bağlı kuruluş pazarlaması ve benzeridir.

Sosyal medya pazarlamasının markalara ve işletmelere sunduğu pek çok yarar bulunmaktadır. Bunlar (Cardinal Dijital Marketing[3]):

---

[3] https://www.cardinaldigitalmarketing.com/blog/top-9-benefits-of-digital-marketing/ (Erişim Tarihi: 25.11.2020).

- Sık iletişim kurarak müşteri sadakatini arttırmak,
- Her satın alma aşamasında müşteri ile iletişim kurabilmek,
- Doğru hedef kitleye ulaşabilmek,
- Ölçülebilir sonuçlara ulaşabilmek,
- Marka güvenilirliği inşa etmeye destek olmak,
- Yapılan yatırımların karşılığını daha hızlı alabilmek.

Günümüzde işletmeler tutundurma karmasında internet ve sosyal medyanın imkânlarından yoğun bir şekilde faydalanmaktadır. Sosyal medya bilindiği üzere kullanıcılara sanal bir profil oluşturma olanağı sağlamaktadır. Bu profil içeriklerini dolduran kullanıcılar da kendileri hakkında bütün bilgileri bu ortama aktarmaktadır. Sevdikleri şeylerden, hoşlanmadıkları şeylere, arkadaşlarından, ailelerine, gelecek planlarından, anlık duygu değişimlerine, demografik özelliklerine vb. her detayı sosyal medyada paylaşmaktadırlar. İnternette paylaşılan bu detaylı veri tabanı işletmeler ve markalar için hedef kitlelerini tanıma ve analiz etme sürecinde oldukça fayda sağlamaktadır.

Bugün geleneksel anlamda yüzyüze gerçekleşen iletişim faaliyetleri yavaş yavaş dijital mecralara kaymaktadır. Geçtiğimiz yıldan beri etkisini sürdürmekte olan Covid 19 salgını nedeniyle de yüz yüze iletişim kurma bir süreliğine daha ertelenecek gibi görünmektedir. Değişen dünyada işletmeler ve markalar da bu yeni düzene ayak uydurmak zorunda kalmaktadır. Hedef kitlelerine ve müşterilerine birebir ulaşamayan işletmelerin yaratıcı yöntemler bularak bu süreci yönetmeleri gerekmektedir. Sosyal medya etkileşimli yapısı ile yaratıcı uygulamalara çok uygun bir ortamdır.

Hiyerarşik Modeller ve Sosyal Medya İlişkisi

Sosyal medya yapısı itibari ile hemen hemen bütün iletişim mecralarını bünyesinde toplamıştır ve kullanıcıların da içerik oluşturmasına imkân sağlayan bir alandır. Sosyal medya için literatürde kullanıcı tarafından oluşturulan içerik de denilmektedir (Kaplan ve Haenlein, 2010).

Sosyal medya denilince karşımıza çıkan diğer iki kavram ise eWOM (elektronik ağızdan ağıza iletişim) ve web 2.0'dır. Sosyal medya kullanıcıları ile ilgili olarak eWOM ile kullanıcının oluşturduğu içerik (UGC) çoğu zaman genellikle birbiri ile karıştırılmaktadır. Kullanıcının içerik oluşturmasına örnek olarak YouTube'da bir video hazırlayıp paylaşmak örnek verilebilir. Paylaşılan bu videonun arkadaş çevresi ile paylaşılması ile eWOM olarak adlandırılır. Geçmişte yapılan araştırmalar sadece sosyal medyayı aktif kullanan kişilerin marka ile ilgili içerik oluşturmakla meşgul olduğunu göstermektedir (Muntinga vd., 2011). Ancak geçen bu süreçte sosyal medyada marka ile ilgili içerik oluşturan kişilerin bugün marka ile işbirliği içerisinde olan influencer kişilerin olduğunu görmekteyiz. Bu kişiler sosyal medyada marka ile ilgili yaşadıkları deneyimleri paylaşarak hedef kitleleri markayı kullanmaya teşvik etmektedir.

Sosyal medyanın reklamcılık açısından markalara ve kurumlara sağladığı pek çok avantaj bulunmaktadır. Bunlardan en önemlilerinden birisi kullanıcıların bilgilerini ve beğenilerini kaydederek ilerleyen dönemlerde doğru hedef kitleye ulaşmalarında kesin veri sağlamasıdır. Sosyal medyada aynı zamanda her şey kayıt altında tutulduğunda nicel veri analizlerine de olanak sağlamaktadır.

İlgili davranış	Satın almaya doğru harekete geçme	İlgili reklam yada promosyon	Yapılan araştırmalar
Hareketsel/Davranışsal Boyut (Güdülerin alanı. Reklamlar arzuları uyandırır ya da yönlendirir.)	Satın alma ↑ İkna olma	-Satış noktası uygulamaları -Parekendeci reklamları -Satıcılar -Son fırsat teklifleri -Fiyat çekicilikleri -Tanıklar	Jin ve Phua (2014), Awasthi ve Choraria (2015), Evans vd. (2017), Akdoğan ve Akyol (2016),
Duygusal Boyut (Duyguların alanı. Reklamlar tutum ve hisleri değiştirir.)	Tercih ↑ Hoşlanma	-Rekabetçi reklamlar -Tartışmacı metinler -İmaj reklamları -Statü vaatleri duygusal çekicilikler	Jin ve Phua (2014), Chen ve Tan (2012), Malik ve Guptha (2014), Ambroise vd. (2014), Zeng vd. (2009), Chu (2011), Taylor vd. (2011), Dao vd., (2014),
Bilişsel Boyut (Düşüncelerin alanı. Reklamlar bilgi ve olgu iletir.)	Bilgi ↑ Farkındalık	-Duyurular -Betimleyici metinler -Seri ilanlar -Sloganlar -Cıngıllar -Gökyüzü yazıları -Teaser kampanyaları	Waters ve Jones (2011) Kaikati (1987) Evans vd. (2017)

Kaynak: Robert J. Lavidge, Gary A. Steiner, (1961). A Model for Predictive Measurements of Advertising Effectiveness. Journal of Marketing. 25(6), s.61.

Sosyal medyanın tüketici davranışları üzerindeki güçlü etkisi fark edildikçe bu alanda yapılan araştırmalarda artmıştır. Bu mecra markalar ve reklam verenler tarafından pek çok farklı amaç için kullanılmaktadır. Evans vd. (2017) çalışmalarında Instagram'daki reklam ibarelerinin Instagram kullanıcılarının markayı fark etme, davranış ve satın alma niyetleri üzerinde ne gibi etkiler yarattığını araştırmışlardır. Araştırma sonuçlarına göre Instagram kullanıcılarının reklam ibareli içerikleri diğerlerine göre daha kolay fark ettikleri gözlenmiştir.

Waters ve Jones (2011)' deki araştırmalarında kar amacı gütmeyen kuruluşlara ait en iyi 100 YouTube kanalına içerik analizi uygulamıştır. Araştırmacılar çalışmanın bulgularına göre sosyal medyanın çoğunlukla hedef kitleleri bilgilendirmek ve eğitmek için kullanıldığı sonucuna ulaşmıştır.

2011 yılında yapılan araştırmalar (Waters ve Jones, Park vd., 2011) sosyal medyayı kullanan işletmelerin bu mecrayı yeterince etkileşimli bir şekilde kullanmadıkları bulgusuna ulaşmışlardır. Ancak daha sonraki yıllarda yapılan araştırmalar işletmelerin sosyal medyanın özelliklerine giderek daha fazla aşinalık kazanması ile sosyal medyayı daha etkileşimli ve verimli kullanmaya başladıklarını göstermektedir.

Jin ve Phua (2014), Twitter'daki takipçi sayısı fazlalığının kaynağa olan güveni artırdığını, bununda reklamın etkisini arttırarak satın alma davranışını olumlu yönde etkilediğini bulmuşlardır. Akdoğan ve Akyol (2016), online tüketici yorumlarının, tüketicilerin satın alma kararını etkilediğini bulmuştur. Zeng vd. (2009) bir çevrimiçi topluluğa değer vermenin o topluluktaki (örneğin Facebook) reklamları kabul etme niyetini arttığını gözlemlemişlerdir. Bu bulgu Chu (2011) Facebook üyelerinin üye olmayanlara göre Facebook'taki reklamlara karşı daha olumlu tutumlara sahip olmaları bulgusunu desteklemektedir.

Taylor vd. (2011) çalışmalarında yaklaşık 2500 kişi ile yaptığı görüşmeler sonucunda reklamın eğlence ve bilgi yönünün reklama yönelik olumlu tutumlar üzerinde güçlü bir etkiye sahip olduğu sonucuna ulaşmıştır. Bunun yanında eğlencenin bilgiye kıyasla dört kat daha fazla etkiye sahip olduğunu bulmuştur. Bu sonuçlardan reklam verenlerin reklam içeriklerinde eğlence unsuruna daha fazla yer vererek reklama olan olumsuz tutumları değiştirebilecekleri önerilebilir. İlerleyen zamanlarda yapılan çalışmalar da eğlendirici ve bilgilendirici içerikli reklamların sosyal medya kullanıcıları tarafından daha çok beğenildiği ve satın alma niyetini arttırdığını göstermektedir (Dao vd., 2014).

Kişiler sosyal medya mecrasında arkadaşlarıyla ve çeşitli gruplarla paylaşım yaptıklarından bu mecralarda yayınlanan reklam içeriklerine daha fazla katılım göstermeye eğilimlidirler. Bu mecralarda yayınlanan reklamlar aynı zamanda bilgi ve eğlendirici özellikler içerdiğinde sosyal medya kullanıcıları bu reklamlara katılma ve birbirleri ile paylaşma eğilimi göstermektedirler.

Sosyal medyadaki marka beğeni (fan) sayfaları hedef kitleye ulaşmada ve onlarla etkileşimi sürdürme de önemli mecralardan birisidir. Sosyal medya kullanıcıları markaların bu topluluklarında marka ile ilgili deneyimlerini paylaşmakta, olumlu ve olumsuz yorumlar yapmaktadır. Gerçek kullanıcıların birbirleri ile en fazla etkileşim gösterdikleri yerlerden birisi de marka beğeni sayfalarıdır. Bir markanın sosyal medya yöneticisi kullanıcıların bu mecradaki tutum ve davranışlarını gözlemleyerek onların markayla ilgili deneyim ve paylaşımlarına yönelik derin bilgiler elde edebilir. Olumsuz yargıları dönüştürebilir veya marka ile ilgili yeni gündem oluşturacak paylaşımlarda bulunabilir.

Günümüzde sosyal medya mecrasında kanaat önderliği rolünü sosyal medya fenomeni kişiler üstlenmiştir. Sosyal medyada ürün ve hizmetlere yönelik olumlu tutum geliştirme noktasında kanaat önderlerinin önemli olduğu söylenebilir. Sabuncuoğlu ve Gülay (2014) çalışmaları da sosyal medyada fenomenlerin kanaat önderi görevi gördüklerini göstermektedir. Chang vd. (2012) araştırmalarında sosyal medya kullanıcılarının güçlü bağlar kurdukları kişiler tarafından onaylanan reklamları gördükten sonra daha fazla satın alma niyeti geliştirdiklerini bulmuşlardır. Ancak bu etki hedonik (haz) amacı ile kullanılacak ürünler için geçerlidir. Kişiler faydasal amacı ile satın alacakları ürünlerde aynı tepkiyi göstermemektedir. Faydasal amaçla satın alınacak ürünler için uzman kişinin bilgisine danışmaktadırlar.

Sosyal medyanın reklamların etkisine yönelik olarak duygusal boyutta bir tepki oluşturmada etkili olduğu söylenebilir.

Özellikle reklama yönelik tutum geliştirmede kullanıcıların oluşturdukları içerikler önemli katkı sağlamaktadır. Kişiler sosyal medya içeriklerine karşılıklı olarak etkileşim gösterdiklerinde reklama karşı bir tutum geliştirmektedir ve bu tutumlar olumlu yönde olduğunda satın almaya yönelik niyeti olumlu yönde etkilemektedir.

Sosyal medya ve internetin yaygınlaşması günümüzde tüketicilerin karar verme aşamalarını ve satın alma sonrası davranışlarını önemli ölçüde etkilemiştir. Etki hiyerarşisi modellerinden AIDA modelini sosyal medyaya uyarlayan Wijiya (2012) çalışmasında modele önemli eklemelerde bulunmuştur. Wijiya (2012)'ye göre AIDA modelindeki interest (ilgi) sözcüğünden sonra search (arama) kelimesi gelmektedir. Günümüzde kişilerin satın alma kararı vermeden önce sıklıkla sosyal medyada ve internette arama yaptıkları bilinmektedir. Bu bağlamda online yorumların tüketicilerin deneyimlerini paylaştığı önemli bir sosyal ortam olması bu alanda yapılacak çalışmaların önemini de artırmaktadır (Akdeniz ve Özbölük, 2019, s.3105).

Yapılan araştırmalar ürün/hizmetlerle ilgili araştırma yapan tüketicilerin karşılaştıkları olumsuz yorumlardan olumlu yorumlara göre daha fazla etkilendikleri ve satın alma kararından vazgeçtikleri bulgularına ulaşılmıştır (Özbay, 2013). Bu bulgu sosyal medyada ürün ve hizmetlerle ilgili deneyimlerini paylaşan kullanıcıların markaların, kurumların hizmetlerini ilk defa deneyimleyecek potansiyel tüketicilerin satın alma kararlarını önemli derecede etkileyebileceğine işaret etmektedir. Bu nedenle modele eklenen search (arama) sözcüğü oldukça anlamlıdır.

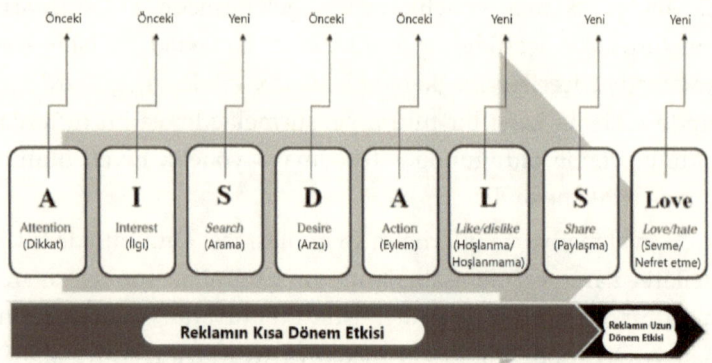

Şekil 4: AISDALSLove Modeli (Wijaya, 2012, s.80'den uyarlanmıştır.)

Yeni modelde dikkati çeken bir diğer sözcük like/dislike (hoşlanma/hoşlanmama) ve Love/hate (sevme/nefret etme)dir. Bu eklemenin NAIDAS modelindeki satisfaction (tatmin) ile benzeştiği düşünülmektedir. Modelde son olarak share (paylaşma) sözcüğü eklenmiştir. Bu ekleme günümüzde tüketicilerin sosyal medya paylaşımları düşünüldüğünde oldukça anlamlı bulunmaktadır.

Sosyal medyanın yeniliklerin yayılması sürecinde de etkili olduğunu görmekteyiz. Günümüzde tüketiciler ürüne yönelik farkındalık ve ilgi geliştirdikten sonra ürünü değerlendir aşamasına gelmektedirler. Tüketicilerde ürünü değerlendirme süreci artık online olarak işlemektedir. Ürünü veya hizmeti değerlendirme sürecinde tüketiciler internetten veya sosyal medyadan ürünle ilgili yorumları incelemektedir. Kişilerin değerlendirme aşamasında sosyal medya uygulamalarını kullanmasında motive edici faktörlerden bilgi arama ve problem çözmenin etkili olduğunu görmekteyiz (Ada vd. 2013). Çünkü tüketiciler yeni bir ürün/hizmeti satın almayı planladıklarında ürün/hizmetlerle ilgili kullanıcı deneyimlerini değerlendirmektedir. Başka tüketiciler tarafından yapılan olumlu ve olumsuz yorumlar ürün/hizmeti değerlendirme aşamasında önemli rol oynamaktadır.

Etki hiyerarşisi modellerine yönelik yapılan eleştirilerden birisi de tüketicilerin satın alma kararının söylendiği kadar doğrusal bir şekilde ilerlemediği yönündedir. Goodrich (2011) çalışmasında net bir etki hiyerarşisi modelinin zor olduğunu söylese de hiyerarşi aşamalarının arasında belirgin ilişkiler bulunduğunu ifade etmektedir. Örneğin Goodrich (2011) dikkat ile satın alma niyeti arasında pozitif yönde bir ilişki varken dikkat ile tutum arasında negatif yönde bir ilişki bulmuştur. Etki hiyerarşisi modellerine yapılan eleştirilerde tüketici davranışlarının modellerde açıklandığı kadar sınırlı ve tahmin edilebilir olup olmadığı tartışılmaktadır.

4. Sonuç ve Öneriler

Tüketicinin davranışlarını tahmin etme, anlama ve açıklama pazarlamanın bir ihtiyacı olarak uzun yıllardır çalışılmaktadır. Tüketicilerin hangi ürün/hizmetleri nereden, nasıl ve ne zaman satın alacağı, hangi faktörlerin etkisi altında kaldığı veya kalacağı araştırmacılar tarafından incelenmektedir.

Tüketicilerin satın alma davranışlarına etki eden pek çok faktör olduğu yapılan çalışmalarca ortaya koyulmuştur. Ancak tüketicilerin tüm satın alma davranışlarını açıklayacak kapsamlı bir model olduğunu söylemek henüz mümkün değildir. Tüketicilerin satın alma kararı verme süreçleri genel olarak ihtiyacın farkına varılması, bilgi toplama, alternatifleri değerlendirme, satın alma kararını verme ve satın alma sonrası davranışlar olarak beş grupta incelenebilir. Tüketicilerin bütün satın alma süreçlerini açıklayan tek bir modelin varlığından söz etmek zor olsa da sosyal medya aracılığıyla tüketicileri satın alma davranışına yönlendirme sürecinde tutundurma süreçlerini tek bir mecra aracılığıyla etkili bir şekilde yapmak uygun görünmektedir. Bu mecra sosyal medyadır.

Sonuç olarak şu anda da kurumlar ve markalar tarafından oldukça etkili bir şekilde kullanılmaya başlayan sosyal medyanın gelecekte de tüketici davranışlarını izlemede ve tahmin etmeye çalışmada önemli bir veri kaynağı olarak kullanılacağı düşünülmektedir. Kurumların ve markaların bu nedenle sosyal medya üzerine yaptıkları yatırım ve araştırmalara gelecekte de önem vermeleri her açıdan önemli görünmektedir.

Kaynakça

Ada, S. Çiçek, B., Kaynakyeşil, G. (2013). Çevrimiçi Sosyal Ağ Sitesi Kullanımını Etkileyen Motive Edici Faktörler Üzerine Bir Araştırma. https://ab.org.tr/ab13/bildiri/206.pdf (Erişim Tarihi: 28.11.2020).

Akdeniz, P.C.; Özbölük, T. (2019). Online Yorumların Tüketici Satın Alma Kararına Etkisi: Kullanıcı Özellikleri Açısından Bir Değerlendirme. *İşletme Araştırmaları Dergisi*. 11(4), 3104-3119.

Aktaş, H.; Zengin, M. (2010). DAGMAR Modeli: Deterjan Reklamları Örneğinde Görsel Bir Çözümleme. Selçuk Üniversitesi Sosyal Bilimler Enstitüsü Dergisi. 24, 31-43.

Akdoğan, Ç. & Akyol, A. (2016). Online Tüketici Yorumlarına Ait Genel Tutum İle Ağızdan Ağıza Pazarlama Arasındaki İlişki, *Trakya Üniversitesi Sosyal Bilimler Dergisi*, 18 (1), 117-134.

Ambroise, Laure, Gaëlle Pantin-Sohier, Pierre Valette-Florence, Noel Albert. 2014. "From Endorsement To Celebrity Co-Branding: Personality Transfer." *Journal Of Brand Management* 21 (4): 273-285. Doi:10.1057/Bm.2014.7.

Awasthi, Ashwini K. Ve Sapna Choraria. 2015. "Effectiveness Of Celebrity Endorsement Advertisements: The Role Of Customer Imitation Behaviour." *Journal Of Creative Communications* 10 (2): 215-34. Doi: 10.1177/0973258615597412.

Batra, R., Lehmann, D. R., & Singh, D. John G. Myers, And David A. Aaker (1995), Advertising Management. Prentice Hall, New Jersey.

Belch, G.E.; Belch, M..A. (2004). Advertising And Promotion An Integrated Marketing Communications Perspective. New York: Mcgraw Hill.

Chang, K.T.T.; Chen, W.; Tan, B.C.Y. (2012). Advertising Effectiveness İn Social Networking Sites: Social Ties, Expertise, And Product Type. IEEE Transactions On Engineering Management 59(4), 634-43.

Çelik, S. (2014). Sosyal Medyanın Pazarlama İletişimine Etkileri. Erciyes İletişim Dergisi. 3(3), 28-42.

Dao, W.V.T.; Le, A.N.H.; Cheng, J.M.S.; Chen, D.C. (2014). Social Media Advertising Value. The Case Of Transitional Economies İn Southeast Asia. International Journal Of Advertising 33(2), 271-294.

Egan, John (2007). Marketing Communications. London: Thomson

Elden, M. (2013). *Reklam ve Reklamcılık*. İstanbul: Say Yayınları.

Evans, Nathaniel J., Joe Phua, Jay Lim Ve Hyoyeun Jun. 2017. "Disclosing Instagram Influencer Advertising: The Effects Of Disclosure Language On Advertising Recognition, Attitudes, And Behavioral Intent." *Journal Of Interactive Advertising* 17 (2): 138-149. Doi: 10.1080/15252019.2017.1366885.

Goodrich, K. (2011). Anarchy of effects? Exploring Attention To Online Advertising And Multiple Outcomes. *Psychology & Marketing*, 28(4), 417-440.

Heuvel, D.V. (2012). The Hierarchy Of Effects.Retrieved From: www.marketingsavant.com/.../hierarchy_of_effects_briefingpaper.p...Erişim Tarihi, 30 Eylül 2012.

Jin, Seung-A Annie Ve Joe Phua. 2014. "Following Celebrities' Tweets About Brands: The Impact Of Twitter-Based Electronic Word-Of-Mouth On Consumers' Source Credibility Perception, Buying Intention, And Social Identification With Celebrities." *Journal Of Advertising* 43 (2): 181-195. Doi: 10.1080/00913367.2013.827606.

Kaikati, Jack G. 1987. "Celebrity Advertising: A Review And Synthesis." *International Journal Of Advertising* 6 (2): 93-105.

Kaplan, A.M., Haenlein, M. (2010). Users Of The World, Unite! The Challenges And Opportunities Of Social Media. Business Horizons 53, No. 1: 59_68.

Kotler P. & Armstrong G. (2006). Principles of marketing, (11th Ed.) Upper Saddle River: New Jersey: Prentice-Hall.

Mangold, W.G., Faulds, D.J. (2009). "Social Media: The New Hybrid Element Of The Promotion Mix", Kelley School Of Business, Indiana University, Business Horizons 52, 357—365.

Lavidge, Robert J. Ve Steiner , Gary A. (1961). A Model For Predictive Measurements Of Advertising Effectiveness. Journal Of Marketing , 25(6), (Oct., 1961), 59-62.

Malik, Garima Ve Abhinav Guptha. 2014. "Impact Of Celebrity Endorsements And Brand Mascots On Consumer Buying Behavior." *Journal Of Global Marketing* 27 (2): 128-143. Doi:10.1080/08911762.2013.864374.

Meyers-Levy, J. & Maheswaran, D. (1991). Exploring differences in males" and females" processing strategy. Journal of Consumer Research, 18 (June), 63-70.

Muntinga, D.G.; Moorman, M.; Smit, E.G. (2011). Introducting Cobras: Exploring Motivations For Brand-Related Social Media Use. International Journal Of Advertising 30(1), 13-46.

Okazaki, S., Taylor, C. (2013). Social Media And İnternational Advertising: Theoretical Challenges And Future Directions. International Marketing Review 30, No. 1: 56-71.

Özbay, G. (2013). Sanal Ortamda Paylaşılan Tüketici Yorumlarının Algılanması ve Satın Almada Bilgi Kullanımına Etkisi - Otel İşletmelerinde Bir İnceleme, Sakarya Üniversitesi Sosyal Bilimler Enstitüsü, Doktora Tezi, Sakarya.

Özdemir, S.S.; Özdemir, M.; Polat, E; Aksoy, R. (2014). Sosyal Medya Kavramı Ve Sosyal Ağ Sitelerinde Yer Alan Onlıne Reklam Uygulamalarının İncelenmesi. Electronic Journal Of Vocational Colleges, Aralık 2014, 58-64.

Park, H.; Rodgers, S.; Stemmle, J. (2011). Health Organizations' Use Of Facebook For Health Advertising And Promotion. Journal Of Interactive Advertising, 12, No. 1: 62_77.

Pelsmacker, P.D., Geuens, M., Bergh, J.V. (2001). Marketing Communications. Essex: Pearson.

Pickton, D., Broderıck, A. (2001). Integrated Marketing Communications. Essex: Pearson.

Rehman, Fazar, Farwida Javed, Tariq Nawaz, Ishfaq Ahmed, Shabir Hyder (2014). Some Insights İn The Historical Prospective Of Hierarchy Of Effects Model:A Short Review. Information Management And Business Review. December, 2014, 6(6), 301-308.

Rogers, E. M. (1962). *Diffusion of innovations* (1st ed.). New York: Free Press.

Rogers, E. M. (2003). *Diffusion of innovations* (5th ed.). New York: Free Press.

Sabuncuoğulu, A. Gülay, G. (2014). Sosyal Medyadaki Yeni Kanaat Önderlerinin Birer Reklam Aracı Olarak Kullanımı: Twitter Fenomenleri Üzerine Bir Araştırma. İletişim Kuram ve Araştırma Dergisi - Sayı 38 / Bahar 2014.

Şener, G. (2016). Reklam Bilgi İşleme Stratejilerinde Cinsiyet Farklılıkları: Seçicilik Hipotezi Çerçevesinde Rasyonel/Duygusal Reklam Tepkisine Yönelik Deneysel Bir Çalışma. Karadeniz Teknik Üniversitesi İletişim Fakültesi Dergisi. Ocak (2016), 3(11), 51-73.

Taylor, D.G.; Lewin, J.E; Strutton, D. (2011). Friends, Fans, And Followers: Do Ads Work On Social Networks? How Gender And Age Shape Receptivity. Journal Of Advertising Research 51(1). 258-75.

We Are Social (2020). Dijital 2020 Global Dijital Overview. https://wearesocial.com/digital-2020 (Erişim Tarihi: 21.11.2020).

Zeng, F.; Huang, L.; Dou, W. (2009). Social Factors in User Perceptions And Responses To Advertising İn Online Social Networking Communities. Journal Of Interactive Advertising 10(1), 1-13.

Halkla İlişkiler Uzmanları Nereye Koşuyor? Sosyal Medyanın Ruhunu Yakalamak Mümkün mü?

Berrin Balay Tuncer[*]

Giriş

İnternet, temel anlamda yazılım ve donanımın bir birleşimi olan birtakım yönlendiriciler tarafından bağlamış sanal bir ağ kümesidir. Dünyadaki tüm iletişim süreçlerini etkileyen küresel bir role sahip olan internet, bilgisayar aracılığıyla kurulan iletişimin belkemiğidir. Bilgisayarların birbirleriyle haberleşmesini sağlayan ağdır (Çakır, 2015, s.39; Castells, 2013, s.463). İnternetin günümüzde bir "demokratikleşme" aracı olduğu iddiaları da literatürde yer almaktadır (Briggs ve Burke, 2004, s.11; Timisi, 1999). Öte yandan, bu yeni teknolojilerin, daha etkili bir denetim, gözetim ve toplumsal hareket biçimlerini yaratmaya hizmet ettiği yönündeki görüşler de kabul görmektedir. Hatta baskıcı bir egemenlikte, bilişim teknolojileri tarafından yaratıldığı iddia edilen özgürlükler bile güçlü bir denetleme aracına dönüştürülebilmektedir (Marcuse, 2010, 14, s.24). Çakır (2015, s.51) da, interneti etkileşim, ifade özgürlüğü, paylaşım, bilgiye kolay erişim, gibi özelliklerin yanında; denetim ve gözetimi de kolaylaştıran küresel bir ağ olarak tanımlamaktadır. Bu ağlar o denli genişlemiştir ki internete anında erişim olanaklarıyla beraber medyada dönüşüme uğramış, daha etkileşimli bir yapı olan 'dijital medya' kavramı doğmuştur.

---

[*] Dr., Ortadoğu Teknik Üniversitesi Görsel İşitsel Sistemler Araştırma ve Uygulama Merkezi, bbalay@metu.edu.tr, ORCİD ID:0000-0003-3249-188X

Dijital medyanın taşıyıcısı ise bilgisayarları birbirine bağlayan ağlar arası geçişi mümkün kılan World Wide Web (WWW) isimli yazılımlardır (Wayne, 2006, s.58). Mikroişlemcilerin bulunmasından sonra, yazılımlar da hızla katlanarak artmıştır. Yazılımlar teknolojinin 'yaratıcı yönünü' temsil etmektedir. İletişim sisteminin fiziksel bileşenleri için kullanılan 'hardware' (donanım) sözcüğünün karşıtı olan 'software'(yazılım) artık çok daha yeni anlamlar kazanmaya başlamıştır (Briggs ve Burke, 2004, s.308).

İnternet eski ya da geleneksel medyanın tüm olanaklarını içermekle birlikte; metin, görüntü, grafik, animasyon, ses, effekt video, gerçek zamanlı yayın(canlı yayın), etkileşimli, isteğe bağlı erişim, kullanıcı kontrolü dahil çok geniş iletişim olanaklarına sahiptir.

Dijitalleşme, iletişim alanında köklü değişikliklere yol açmıştır: İletişim kitleselliğini artırmış, maliyeti ucuzlatmış, çevrimiçi olanakları genişletmiş ve etkileşimi sağlamıştır. "İletişimin dijitalleşmesi, ürünler ve süreçlerin aynı küresel/yerel ağ içinde bir içerik ve medya ifadeleri çeşitliliğini destekleyen farklı platformlarda geliştirildiği, teknolojik olarak bütünleşmiş bir medya sisteminin yayılmasını da teşvik etmiştir" (Castells, 2016, s.109).

Bu dönüşüm sadece meslekleri değil, iletişim araçlarını izler kitlenin medyayla etkileşimini yeniden yaratmıştır. Dijital medyanın ortaya çıkışı halkla ilişkiler mesleği ve uygulamalarında çok önemli değişimleri beraberinde getirmiştir. Dijital teknolojiler, halkla ilişkilerin uygulama alanında yeni kapılar açarken özellikle ihmal edilen aşaması izleme, değerlendirme ölçümleme alanında en büyük katkıyı yapmıştır. Dijital teknolojilerinin halkla ilişkiler alanına girmesiyle "dijital halkla ilişkiler" kavramı kullanılmaya başladı. Dijital halkla ilişkiler; (Huang vd. 2017) "örgüt ve kamuları arasındaki iletişimin internet uygulamaları aracılığı ile yönetimi" olarak tanımlamıştır (akt. Nergiz ve Maden, 2020, s.227). Yeni halkla ilişkiler, çevrimiçi halkla ilişkiler, dijital halkla ilişkiler, elektronik halkla ilişkiler, halkla ilişkiler 2.0 gibi kavramlar da birlikte kullanılmaktadır. Bu yeni medya halkla ilişkilerin geleneksel araçlarının tamamen devre dışı bırakmadı. Ancak öyle geniş, farklı, şeffaf, renkli, canlı, hızlı, zamansız yeni mecralar açtı. Dijital dönemle birlikte halkla ilişkiler mesleği, eğitimi, rolleri değişip dönüşmek zorunda kaldı. Bu çalışma halkla ilişkiler uzmanlarının yeni medya/sosyal ağların kullanımı düzeni kuralları ve araçları açısından değişimi dönüşümü ele alınacaktır.

Sosyal Medya

Sosyal medya, "kullanıcılara enformasyon, düşünce, ilgi ve bilgi paylaşım imkânı tanıyarak karşılıklı etkileşim yaratan çevrimiçi araçlar ve web siteleri için ortak kullanılan bir terimdir" (Sayımer, 2008, s.123). Sosyal medya, insanların düşünce, görüş ve ilişkilerini internet üzerinden paylaştıkları kişilerarası ve kitle iletişimin bir bileşeni sunan bir dijital bir platformdur (Van Dijk, 2018, s.251). Sosyal medya, adında medya olmasına rağmen geleneksel medyadan birçok açıdan farklılık göstermektedir. Özgünlüğünü yaratan en önemli farklılığı, herhangi bir bireyin sosyal medyanın içeriğini yaratabilmesi, yorumda bulunabilmesi ve katkı sağlayabilmesidir. Sosyal medya metin, ses, video, resim paylaşımına olanak sağlamakta (Scott, 2010, s.38), bu özelliği ile de kullanıcılara geniş bir kullanım olanağı sunmaktadır. Artık bireyler sadece izleyici veya okuyucu değil doğrudan bilgiyi oluşturan, yayan aktörlere dönüşmüşlerdir. Sosyal medya araçlarını kullanarak insanlar, düşüncelerini, fikirlerini, deneyimlerini küresel çapta paylaşma imkânı bulmaktadırlar (Solis ve Breakenridge 2009, s.xvii). Osimo (2008, s.19), Sosyal medyanın pek çok alt medyumu kapsar: 'Blog', 'Mikroblog', 'Forum', 'Sosyal ağ', 'Podcast', 'Wiki', 'Sanal alem' gibi. Dünyada 4 milyardan fazla insan artık her an sosyal medyayı kullanıyor. Her gün ortalama 2 milyon yeni kullanıcı katılıyor.

Sosyal medya kullanım oranları dünyada olduğu gibi Türkiye'de de hızla yükselmektedir. We Are Social ve Hootsuite'in birlikte yayınladığı Digital 2019 in Turkey rapor verilerine göre; 82,4 milyon olan Türkiye nüfusunun, 59.36 milyon internet kullanıcısı 2020 Ekim ayı 62.07 milyona ulaşmıştır. Bu sayı ülke nüfusunun nüfusun %72'sini oluşturmaktadır. Nüfusun %63'ünü oluşturan 52 milyon aktif sosyal medya kullanıcısı bulunmaktadır. Bu kişiler günde ortalama 7 saatini internette geçirirken, bu sürenin ortalama 2 saat 46 dakikasını sosyal medyada geçirmektedirler. En aktif sosyal medya platformlarının kullanım oranları ise sırasıyla YouTube %92, Instagram %84, WhatsApp %83, Facebook %82 ve Twitter %58'dir (Digital in 2019). Sadece Türkiye değil, Dünya da sosyal medyada fazla zaman geçiriyor, tipik bir kullanıcı artık uyanık hayatının yaklaşık yüzde 15'ini sosyal platformları kullanıyor ya da sörf yapıyor. Coronavirus salgınıyla özellikle kitlesel kapanma dönemlerinde bilgiye ulaşma ve zaman geçirme oranı Sosyal medyayı benimseme, kullanma oranı son 12 ayda yüzde 12'den fazla arttı. Türkiye'de internet penetrasyonu Ocak 2020'de % 74 olarak gerçekleşti. Türkiye'de Ocak 2020'de 54.00 milyon sosyal medya kullanıcısı vardı. Bu oran Nisan 2019 ile Ocak 2020 arasında sayısı 2,2 milyon arttı (+4.2%) cihazları bağlı geçirdiğimiz zaman artmaya devam ediyor. Instagram güçlü büyümenin tadını çıkarıyor. Türkiye'de Ocak 2020'de 77,39 milyon mobil bağlantıya sahiptir. Bu oran Ocak 2019 ile Ocak 2020 arasında (+ 3.4%) arttı. Ocak 2020'de Türkiye'deki mobil bağlantı sayısı toplam nüfusun % 92'sine eşitti (Digital in 2020). Sohbet ve sosyal medya uygulamalarının oranı %92. Özellikle covid-19 dönemi ayakta kalmanın, dayanışma ağında olanın ve iletişimin güçlü olmasını, sosyal ağları etkin şekilde kullanmayı gerektiren bir dönem oldu. Bu nedenle dijital vatandaşlık, dijital erişim, dijital sahiplik ve dijital ayrımcılık bu dönemin en çok tartışılan kavramlarıdır.

Sosyal Medya ve Halkla İlişkiler

Geleneksel halkla ilişkiler hedef kitleden sınırlı geri bildirim alınmasına olanak tanıyan bir kaynaktan geniş bir kitleye yönelik gerçekleşen bir iletişim modeli kullanır. Grunig ve Hunt'ın (1984, s.6) dört halkla ilişkiler modeline göre; internetteki iletişim ortamı, sosyal medya olanaklarına kadar çift yönlü dengesiz etkinin ortaya çıktığı iki yönlü asimetrik iletişim modelinin geçerli olduğu bir ortamdır. Sosyal medyanın katılım, açıklık, konuşma gibi kullanıcılara sağladığı yer ve zaman kısıtlaması olmayan olanakları kuruluşlarla hedef grupları arasındaki iletişimi, çift yönlü dengeli etkinin elde edildiği iki yönlü simetrik iletişim ortamı haline getirmiştir. İnternette zaman ve mekân gözetmeksizin kendiliğinden oluşan ağlar, halkla ilişkilerin kamuoyu oluşturma, güven, onay ve saygınlık elde etme rollerinin etkin ve ölçülebilir olarak uygulanabildiği iletişim kanalları haline gelmiştir. Bu durum aynı zamanda mesaj ve hedef kitlelerin kontrolünü yitirme dağıtık bir şekilde yayılan farklı hedef kitlelere farklı mesajlarla ulaşmayı da engellemektedir. Mesajı silseniz bile kontrolü kaçırdığınız için tüm izleri silme şansınız bulunmamaktadır. Son yıllarda unutulma hakkı tartışılmaya başlamış, iz silen yazılımlar üzerinde çalışılmaktadır. Etik ve hukuk tartışmaları ve yasal düzenlemeler devam etmektedir. Dijital şiddet, dijital zorbalık kavramları da hayatımıza girmiştir. Sosyal medyada her an karşılaşabileceğimiz dozu sürekli artan neredeyse dijital şiddetin "normal" olduğu bir iletişim biçimi haline gelmiştir. İtibar ve kriz yönetimi hem kurumlar için hem de kişiler farklı bir mücadele alanı oluşmuştur.

Sosyal medya taşıdığı özelliklerle bir salıncak gibi demokrasiden gözetlenmeye, denetlenmeye baskılanmaya, şiddete kadar giden bir iletişim trafiğine sahiptir. Merkezi olmayışı, dağıtıklık akışkanlık süreklilik, değişkenlik çeşitlilik tek bir otoriteye bağlı olmama interaktiflik kitle kültürü ve popüler kültüre yaslanma yalana yatkınlık, trolle kültürü, sahte (fake) hesaplarla gerçek ile gerçek olmayanı karıştırmak gibi belirsizlik nitelikler taşımaktadır.

Gönderilen iletinin nereye kime hangi gruplara hangi kurumlara gideceğini de sonuçlarını da kestirmek mümkün değil. Teknolojinin her geçen gün gelişmesiyle çeşitli yazılımlarla sosyal medyanın kaynağını da iletinin nereye gittiği, nasıl olduğu, kullanıcı profilleri, kaç tık aldığı gibi bilgiler google analytical gibi programlarla tespiti mümkün olmuştur. Ancak birçok kurum bu bilgi birikimine sahip olmadığı için bu yeni bir bütçenin yaratılması demektir.

Sahip olunan medya olarak adlandırılan nerdeyse Türkiye'de her kurumun sahip olduğu web sitesi, facebook, twitter, instagram hesapları youtube kanallarıyla oldukça görünür hale gelmeleri mümkündür. Geleneksel medyanın televizyon yayınlarında yer almak, basında haber olmak sayfa sayıları, eşik bekçiliğini üstlenen editörler nedeniyle oldukça zorken, sahip olunan medyada iyi bir medya planlaması ve içerik üretimiyle uçsuz bucaksız bu alanda etkin olmak oldukça mümkün olabilmektedir. Artık birçok görsel-işitsel medya, kurumların sahip olduğu sosyal medya haberlerini takip edip haber yapmakta birçok konu bu sayede gündeme gelmekte, görünürlük kazanmaktadır. Sosyal medyanın gündem belirleme rolü her geçen gün daha güçlenmektedir (Balay-Tuncer, 2020, s.179). Yankı etkisi olarak tanımlanan rol, kelebek etkisi gibi büyümektedir. Bu döngü içinde haber yeniden sosyal medyada yer almakta, paylaşılmakta, çoğalmakta, abartılmakta, katılım oranlarıyla tekrar dolaşıma girmektedir. Tüketicinin üretici/yayıncı olduğu bu medyada televizyon kuruluşları özellikle "yurttaş gazeteciliği" adı altında vatandaşlardan gelen birçok habere (ihbarı) haber bültenlerinde yer vermektedirler.

7. medya olarak tanımlanan tabletler cep telefonları gibi mobil araçlar aynı zamanda her an iletişim kurulması olanağı sun-

maktadır. Mobil araçlar özellikle pazarlama ve reklamcılık halkla ilişkiler ve ticaret alanlarında ciddi açılımlar yaratmaktadır (Akyazı ve Yavuz 2012, s.153, 165).

İnternette birlikte geleneksel halkla ilişkiler araçları ve doğal olarak uygulayıcıları da evrim geçirmek zorunda kaldı. Geleneksel halkla ilişkiler araçları olarak tanımladığımız, yazılı ve görsel medya yerel, bölgesel ve ulusal yayın yapan oldukça çok sayıda kanala sahip oldu. Ancak nerdeyse tektip yayınlar nedeniyle televizyon kanallarını seyircisini internet tvlerine, youtube, netflix, blu tv gibi platformlara kaptırdı. Basın bültenleri kurumsal dergiler, broşürler, flyerlerin yerlerini web siteleri, dijital bültenler, dijital bilgi ekranları, sosyal medya olarak tanımladığımız, twitler, facebook, instagram aldı. 360 derece filmler, sanal turlar yapılıyor. Google adwords, pop uplar, anketler internetten üzerinden yapılıyor. Ölçümleme sistemleri değişti göz izleme, sanal ve artırılmış gerçeklikler devreye girdi. 360 derece kampanyalar düzenleniyor.

Sosyal medya uygulamaları diyaloga yatkın yapılarıyla, özellikle tanıtma işlevi açısından halkla ilişkiler uygulamalarını geliştirici rol oynamaktadırlar. Blogların incelenmesi, araştırma, çevreyi tanıma ve konu yönetimi açısından halkla ilişkiler uzmanlarına yeni olanaklar sunmaktadır. Bu sayede, "örgütün faaliyet, mesaj ve işlemleriyle ilgili olarak kamulardan eş zamanlı olarak tepkilerin alınması mümkün olabilmektedir" (Kent 2008, s.35). Oxford dictionary (2011) sosyal medyayı; sosyal ağlar oluşturmak için kullanılan Web siteleri ve uygulamalar olarak açıklamaktadır. Sosyal medya kavramı bir şemsiye terimdir. Günümüzde kuruluşlar, halkla ilişkiler faaliyetlerinin başarısını pek çok yöntemin yanı sıra internet mesaj panolarındaki tartışmalara göre değerlendirmektedirler (Wilcox 2006, s.77). 44 Avrupa ülkesinde iletişim yönetimi ve halkla ilişkiler alanında yürütülen, araştırmada 8 Communication Monitor 2009 araştırmasına göre, önümüzdeki dönemde sosyal medya uygulamaları halkla ilişkiler uzmanları açısından 1. Yenilik ve samimiyeti gösterir. 2. kamulara yönelik özel tanıtım faaliyeti gerçekleştirir. 3. Düşünceleri ortaya çıkarır. Sosyal medyayı takiple insanların, bir kişi, ürün veya kurumla ilgili ne düşündüğü anlaşılabilmektedir. 4. Kamularla diyalog yaratır. 5. Yeni ilişkiler ortaya çıkarır. Sektör, kurum veya ürünle ilgili blog yazarı, moderatör gibi yeni kamuoyu önderleriyle ilişkiler oluşturmaları bakımından önem taşımaktadır (Zerfass ve ark. 2009, s.60). Communication Monitor 2020' araştırmasının sonuçlarına göre, dijital iletişim kanalları(sosyal medyada) etik, cinsiyet eşitliği, siber güvenlik, yetkinlik boşluğu (beceri eksikliği) sorunları tespit edilmiştir. 2000 yılında olumlu gelişmeler yaratacağı varsayılan araştırmada, geçen on yıl içinde sosyal medyanın yarattığı sorunlar tespit edilmiştir.

Sosyal medyanın araçlarıyla, kişisel, samimi dilleri ve sürekli paylaşımları sayesinde canlı dinamik bir ilişki kurdukları kamularla duygusal bağ kurmaya yönelik işlev görmektedirler. Duygusal bağlar kişiye veya kuruma yönelik kurumsal kimliği güçlendirmektedir. Bu yönüyle de halkla ilişkilerin amacına önemli bir katkı sağlayabilmektedir.

Sosyal medya, internet üzerindeki en etkili araç kabul edilebilir. Kontrolündeki zorluklar ilk yıllarda özellikle kamu kurumlarının bu araçlara mesafeli durmasına yol açmıştır. Bunun doğurduğu olumsuz sonuçlar görüldükçe sosyal medyaya yönelik yeni iletişim politikalarının üretilmesi gerekliliği ortaya çıkmıştır. Halkla ilişkiler uzmanları da aynı nedenle sosyal medya araçlarına karşı önce çekimser kalmışlardır. Ancak sosyal medya araçlarını da içeren internet uygulamaları, halkla ilişkilerin normatif modeli olan iki yönlü simetrik modele en yakın uygulamaya olarak tanımlanabilir. Hem örgütün hem de kamuların birbirlerine karşılıklı yarar odaklı olarak uyarlandıkları bu model, ikna etmeyi değil anlamayı hedeflemekte, hem örgütü hem de kamuyu değiştirmeye yönelmektedir (Grunig ve

Grunig 2005, s.312). Bu nedenle halkla ilişkiler kavramsallaştırmasında yeni bir dönemi, evrimi, farklılaşmaya işaret eder. Ancak bu modelin son derece sınırlı bir uygulama alanı bulduğu da bir gerçektir. Sınırlı bir denetime sahip olma durumu hem kamu yöneticilerini hem de halkla ilişkiler uzmanlarını kaygılandırmaktadır. Bu çerçeve halkla ilişkiler uzmanlarının rolü ileti oluşturmadan, gözetim, denetleme, yorumları okuma, olumsuz yorumları silmeye kadar varan geniş bir perspektifte mesleki ve etik ilkeleri zorlayan yapılanmaya düşmüştür.

Halkla ilişkiler uzmanları sosyal medyanın doğasını anlayarak, kurumlarını bu sistem içinde var edebilmek için çeşitli araçlar kullanmak zorundadırlar. Kurumlarının iletişim stratejilerini belirlerken sosyal medyaya yönelik de etkinlikler planlamalıdırlar.

Sosyal Medya ve Halkla İlişkiler Uzmanları

İnternet, kurumların paydaşlarına daha hızlı ve daha kolay erişebilecekleri bir iletişim ortamı sunmaktadır. İletişim teknolojilerindeki gelişmeler kişilerin iletişim biçimlerini ve kurumların iletişim yöntemlerini de değiştirmektedir. Kurumların iletişim stratejileri ile iletişim araç ve yöntemlerinde ve medya planlamalarında değişikliklere yol açmaktadır. Filiz Balta Peltekoğlu ve Arın Saydam'ın (2008) "Sektörün Penceresinden Halkla İlişkiler" adlı çalışmalarında Türkiye'de Halkla İlişkiler sektör temsilcilerinin mesleğin geleceğine ilişkin tespitlerini şöyle sıralamaktadır: Halkla İlişkiler uzmanlarının dijital iletişimin birebir içinde olması gerektiği (s.71), iletişim yöntemlerinin değişmekte olduğu (s.106) iletişim teknolojisindeki her değişikliğin halkla ilişkiler alanını etkileyeceği (s.173) ve internetin yaygın bir halkla ilişkiler kanalı olacağı (s.138), klasik medyanın ise vazgeçilebilir olacağı hatta terk edilmeye başlandığı (s.153) Dijital dönüşüm çok hızlı ve yeni araçların yanı sıra bu medyanın kullanım oranları da değişmektedir. Sektör temsilcilerinin tespitlerinin büyük çoğunluğu hayatımıza girmiştir. Ancak geleneksel araçlar terk edilmemiş hedef kitlenin özelliklerine göre dijital ve geleneksel araçlar karma kullanılmaktadır.

Kurumların/örgütlerin iletişim araç ve yöntemleri, iletişim tercihlerine uygun olarak yeniden biçimlenmektedir. Geleneksel yöntemler, kurum dergileri, ilan panoları, basılı bültenler, yüz yüze toplantılar vb. olarak varlıklarını sürdürürken, dijital ortamdaki hedef kitle için bloglar, dijital bültenler, Instagram, facebook, twitter, youtube gibi sosyal medyanın araçları kullanılmaktadır.

Halkla ilişkilerin daha çok tanıtıma ve kamuoyu oluşturma faaliyetlerine odaklanması nedeniyle kurum içi halkla ilişkiler duyurulardan ibaretken, teknolojik gelişmeler sayesinde yeni iletişim biçimlerine olanak tanıyan uygulamalar kullanılmaktadır. Skype, WhatsApp, kurum içi fromlar, tartışma için iletişim grupları oluşturulabilmekte, söz konusu uygulamalar sayesinde kurum içinde görsel, işitsel, sözlü ve yazılı iletişim etkili, etkileşimli ve daha pratik biçimde gerçekleştirilebilmektedir.

Sosyal medya platformlarının iletişim amaçlı kullanımı kurumlar için oldukça önemli hale gelmektedir. Anlık ileti ve mesajlaşma olanağıyla geniş kitlelere anında iletişim fırsatı sunan Facebook, Twitter, Instagram günümüzde kurumlar tarafından yoğun biçimde tercih edilmektedir. Resmi kurumsal hesaplarla hedef kitle ile etkileşim kurmak mümkün olmaktadır. Kurumsal olarak tüm sosyal medya hem kurum içi iletişim hem de kurum dışı iletişim amacıyla kullanılmaktadır. Özellikle twitter siyaset bilimi, gazeteciler ve devletin resmi açıklamaları, diplomasi kurumsal açıklamalarda bu medyumu kullanmaktadır.

Halkla ilişkiler uzmanları sosyal medyanın işbirliği, ortak hareket etme, paylaşım harekete geçirme, etkinlik oluşturma, hatırlatma, ilgi uyandırma gibi özelliklerini iyi kullanabildiğinde özellikle etkinlikleri, organizasyonların paylaşımı, yayını ve katılım sağlayabilmek etkinliklerin ardında story, fotoğraf paylaşımlarıyla da haber tekrar dolaşıma girmektedir.

A. Halkla İlişkiler Mesleğinin Yeni Dinamikleri

"Günümüzde, çoğu insanın varsayılan günlük davranışlarından birinin en azından bir kişiselleştirilmiş medya türüne bağlanmak olduğu, tarihte ilk defa söylenebilmektedir" (Chatfield, 2013, s.38). İnternet üzerinde daha fazla medya ürünü dağıtılıp tüketildikçe, sosyal ağlar ya da diğer ortamlarda kullanıcıların ürettiği içeriklerle iç içe geçtikçe, kullanıcı davranışına göre yapılan reklamlar da odak noktası haline gelmektedir (Castells, 2016, s.134). Kişiselleştirilmiş reklam mesajlarının taşıdığı anlam, hedefteki kişinin reklamı yapılan ürünleri satın alıp almamasının çok ötesindedir. Reklamlar ve indirimler, kişinin statüsünün göstergeleri haline gelmektedir (Turow, 2015, s.19). Toplu üretim ve toplu ticaret günümüzde bireysel hale gelmiştir. Tüketicinin satın alma davranışlarına göre düzenlenmiş, hedeflenmiş ve bireyselleştirilmiş teknikler kullanılmaktadır (Lyon, 2006, s.87). Kişiselleştirmenin asıl amacı, kullanıcıların dikkatini çekmek ve onların satın alma davranışına olabildiğince hızla harekete geçirmektir. Sürekli alışveriş sepetinizi hatırlatan mesajlar gelmektedir. Algoritmalar sayesinde size tanıyor olabileceğiniz kişilerden, satın alacağınız ürünlere, katılacağınız etkinliklere kadar bir sürü veri "ilişkisel izleme" ile iletilmektedir. Reklamları gizlemeniz bile yanıtlayacağınız ankete paralel işlemektedir. Veri madenciliği, olarak tanımlanan yeni bir iş alanı oluşmuştur.

Zygmunt Bauman'a (2016, s.26) göre zamansal/ mekansal mesafelerin ortadan kalkmasıyla beraber, insanlık durumu homojenleşmemiş aksine kutuplaşmıştır. Bauman'ın vurguladığı kutuplaşma ve kimlik meselesi insanların bireysel kimlikleri konusunda daha keskin bir bakış açısına sahip olmalarına neden olmaktadır. "Kimlik edinme, küreselleşme ve bireyselleşmenin birlikte yarattıkları baskı ve gerilimlerin yan etkisi ve yan ürünüdür" (Bauman, 2005, s.189). Bireysel kimlik kazanma ihtiyacı, tüketim ve yaşam tarzı kalıplarını şekillendirmede rol oynamaktadır (Harvey, 2006, s.145). Bu noktada kişiselleştirmenin reklam açısından da kritik bir önem taşıdığı görülmektedir: Kişiselleştirilmiş reklamlar bireye öznellik atfetmektedir. "Rasyonelleştirme ve sınıflandırma arzusu ise, kitlelerin bireyselleştirilmesi ve buna uygun sahiplenici bireycilik kültürü ile beraber, modernitenin temelini oluşturmaktadır" (Lyon, 2013, s.13).

Bauman (2005, s.178)'a göre "bireyselleşme insan 'kimliğinin bir 'veri'den bir 'görev'e dönüştürülmesinden ve aktörlere bu görevi yerine getirmenin ve bunun yaratacağı sonuçların sorumluluğunun yüklenmesinden ibarettir". Bireyselleşme giderek kimlik meselesine entegre biçimde 'kişisellik' kavramı ile karşılanmaya başlamıştır. İnternet üzerinde daha fazla medya ürünü dağıtılıp tüketildikçe, sosyal ağlar ya da diğer ortamlarda kullanıcıların ürettiği içeriklerle iç içe geçtikçe, kullanıcı davranışına göre yapılan reklamlar da odak noktası haline gelmektedir. Kişiselleştirilmiş içerikler, web sitelerini ziyaret edenleri ya da mobil ortamları kullanan kişileri bu platformlarda daha uzun kalmaya ikna etmenin yanı sıra reklamlarla etkileşim kurma olasılıklarını yükseltmek, reklamın içerdiği ticari mesajı da pekiştirmektedir (Turow, 2015, s.274). Oscar Gandy Jr.'a göre şirketler, kişisel bilgileri kullanıcıların özelliklerine göre sınıflandırarak ürünlerini bu sınıflandırmaya göre pazarlama yoluna gitmektedir (akt. Arslantaş ve Toktaş vd., 2012, s.56). Dijital profilleme ve kişiselleştirme, sosyal ayrımları ve gizlilik ile ilgili sorunları yansıtan yeni bir dil yaratmakta, pazarlamacılar ya da reklam verenler kullanıcı profillerini çıkarırken insanları hedef ve çöp olarak sınıflandırmaktadır. (Turow, 2015, s.21). Çeşitli arama motorlarıyla yapılan aramalarda farklı sonuçların elde edilmesi de bu durumla ilintilidir. Profilleme sonucunda çıkan verilere göre de düşük gelirli kişilere farklı, geliri yüksek kişilere farklı reklamlar gösterilebilmektedir. Bu sınıflandırma ise çoğunlukla çerezler (cookies) aracılığı ile gerçekleştirilmektedir. Temelde kullanıcıların web sayfası ziyaretlerini hızlandırmak amacıyla kullanılan çerezler bu işlevinin dışında kullanıcı profili oluşturmak, belirli kullanıcıların ilgileri ve zevklerine göre reklam içeriği oluşturmak, kullanıcı tarafından incelenen son reklamlar hakkında bilgi sahibi olmak için de kullanılmaktadır (Özdilek, 2002, s.199).

Çerezler, web sitelerinin kullanıcının daha önce siteye girip girmediğini öğrenmek için site her ziyaret edildiğinde diski okurlar. Tüketiciye sağladığını iddia ettikleri avantaj, bireysel ihtiyaçlara göre düzenlenmiş tüketici reklamlarının sadece doğru olan hedeflere yöneltilmesidir (Lyon, 2006, s.208). Tüm bu yöntemlerin kullanılması (ister kullanıcı profili çıkarmak olsun ister ticari bir mesajı pekiştirmek ya da buna benzer yöntemler) demografik bilgiler temelde olmak üzere, edinilen tüm bilgilerin şirketlerin yararına kullanılacağı gerçeğidir. Şirketlerin özellikler kuşaklar arasındaki farkları tespit ederek, bu farklara göre kişiselleştirilmiş reklam sunması, kuşakların zevk ve tercihlerinin belirlenerek tüm tüketim alışkanlıklarının haritalarının çıkarılması kuşak kavramının da açıklanmasını gerekli kılmaktadır.

Artık herkesin dijital vatandaş olduğu günümüzde yeni medya evrimini ya da devrimi yaşamak çok önemli teoriden çok artık pratik uygulama ön plana çıkmıştır. Görünürlük iletinin (postun) kaç beğeni (like) aldığı ya da beğenilmediği (dislike) hızlıca paylaşılması ve yorumlanması üzerine kurulan bir dinamik üzerinde hareket edilmektedir.

Internet hizmetleri ile birlikte hiyerarşi, merkezileşme, resmileşme ve uzmanlaşma azalmaya başlamıştır. Kurumlar daha yatay yapıya kavuşurken, bürokasinin standartları bile değişime uğrayarak, kişisel özel hizmet sunumları başlamıştır. Bilgisayarlaşma birlikte özgürlük sınırları belirlenmiştir. Bir yandan internet hizmetleri bürokrasiyi azaltırken diğer yandan Zuurmond (1994) "infokrasi" olarak tanımlanan "merkezsizleşen bir çerçevede merkezileşmeyi" de yaratmaktadır. Yönetimin geleneksel görevlerinin büyük bölümü enformasyon sistemi ile birleşmektir (Van Dijk, 2018, s.167-168).

Sosyal medyanın ağırlık iletişim aracı olarak kullanımı halkla ilişkilerin, araştırma, planlama, uygulama ve değerlendirme ilkelerinin ötesinde günlük, hızlı, iknadan çok propaganda, reklam ağırlıklı çalışmalara dönüşmesinde neden olmuştur.

B. Halkla İlişkiler Eğitimin Dönüştürülmesi

Mesleğin sosyal medyayla birlikte çok boyutlu bir perspektif genişlemesine ve buradan doğan ihtiyaçla halkla ilişkiler uzmanlarının yaptığı işin daha çok uzmanlık gerektirmektedir. Özellikle sahip oldukları teknik donanım beceri sonucunda halkla ilişkiler uzmanlarının yerine grafik tasarım, medya tasarımı, iletişim tasarımı, bilgisayar teknolojileri eğitimi alanlar video üretimi yapanlar, fotoğraf çekip görsel materyal yaratanlar almaya başlamıştır. Sosyal medyanın özellikle video, fotoğraf gibi görsel ağırlıklı instagram, facebook, youtube mecralarının çok kullanılması nedeniyle görsel materyallerin üretilmesi son derece önem kazanmıştır. Bu donanıma sahip olmayanlar arka plana çekilmiş yeni nesil kuşaklara ve farklı meslek gruplarına yerlerini bırakmak zorunda kalmışlardır. Bu aynı zamanda halkla ilişkilerin planlı stratejik bir amaca dönük uzun erimli yapısından uzaklaştırıp görünür olma, beğeni sayısı üzerinden ilerleyen günübirlik, haftalık ileti sayısı ve youtube kanalında izlenme oranlarının takibiyle reklam alanına daha yakın bir iletişim biçimine dönüşmüştür. Bu nedenle mesleğin eriyip yok olmaması alanını başka meslek gruplarına bırakmaması için acilen iletişim fakülteleri müfredatının değiştirilmesine ihtiyaç duyulmaktadır. Bu kapsamda eksiklikler ve öneriler aşağıda verilmiştir.

- Mezunların yeterli donanımın olmaması, bu nedenle iş başında öğretim ağırlık kazanıyor.
- Dijital uygulamaları bilinmiyor.
- Teknoloji ile birlikte etik bakış açısına sahip olmamak.
- Yapay Zeka, veri madenciliği, nesnelerin interneti konusunun farkında olunmalı,

- Yabancı dil bilgisi eksikliği,
- Toplumsal cinsiyet bakış açısının eksikliği,
- Hak odaklı haberlerin yapılmasındaki eksiklikler teorik olarak bilse bile bunu uygulamaya çevirememek,
- Ders içeriklerinin uygulamalı hale getirilmesi.
- Gündemi takip etmemek.
- Etik değerlere sahip olamama; tüketiciyi yanlış yönlendirme, gerçeği gizleme etik sorunlar tüm faaliyetleri görülebiliyor. Bu çerçevede blog yazarlarına gazetecilere, televizyon programlarına ücret ödeyerek haberlerde yer alma problemler var.
- Türkiye'de 70 iletişim fakültesinde 14 bin kişiden fazla kontenjan var. 37 devlet üniversitesinde yaklaşık 8500 ve 33 vakıf üniversitesinde yaklaşık 5800 kontenjan bulunuyor[1]. Örgün eğitim fakültelerinin yanısıra Anadolu Üniversitesi açıköğretim fakültesi ve 2 yıllık meslek yüksekokullarında iletişim eğitimi verilmektedir. Çok sayıda fakülte ve yüksekokulların bu eğitimi vermesi talepten fazla öğrenci alan zaten niteliksiz çoğunluk, daha az nitelik isteyen başka alanlarda çalışmak zorunda kalıyor.

Dijital döneme uyum için halkla ilişkiler mesleki eğitimde müfredatın yeniden yapılanması gereği doğmaktadır. İletişim fakülteleri özellikle de halkla ilişkiler bölümleri kadın ağırlıklı öğrencilerden oluşuyor. Erkekler bu mesleğe yapmaktan biraz daha imtina ediyorlar. Halkla ilişkiler kadınsı meslekler arasında sayılabiliyor. Halkla ilişkiler kadınların alanı olması genellikle de teknolojik etkinliklerden uzak olması nedeniyle özellikle ve Dijital dönemde farklı bir evrime neden olacaktır. Richard Sennett'in " Karakter Aşınması" kitabında belirttiği gibi yeni iş yapma süreçleri üç temel kanun üzerinden tanımlanıyor. Bunlar esneme, rutin ve sürüklenmek. Bu yeni iş yapma biçimleri

---

[1] https://halagazeteciyiz.net/2020/01/16/.

özellikle teknolojinin gelişimi dijitalleşme süreçleri ve birlikte çok hızlı değişiyor. Bu yüzden de uzmanlar bir anlamda bu sürecin içinde sürükleniyorlar. Uzmanların yönettikleri işi anlayacak kadar bir potansiyele sahip olmaları, konular hakkında fikirleri olması gerekiyor. Bir başka deyişle bir reklam filminden, bir web sitesinin site ağacından, 360 derece filminin yapım sürecine kadar hizmet satın alsanız dahi bunu kontrol etmeyi bütçelendirme ve bütçeyi kontrolü aşamalarında sizin kendi hedef kitlenize bu filmlerin ulaşıp ulaşamayacağınız bilmemiz gerekiyor. Özellikle son yıllarda izleme değerlendirme çalışmaları son derece önemli örneğin göz izleme(eye tracking) çalışmaları ile yaptığımız/yaptırdığınız filminin hedefe ulaşıp ulaşmadığını veya Web sitesinin tasarımının ne kadar kullanıcı dostu olup olmadığını anlayabiliyorsunuz. Ancak bu süreç sürekli öğrenme yeni teknolojiyi takip etmeyi gerektiriyor. Bu anlamda interdisipliner bir yapı taşıyan halkla ilişkiler uzmanlarının eğitim sürecinden kopmaması hayat boyu öğrenme (hizmet içi eğitim) devam etmeleri gerekiyor. Aynı zamanda hem özel sektör hem de kamu sektöründe yönetimin bir süreci olarak Halkla ilişkilerin görev ve yetki tanımlarının yapılması gerekiyor. Öğrencilerin donanımını artırmak için iletişim fakültelerinde çift dal ya da yandal uygulamaları ile örneğin Bilgisayar Teknolojileri Eğitimi (BÖTE), Görsel İletişim Tasarımı, Grafik Tasarımı, Medya Tasarımı, Fotoğrafçılık gibi teorik yanında pratik eğitim verecek bilgisayar teknolojilerine hakim yani dijitalleşme sürecine yönetebilecek hem de görsel iletişim tasarımlarını yapıp, sosyal medyada paylaşabilecek bilgilerine sahip olması gerekiyor. Sadece Görsel İletişim Tasarımı değil aynı zaman pazarlama ve tutundurma çalışmaları için İşletme bilgisi de çok önemlidir. Bu nedenle İşletme bölümlerinden de yan dallar ya da seçmeli dersler alınıp bu konuda donanıma sahip olunabilir. Uzmanlık alanlarına uygun yüksek lisans programlarıyla yeterlilik kazanılabilir. Halkla İlişkiler artık çok daha disiplinlerarası bir yaklaşım içinde olmalı ve değişen dünyaya ayak uydurabilmelidir. Aslında çok disiplinli bir yaklaşımla baktığımızda halkla ilişkiler eğitiminin sanat ve bilim temelinde yeniden yapılandırılması gerekiyor. Bu yeniden yapılandırma öğrencileri bu becerileri kazandırırken öğretim üyelerinin de sürekli eğitimlerden geçirilerek ya da uzaktan eğitim çalışmaları ile bu becerileri edinip daha çok uygulamalı atölyeler, sergiler kampanyalar yaparak öğrenme sürecini tamamlayarak öğrencileri aktarmalı gerekiyor. Yoksa teorik yaptığınızda öğrenci göreve başladığında "Sudan Çıkmış Balık" gibi hissediyor kendini. Birçok iletişim fakültesinde sigorta koşulları nedeniyle yapılamayan stajlar bir an önce çözüme kavuşturulmalıdır. Her dönem farklı sektörde öğrencilerin staj yapması sağlanmalıdır.(bildiri 2017, s.48,65). Özellikle STK'lar yakın işbirliği sağlanması stajlar tamamlanma olanağı doğuracaktır. STK'lar sayesinde öğrenciler yerinde yaparak öğrenme deneyimi yaşayacaklar. Birlikte bir iş yapmayı ekip çalışması yapmayı öğrenecekler. Ayrıca sosyal sorumluluk kampanyaları içinde yer alma bir sivil toplum örgütünün içinde gönüllü olmak bireysel gelişmelerini ve ciddi katkılar sağlayacaktır.

Sosyal Medyanın Halkla İlişkiler Mesleğine Sağladığı Avantaj ve Dezavantajlar

Sosyal medya, halkla ilişkiler uzmanları için keşfedilmesi ve öğrenilmesi gereken yeni bir alan ortaya çıkartmaktadır. Kitle iletişim araçları ve yüzyüze iletişim faaliyetlerinin ikisine de çeşitli yönlerden benzeyen bu alan, kendine has yeni uygulamaları beraberinde getirmiştir. Sosyal medyanın ortaya çıkardığı etkileşimli alan örgütler ve kamuları arasındaki iletişimi arttıran bir yapı yaratmaktadır. Artan iletişim ortamında, örgütün toplumda kabulünü sağlama görevi yine halkla ilişkiler uzmanlarına düşmektedir. Kamu kurumları için sosyal ağlar vatandaşların düşüncelerini anlayabilmek için bir fırsat olarak değerlendirilmelidir. Sosyal ağlarda paylaşılan sorunlar, eleştiriler kamu yönetiminin uygulamalarını iyileştirmek ve geliştirmek için kullanılmalıdır. Kamu yönetiminin sosyal ağlarda yaptığı paylaşımlar, devlet-vatandaş ilişkilerindeki mesafeyi azaltabilecek, samimi, gerçeği yansıtan bir içerikte sunulmasıyla, karşılıklı kabulü ve iyi niyeti geliştirici etki yaratabilecek bir uygulama ortamı yaratmaktadır. Halkla ilişkiler uzmanları doğru ve güvenilir bilgi akışının sağlanması, kamuoyunda oluşabilecek yanlış anlaşılmaların ortadan kaldırılmasını özen göstermelidir.

Web 2.0 etkileşim temelli olduğundan sosyal ağların da yaygınlaştığı dönemdir. Şu an içinde bulunduğumuz döneme ise web 3.0 hâkim olmaya başlamıştır ve kullanıcıya özel, kişiselleştirilmiş bir dönem olarak adlandırılmaktadır.

Tüketici, müşteri ya da hedef kitle olarak tanımladığımız kitle aynı zaman da mesaj üreten ve dağıtan haline gelmektedir. Bu durum halkla ilişkiler politikasını yapan veya uygulayan halkla ilişkiler uzmanları için avantajlarının yanında çok ciddi sıkıntı oluşturmaktadır. Artık tek başınıza hedef kitleyi, mecrayı ve mesajı seçen yöneten değil, yapılan eylemi kontrol etmeye çalışan, gözetleyen gerekirse müdahale etmeye çalışan bir kişi rolüne dönüşmektedir. İçerik üreten tüketici kendi paylaşımlarıyla hizmet ya da ürün hakkında kurumsal çalışmaları, imajı bir anda altüst edebilecek güce sahip olmuştur.

İnternetin hızıyla orantılı olarak zaman ve mekândan bağımsız işleyen süreçte halkla ilişkiler uzmanının rolü "izleme" düzeyine düşebilir. Aynı zamanda mesai kavramını da altüst eden bir süreç başlamıştır. Artık uzmanlar neredeyse 7/24 sosyal medyayı takip etmekte ve yorumlara cevap vermekte hatta birçok kurum uzmanlara olumsuz yorumları silme görevi de vermiştir. Takma isimlerle olumlu yorumlar yazma gibi mesleki etikten uzak uygulamalara tanık olmaktayız.

Tüketiciler, her konuda istedikleri içerikleri, istedikleri biçimde ve zamanda üretebilir ve milyonlarca kişiye ulaştırabilir. Yorum ekleyebilir. İçeriğin doğru ya da yanlış olması tüketicileri çok fazla ilgilendirmez. Asıl büyük sorun ise bu içeriklerin kontrolünde herhangi bir denetimin söz konusu olmamasıdır. İçeriğin anında değiştirilebilmesi, silinebilmesi, içerik yönetiminin anlık olması işleri daha da zorlaştırmıştır. İşte bu noktada halkla ilişkiler uzmanlarının görevleri daha da güçleştirmektedir. Çünkü kurumu ilgilendiren her türlü zararlı içeriği saf dışı bırakmak, sildirmek ve kurumun lehine olan içeriklerin tüketicilere ulaşmasının takip edilmesi sorunu ortaya çıkmaktadır. Bu da halkla ilişkiler uzmanlarına sosyal medyanın getirdiği zaman ve iş konusunda ekstra yüktür.

Halkla ilişkiler müdürlükleri yeni yapılanmaları ile kurumsal iletişim ofisleri kurumun tek başına imajını çizen halkla ilişkiler ve tanıtım politikası uygulayan stratejik yönetim birimi olma işlevini her ne kadar yürütmeye çalışsa da kurumun tüm çalışanları kurumsal iletişimin önemli bir aktörü haline dönüşmüştür. Kurumsal iletişim mesajlarıyla ile kurum çalışanlarının sayfalarının içerik ve mesaj tutarlılığı da önem kazanmaktadır.

Halkla ilişkiler uzmanları açısından kurumun ilgilendiği hedef kitleyi tanımak ve hedef kitlenin istek, ihtiyaç ve beklentilerine de göre stratejiler geliştirmek önemlidir. Bloglar benzer ilgi alanlarına sahip kişileri bir araya getirdiği için vazgeçilmez bir araçtır. Kişisel bakımla ilgilenenler aynı tür blogları takip etmekte, moda ve stil blogları, yiyecek-içecek ya da seyahat blogları ise daha farklı hedef kitleleri içermektedir. Bu yüzden bu blogların çok iyi gözlenmesi hedef kitlenin de çözümlenmesi gerekmektedir. Halkla ilişkiler uzmanları, farklı blog kanallarında kurum ve marka hakkında çıkan yazıları okumak, yorumlara ve eleştirilere zaman zaman cevap vermek, görselleri takip etmek ve tüketiciden gelen her türlü önerilere açık olmak durumundadır. Uzmanlar, belli dönemlerde kurumla ilgili olan blog sohbetlerine girerek, tüketicinin nabzını tutmaktadır. Bu da halkla ilişkiler uzmanlarına iş yükü getirmektedir. Halkla ilişkiler uzmanının çalıştığı kurumla ilgili olabilecek blogların bulunması, listelenmesi, bu bloglardaki yazarlarla iletişime geçilmesi gibi işler, halkla ilişkiler disiplininin çalışma alanlarına girmektedir. Bu alanda halkla ilişkiler uzmanları, eğer yönetim ve bütçe uygunsa sosyal medya ajansları ile devamlı olarak koordineli çalışabilir.

Bireylerin zaman içerisinde oluşan olgularına dayanan itibar, uzun yılların sonunda kazanılmakta ama çok kısa sürede kaybedilebilmektedir (Peltekoğlu, 2007, s.589). Son dönemde sosyal medyanın kullanılarak, kurumsal ve kişisel krizlerin internet üzerinden dağıtılan bilgiler yoluyla yaşandığı görülmektedir. İnternet üzerinden yayılan bu gerçek dışı bilgilere zamanında müdahale edilmediği durumlarda, kurumun hedef kitlesi ile arasındaki güven ortamı sarsılacak duruma gelebilir. Yayılan dezenformasyonu düzeltmek oldukça zaman alıcı bir süreçtir. Ayrıca yapılan düzeltme paylaşımları kirli enformasyon kadar paylaşılıp, dağıtıma girmemektedir. Paylaşımlar çok hızla bir krize dönüşebilir. Kriz durumunda, halkla ilişkiler uzmanları mikro blog kullanıcılarının anlık tepkilerinden faydalanarak süreç hakkında fikir sahibi olabilir. Halkla ilişkilerin genellikle ihmal edilen aşaması izleme değerlendirme süreçleri sosyal medya ile oldukça hızlı geri dönütler alınmasını sağlamaktadır. Medyanın bu kadar hızlı ve dağıtık yapısı nedeniyle sorunu çözme düzeltme iyileştirme çalışmaları çok hızlıca yürütülmektedir. Ancak, "Seçici ifşa"yla kişisel verileri ve bu veri üzerindeki hakları sürekli ihlal edilmektedir. Her ne kadar kişisel verilerin korunması kanunu çerçevesinde düzenlemeler yapılsa, haberin silinmesi, durulması kararı çıkarılsa da oldukça zorlu bir süreç yaşanmaktadır. İnternette iz silme, unutulma hakkı hala ciddi sorun olarak hem kurumların hem de kişilerin karşında çıkmaktadır.

Sosyal medyanın kurumsal web sitesi ile entegre olması, halkla ilişkiler uzmanının web sayfasında, kurumla ilgili bilgileri kolayca birçok kişiye paylaşması açısından gerekli olurken, bir yandan da güncel ve doğru bilginin, görselin, videonun paylaşımı; uzmanları, işleri konusunda baskı altına alabilmektedir. Çünkü web sayfalarının güncel denetimlerinde uzmanlar, zamanla yarışmakta, hata yapmaktan korkabilmektedir. Sosyal medyanın çok sık bir biçimde kullanımı yüzünden Halkla ilişkiler uzmanları açısından kurumun ilgilendiği hedef kitleyi tanımak ve hedef kitlenin istek, ihtiyaç ve beklentilerine de göre stratejiler geliştirmek önemlidir.

Dijital çağla birlikte tanıtım malzemenin yerini artık web siteleri, facebook, instagram ve youtube kanalları almıştır. Kurumun kimliğini, hizmetlerini ve ürünlerinin tanıtımını yapacak basın dosyalarının web teknolojileri ile uyumlu olabilecek bir biçimde hazırlanması ve ilgili web bloğa aktarılması gerekmektedir. Halkla ilişkiler uzmanları web'e taşınan yeni hedef kitlenin isteklerini, beklentilerini, eğilimlerini öğrenmekte ve bu hedef kitlenin ilgisini çekebilecek basın bültenlerini hazırlamak durumunda kalmaktadır. Bu bültenlerin arama motorlarıyla da uyumlu olması şarttır. Böylece halkla ilişkiler uzmanlarının teknik olarak bilgisayar konusunda fikir yürütecek bilgi seviyesinde olması en azından bilgisayar okuryazarı olması beklenmektedir. Sosyal medyanın hayat ve görev sınırlarını muğlaklaştırması, aşırı enformasyon ve iletişimin yüklemesi, kurumların baskı altında tutması uzmanları ciddi olarak etkilemektedir (Van Dijk, 2018, s.258).

Sonuç Yerine

İnternet eski ya da geleneksel medyanın tüm olanaklarını içermekle birlikte; metin, görüntü, grafik, animasyon, ses, effekt video, gerçek zamanlı yayın, interaktiflik, isteğe bağlı erişim, kullanıcı kontrolü dahil çok geniş iletişim olanaklarına sahiptir. Bu olanaklar halkla ilişkiler uzmanları için hem avantaj hem de dezavantaja dönüşmüş durumdadır. İnternet, halkla ilişkiler adına çoğu şeyi değiştirmiştir. Kuruluşlar sadece kullanışlı olan önemli bilgileri internetten sağlarken aynı zamanda sürekli olarak hedef gruplarla iki yönlü iletişim ortam sunmaktadır (Breakenridge, 2008,s 14). İletişimi koordine eden halkla ilişkiler uzmanları, sosyal medya ortamında değişen içeriklerin üretimi konusunda da yeni düzene ayak uydurmaktadır. Bu süreçte geleneksel medya ve sosyal medya arasında içeriklerin üretimi konusunda belirgin farklılıklar bulunmaktadır. Geleneksel medyada içerikler, profesyonel içerik üreticileri tarafından üretilmektedir. Kurumsal içerik üreticileri ise genelde halkla ilişkiler uzmanlarıdır. Sosyal medyada ise tüketici tarafından üretilen içerikler karşımıza çıkmaktadır.

Web 2.0 etkileşim temelli olduğundan sosyal ağların da yaygınlaştığı dönemdir. Kullanıcıya özel, kişiselleştirilmiş bir dönem olarak web 3.0 hâkim olmaya başlamıştır. Algoritmalar sayesinde tüketicinin satın alma davranışlarına göre ayarlı, hedeflenmiş ve bireyselleştirilmiş teknikler kullanılmaktadır (Lyon, 2006, s.87). Kişiselleştirilmiş içerikler, web sitelerini ziyaret edenleri ya da mobil ortamları kullanan kişileri bu platformlarda daha uzun kalmaya ikna etmenin yanı sıra reklamın içerdiği ticari mesajı da pekiştirmektedir

Bilgisayar programlarını, internet sitelerini ve sosyal medyayı tanımayan uzmanlar, teknoloji tarafından saf dışı bırakılmış, yeni medyayı tanıyan ve kullanan halkla ilişkiler uzmanları, sektörde ön plana geçmeye başlamıştır. Bu da yeni medyanın halkla ilişkiler çalışanına iş olanakları açısından yaptığı kısıtlamadır.

Örgütlerde hedef kitle arasında etkileşimli, iletişim platformların oluşmasını sağlayan bilişim teknolojileri zaman, hız, bütçe koşullarıyla hayatımızın vazgeçilmezi olmuştur. Tüketicinin ya da hedef kitlenin kontrolü ele aldığı 21. yüzyılda tüketicinin ilgisini, dikkatini çekecek ve ikna noktasına getirecek yaratıcı halkla ilişkiler uygulamalarının önemi son derece artmaktadır.

Yapay zekâ ya da algoritmalarının hedef kitlenin beğeni ve istekleri, araştırmaları çerçevesinde oluşturduğu izlenme sayesinde halkla ilişkiler uzmanları bu mecraya dönük reklamlar (google adv, pop up, vb) verebilirler. Stratijik planlamalar yaparak, eylem ve işlemleri tanıtma, bülten, vb. için planlı çalışmalar yürütmek oldukça kolay ve başarılı hale gelecektir.

Ancak süreç çok boyutlu ve katmanlıdır. Daha önce bir kişinin üzerinden yönetebilen halkla ilişkiler çalışmaları şimdi ekip çalışması gerektiren farklı medya türlerinin planlandığı ve bunun görsel-işitsel içeriğin üretildiği birimler haline gelmiştir. Tanıtım filmleri vb. hizmet alımı yoluyla sağlansa da özellikle sahip olunan medyanın yeni medyanın hızı karşısında içeriklerin kurum içinde yürütülmesi önem kazanmaktadır.

Bu nedenle eski neslin başka deyişle dijital melezlerin hizmet içi eğitimden geçerek bu süreci yakalaması sağlanırken iletişim fakültelerinde teorik bilginin yanında bilişim teknolojilerine hakim, grafik tasarım bilgisiyle görsel-işitsel içerik üretebilecek, web tasarımı, dijital yayıncılık konusunda bilgi sahibi olan iletişimciler yetiştirmeleri önem kazanmaktadır. Bu nedenle yeni derslerin müfredata eklenmesi ve uygulama ağırlıklı bir eğitim sürecine acilen ihtiyaç bulunmaktadır.

Bu dönüşüm sadece meslekleri değil, iletişim araçlarını izleyen kitlenin medyaya etkileşimini yeniden yarattı. Dijital teknoloji bilgisinin yanında sosyal medyanın üretim ve paylaşım dinamiklerine hâkim olamayan halkla ilişkiler uzmanlarının yerlerini bilişim teknolojilerine hâkim grafik tasarımcılar, bilgisayar teknologları gibi meslek gruplarının alması kaçınılmazdır.

Sosyal medyanın sunduğu olanaklarla her zaman her yerde ulaşılır olmak, zamanın getirdiği hıza odaklanmak halkla ilişkiler uzmanları ciddi derece yoran, zorlayan bir durumdur. 7724 hizmete yetişmeye çalışmak, izlenir olmak, enformasyon ve ilişkisel izlenirlik aynı zamanda ciddi stres kaynağına dönüşmektedir.

Sürdürülebilirlik hem mesleki hem de kurumsal anlamda vazgeçilmez unsurlardandır. Özellikle değişen dinamiklere uyum sağlayamayan ya da bu devimini yakalayamayan bu yetilere sahip olamayanlar maalesef iletişim ve halkla ilişkiler uzmanları geri plana itilmeye yerlerini görsel-işitsel materyal üretebilen dijital medya yönetimini bilen grafik tasarım, iletişim tasarımı, medya tasarımı, bilgisayar teknolojileri mezunlarına bırakmaya mahkumdurlar. Mesleğin dijitalleşmesi ile birlikte teknik yönü daha ağırlıklı olarak konuşulmaktadır Ancak bu dönüşüm mesleğin felsefe ve etik değerleri üzerine de ciddi çalışmalar yapılması gerekmektedir.

Kaynakça

Akyazı, E., ve Yavuz, B. (2012) *Yeni İletişim Ortamı Olarak Mobil Teknolojilerin Bağlam Temelle Pazarlama Kulanımı*Der. D. Yengin. İstanbul:Anahtar. ss.153–179.

Arslantaş-Toktaş, S. vd. (Haz.) (2012). Dijital Gözetim; TC kimlik Numarasından E-kimlik Kartlarına Yurttaşın Sayısal Bedenlenişi. E-kitap, Alternatif Bilişim Derneği http://ekitap.alternatifbilisim.org/turkiyede-dijital-gozetim.html. Erişim tarihi10.10.2020.

Balta Peltekoğlu, F. ve Saydam A. (2008). Sektörün penceresinden halkla ilişkiler. İstanbul: BAMM.

Balay Tuncer, B. (2020). Gelenekselden Yeniye Halkla ilişkilerin Araçları. *Teori ve Pratikte Halkla ilişkiler Yeniden* Ed.L Özkoçak Ankara: Detay.ss.173-198.

Breakenridge,D.K. (2008),*New Media, New Tools, New Audiences*. FT Press

Briggs, A. ve Burke, P. (2004). *Medyanın Toplumsal Tarihi: Gutenberg'den İnternet'e*. Çev. Şener, İ. İstanbul: İzdüşüm.

Bauman, Z.(2011). *Bireyselleşmiş Toplum*. Çev. Y. Alogan. İstanbul: Ayrıntı.

Castells, M. (2013a), Enformasyon Çağı: Ekonomi, Toplum ve Kültür - Ağ Toplumunun Yükselişi .Çev. E. Kılıç,.İstanbul :Bilgi Üniversitesi, , C.1.

Castells, M.(2016).*İletişim Gücü*. İstanbul: Bilgi Üniversitesi.

Chatfield, T, (2013) *Dijital Çağa Nasıl Uyum Sağlarız*, Çev.L. Konca., İstanbul: Sel,.

(2017).*Dijital Gerçeklikte Halkla İlişkilerin Evrimi Çalıştayı*. Marmara Üniversitesi İletişim Fakültesi. 24-25 Nisan. İstanbul: Cinius.

Grunig, J. E. ve Hunt, T. (1984), *Managing Public Relations*, Thomson, Wadsworth, Belmont.

Grunig J E ve Grunig L A (2005) *Halkla İlişkiler ve İletişim Modelleri*, Grunig, James (ed.) Halkla İlişkiler ve İletişim Yönetiminde Mükemmellik, İstanbul: Rota. ss. 307- 348.

Kent M. L. (2008) Critical Analysis of Blogging in Public Relations, *Public Relations Review*, 34,ss.32-40.

Lyon, David (2004), "Ağ, Benlik ve Gelecek", Küresel Kuşatma Karşısında İnsan (Ed.) M. Armağan, Çev. Ş. Yalçın, İstanbul: Ufuk Kitap.

Osimo, D. (2008) *Web 2.0 in Government: Why and How, European Commission Joint Research Centre Institute for Prospective Technological Studies*, Luxemburg.

Scott,D .M. (2010) *The New Rules of Marketing and PR*, John Wiley and Sons, New Jersey.

Marcuse, H. (2008), *Tek Boyutlu İnsan* .Çev. A. Yardımlı, İstanbul :İdea.

Nergiz, E. S.ve Maden, D. (2020). Dijital Halkla İlişkiler. *Teori ve Pratikte Halkla ilişkiler Yeniden* Ed. L Özkoçak Ankara: Detay. ss.227-256.

Sayımer, İ. (2008) *Sanal Ortamda Halkla İlişkiler*, İstanbul: Beta.

Solis, B. ve Breakenridge, D. K.(2009) *Putting the Public Back in Public Relations: How Social Media Is Reinventing the Aging Business of PR*. FT Press

Timisi, N. (1999). Yeni İletişim Teknolojileri ve Demokrasi: İnternet Ortamında demokratik katılım.A.Ü.DoktoraTezi.http://ilef.ankara.edu.tr/wp-content/tezler/doktora/Nilufer-Timisi.pdf. Erişim tarihi:20.10.2020.

Van Dijk, J. (2018). *Ağ Toplumu*. Çev. Ö. Sakin.İstanbul: Kafka

Wilcox D. L. (2006) The Landscape of Today's.*Public Relations, Anàlisi* (34), 67-85.

Yağmurlu A (2010) E-Halkla İlişkiler ve Bakanlık Uygulamaları, *Selçuk İletişim Der*, 6 (2), 62-80.

Zerfass A, Moreno A, Tench R, Verčič D ve Verhoeven P (2009) European Communication Monitor 2009. Trends in Communication Management and Public Relations - Results of a Survey in 34 Countries, Brussels: EACD,

Digital in 2019. (2019). *We are social*. 15.09.2020 tarihinde https://wearesocial.com/global-digital-report-2019 .

https://datareportal.com/reports/digital-2020-turkey Erişim tarihi: 19.11.2020

https://www.communicationmonitor.eu/2020/05/29/ecm-european-communication-monitor-2020/erişim tarihi 20.10.2020.

https://halagazeteciyiz.net/2020/01/16/.erişim tarihi: 23.10.2020

İnsan Kaynakları Yönetiminde Sosyal Medya

Beste Gökçe Parsehyan*

Giriş

Sosyal medya son on yılda hızlı bir ivme yaşadı. Bilimsel çalışmalar bu ivmeyi yakalamaya çalışsa da örgütsel düzeyde araştırmalar önemli ölçüde geri kaldı. Bu nedenle, sosyal medya ve insan kaynakları yönetiminin kesiştiği çok çeşitli alanlarda akademik araştırma yapmak için çok sayıda fırsat mevcut.

Sosyal medya ile ilgili çalışmalar literatürde örgütsel psikoloji ve yönetim (Bharati vd., 2015; Treem and Leonardi, 2013; Zivnuska v.d., 2019), hukuk (Grimmelmann, 2015; Obar and Wildman, 2015), bilgi teknolojisi (Trainor vd., 2014; Westerman vd., 2014), pazarlama (Hoffman and Fodor, 2010; Zarrella, 2009) ve psikoloji (Andreassen vd., 2016; Vogel vd., 2014) gibi çok çeşitli araştırma disiplinlerinde ortaya çıkmıştır. İnsan kaynakları yönetimi ve sosyal medya ilişkisini ele alan mevcut araştırmaların çoğu özellikle sosyal ağ web siteleri ve istihdam seçimi ile ilgili olsa da, bu bölüm insan kaynakları yönetimi ile ilgili genel bir bakışla sosyal medya konularına odaklanacaktır.

Bu bölümde, sosyal medya bir bilgi sistemi olarak ele alınacak ve insan kaynakları yönetiminde sosyal medyanın kullanımı detaylandırılacaktır. İnsan kaynakları yönetiminde sosyal medya kullanımı ile ilgili literatür gözden geçirilip bölüme entegre edilmeye, temel araştırma bulguları özetlenmeye ve insan

---

* Dr. Öğr. Üyesi, İstanbul Kültür Üniversitesi, Sanat ve Tasarım Fakültesi, Sanat ve Kültür Yönetimi Bölümü, b.gokce@iku.edu.tr

kaynakları yönetimi alanında gelecekteki araştırmalar için öneriler sunulmasına çalışılacaktır.

Sosyal Medya

Sosyal medya, kullanıcıların içerik oluşturabileceği ve diğer kullanıcılarla etkileşime girip bilgi alışverişinde bulunabileceği çevrimiçi dijital platformlardan oluşur. Sosyal medyanın literatürde yer alan ortak fikir birliğine varılmış bir tanımı yoktur. Kaplan ve Haenlein (2010, s. 61), sosyal medyayı web 2.0'ın ideolojik ve teknolojik temellerini esas alan ve kullanıcının geliştirdiği içeriğin oluşturulmasına ve değiş tokuş edilmesine izin veren internet tabanlı bir uygulama grubu olarak tanımlamışlardır.

We are social ve Hootsuite tarafından Ekim 2020 tarihinde yayınlanan raporda sosyal medyanın dünyada 4.14 milyar kişi tarafından kullanıldığı ve her gün bu rakama ortalama 2 milyon kişinin eklendiği tespit edilmiştir. Ekim 2019'dan Ekim 2020'ye kadar geçen bir yıl süre zarfında sosyal medya kullanıcılığı yüzde 12.3 artış göstermiştir. 16-64 yaş arası sosyal medyada vakit geçirme süresi günlük 2 saat 29 dakika olarak belirlenmiştir. Dünyada en çok tercih edilen sosyal medya platformları Grafik 1'de görülmektedir.

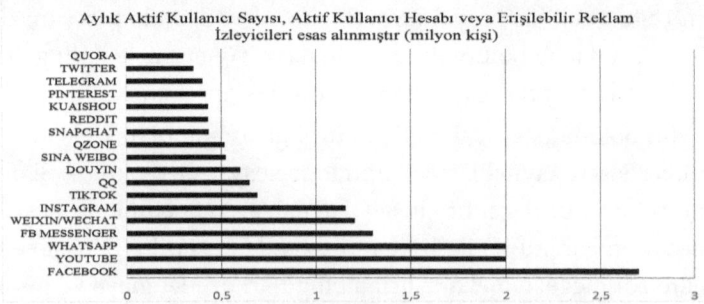

Grafik 1. Dünyada en çok kullanılan sosyal medya platformları
(We are social and Hootsuite, 2020, s. 50.)

Türkiye özelinde bakıldığında ise, 2019 yılında sosyal medya kullanıcı sayısı 52 milyon olarak raporlanmıştır (We are social and Hoousuite, 2019, s. 15). Aktif sosyal medya kullanıcı sayısı bir önceki yıla göre yüzde 2 artış göstermiştir. Türkiye'de en sık kullanılan sosyal medya platformları Grafik 2'de yer almaktadır. Sıralamanın dünya genelinden farklı olduğu grafikte, dünyada sıralamaya girip Türkiye'de kullanılmayan platformlar da görülmektedir.

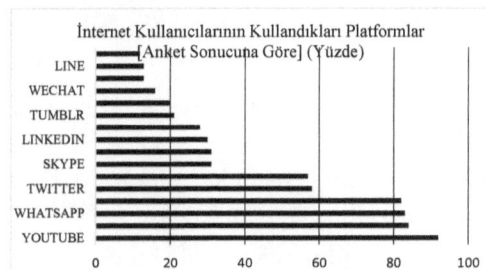

Grafik 2. Türkiye'de en çok kullanılan sosyal medya platformları
(We are social and Hootsuite, 2019, s. 33)

Bir Bilgi Sistemi Olarak Sosyal Medya

Sosyal medya, e-posta ve diğer bilgisayar aracılı iletişim araçlarından önemli ölçüde farklılık gösteren bazı özellikler sergiler. Bilgisayar aracılı iletişim, genellikle belirli etkileşim biçimlerini kısıtlayan veya mümkün kılan teknik bir ortama yerleştirilmiştir. Özellikle sosyal medya, örgüt üyelerini sürekli olarak birbirine bağlayan bir etkileşim çerçevesi oluşturur; sanal olarak mevcut olma arzusu ya da Facebook'un iyi bilinen "beğen" düğmesi gibi dijital hareketler aracılığıyla yapılan sanal övgüler bunun sadece iki örneğidir. Bunlar gibi teknik olanaklar, örgütlerde bir tür "birlikte çalışma" ve hatta "birlikte olma" yaratır. Bu nedenle, örgüt üyelerinin davranışları üzerinde geleneksel kurumsal bilgi teknolojileri ortamlarına göre çok daha yüksek bir etkiye sahip olabilirler (Hauptmann and Steger, 2013). Sosyal medya giderek daha fazla erişilebilir hale gelmekte ve yöneticiler tarafından örgüt içinde ve kişisel yaşamlarımızda kullanılmaktadır. Bilgi teknolojileri, sosyal medyayı tanımlamada bazı zorluklar yaşasa da çoğu insan sosyal medya uygulamalarının örnekleri üzerinde hemfikir olmaktadır.

Sosyal medya, iletişim kanallarında üç farklı yol açar (Wolf vd., 2014, s. 5):

1. Şeffaf iletişim ve güvenilir kaynaklar aracılığıyla mesajların ayırt edici özelliğini artırır;
2. Her seviyedeki katılımcı için iletişim kanallarına ve bilgilere tutarlı, evrensel ve eşitlikçi erişim sağlar;
3. Diyalog ve fikir birliği oluşturmaya katkıda bulunarak erişilebilir ve sansürsüz iki yönlü iletişim platformu sağlar.

İnsan Kaynakları Yönetiminde Sosyal Medya

İnsan kaynakları yönetimi alanında sosyal medya henüz erken bir aşamadadır. Son on yıldır yaygınlaşmaya başlamış, ancak henüz bütün kurum ve kuruluşların kullandığı bir hale gelmemiştir. Sosyal medyanın insan kaynakları yönetiminde kullanılması ile ilgili hala araştırmaya ihtiyaç duyulmaktadır. Çok az sayıda kurum ve kuruluş, sosyal medyayı bir bilgi sistemi olarak kullanmakta ve pek çoğu da sosyal medyanın kullanımı konusunda endişe duymaktadır. Oysa sosyal medya kişiden kişiye, kişiden şirkete, şirketten kişiye veya şirketten şirkete bilgi ve etkileşim sağlayabilmektedir. Bu bilgi ve etkileşimler, bir şirketin insan kaynaklarının çeşitli yönlerini etkileme potansiyeline sahiptir. İşe alma, işbirliği ve iletişim, yetenek yönetimi ve dahili markalaşma konularında sosyal medya etkili olabilmektedir.

Kluemper vd. (2016, s. 155), insan kaynakları yönetimi konularının her biri ile ilgili sosyal medya türlerini daha iyi açıklamak için Kaplan ve Haenlein'in (2010) medya araştırması alanında sosyal medya için yaptıkları sınıflandırma şemasını tekrar yorumlamışlardır: "sosyal buradalık / medya zenginliği" ve "öz sunum / kendini ifade etme". Sosyal buradalık teorisi, elde edilebilecek akustik, görsel ve fiziksel temasla ilgilidir. Medya zenginliği kuramı, iletişim ortamı zenginliğinin hem bir hedef hem de bir iletişim ortamının değişmez niteliği olduğunu ifade etmekte, bir kanalın değişen oranlarda bilgi iletebilme kabiliyetini anlatmaktadır (Çelik, 2012, s. 56). Sosyal boyut için, öz sunum, başkalarının oluşturduğu izlenimleri kontrol etme arzusunu temsil ederken; kendini ifade etme, kişisel bilgilerin açığa çıkmasını temsil eder (Kluemper vd., 2016, s. 155). Kaplan ve Haenlein (2010) "sosyal buradalık / medya zenginliği" için üç kategori (düşük, orta, yüksek) ve "öz sunum / kendini ifade etme" için iki kategori (düşük, yüksek) oluşturarak bir sınıflandırma şeması hazırlamışlardır. Böylelikle, altı sosyal medya kategorisi ortaya çıkmıştır:

1. Bloglar (düşük / yüksek)
2. Sosyal paylaşım siteleri (orta / yüksek)
3. Sanal sosyal dünyalar (yüksek / yüksek)
4. Katılımcı projeler (düşük / düşük)
5. İçerik toplulukları (orta / düşük)
6. Sanal oyun dünyaları (yüksek / düşük)

Kluemper vd. (2016, s. 155), altı kategoriye insan kaynakları yönetimi ile ilgili kategoriler de ekleyerek sınıflandırma şemasını genişletmişlerdir; proje yönetim sistemleri, bilgi paylaşım sistemleri, sanal öğrenme ortamları ve katılım geliştirme platformları vb. Tablo 1'de sosyal medya türlerinin sınıflandırması yer almaktadır.

Tablo 1. Sosyal medya türleri (Kluemper vd., 2016, s. 156.)

		Sosyal Buradalık / Medya Zenginliği		
		Düşük	Orta	Yüksek
Öz Sunum / Kendini İfade Etme	Yüksek	Bloglar, mobil uygulamalar (ör. Pinterest), proje yönetim sistemleri, katılımcı yazılım	Sosyal paylaşım siteleri (ör. Facebook, LinkedIn, Twitter, Tumblr)	Sanal öğrenme ortamları (ör. Moodle, OLAT), sanal sosyal dünyalar (ör. Second Life)
	Düşük	Katılımcı projeler (ör. Wikipedia), bilgi paylaşım sistemleri (ör. BookCrossing)	İçerik toplulukları (ör. Youtube, Slideshare)	Katılım geliştirme platformları (ör. Avaya Live Engage), sanal oyun dünyaları (ör. World of Warcraft)

Farklı sosyal medya türlerinin bu genişletilmiş sınıflandırma şemasını kullanarak, insan kaynakları yönetimi ile ilgili kavramların her biri ile ilgili sosyal medya kategorileri belirlenmiştir. Daha spesifik olarak, insan kaynakları yönetimi ile ilgili 13 farklı kavramın her biri ile ilgili sosyal medya türleri tespit edilmiştir ve Tablo 2'de yer almaktadır (Kluemper vd., 2016, s. 155). Örneğin, sadece sosyal paylaşım siteleri (orta "sosyal buradalık / medya zenginliği" ve yüksek "öz sunum / kendini ifade etme") çalışan seçimi için uygunken, altı sosyal medya kategorisinin tümü siber aylaklıkla ilgilidir.

İnsan kaynakları yönetiminde sosyal medya uygulamaları, Tablo 2'de de görüldüğü gibi yoğun bir şekilde kullanılabilmektedir. Ancak, bu uygulamaların kullanımı fırsatları olduğu kadar tehditleri de içermektedir.

Tablo 2. İnsan kaynakları yönetiminde sosyal medya uygulamaları
(Kluemper vd., 2016, s. 156)

Sosyal Buradalık / Medya Zenginliği	Düşük	Orta	Yüksek	Düşük	Orta	Yüksek
Öz Sunum / Kendini İfade Etme	Düşük	Düşük	Düşük	Yüksek	Yüksek	Yüksek
Markalaşma			✓		✓	✓
Örgütsel İmaj			✓		✓	✓
Örgütsel Çekicilik			✓		✓	✓
Çalışan Seçimi						✓
Çalışan Verimliliği	✓	✓	✓	✓	✓	✓
Çalışan Katılımı ve Takım Çalışması				✓	✓	✓
Çalışan Eğitimi	✓	✓	✓	✓	✓	✓
Bilgi Yönetimi	✓	✓		✓	✓	✓
Sosyal Sermaye				✓	✓	✓
Örgüt Kültürü	✓	✓	✓	✓	✓	✓
Liderlik	✓	✓	✓	✓	✓	✓
Siber Aylaklık	✓	✓	✓	✓	✓	✓
Disiplin Suçu					✓	

Fırsatlar

Profesyonel çalışma kapsamında, sosyal medyanın tanıtılması nispeten kolay ve ucuzdur ve daha sonra kuruluştaki proje yönetimi, müşteri ilişkileri, kurumsal bilgi yayımı ve hatta işgücünün ademi merkezileştirilmesi gibi farklı işlevleri desteklemek için kullanılabilmektedir. Personel işe alımını kolaylaştırmak, bireysel, ekip ve örgüt düzeyinde öğrenme süreçlerini teşvik etmek ve açık iletişim yoluyla topluluk oluşturmak ve güvenilir bir örgüt kültürünü geliştirmek söz konusu olduğunda sosyal medya özellikle insan kaynakları yönetimi için yararlı olabilir. Modern çalışma ortamlarında topluluk oluşturma, örgütsel öğrenme ve yaratıcı çalışma yakından ilişkilidir. Bu nedenle, çalışanların yaratıcılığı sosyal medya ile güçlendirilebilir. Günümüzde bilgi yönetimi sadece gerekli olan bilgileri paylaşmakla ilgili değil, aynı zamanda sosyal medya tarafından da desteklenebilen insanları bir araya getirmekle ilgilidir. Topluluk oluşturmaya göre bilgi yönetimi, işle ilgili iletişim ve özel iletişimin bir karışımını kabul etmek anlamına da gelir. Daha büyük örgütlerde, sosyal medya aynı zamanda daha önce hiç tanışmamış insanları, özellikle de örgüt dışında çalışan veya ikamet edenleri bir araya getirme fırsatı sunar. Dahası, giderek parçalanmış işyerlerinde farklı birey gruplarını hızlı bir şekilde organize etme potansiyeline sahiptir, böylece çalışanların işverenleri için nitel katılım düzeyini arttırır ve sanal örgütleri daha verimli hale getirir. Sosyal medya aynı zamanda günlük iletişime yeni olanaklar sağlayan yenilikçi teknolojiler içerir (örneğin, Facebook'tan bilinen "beğen" düğmesi). E-posta gibi diğer bilgisayar aracılı iletişim biçimlerinde olduğu şekilde, sosyal medya da hem bireyler hem şirketler için yeni tür ilişkiler kurulmasında faydalı olabilir (örneğin, insanların kendilerini ifade etme potansiyellerini artırarak yüz yüze iletişime göre daha samimi ilişkiler kurulabilir). Bu nedenle sosyal medya, topluluk inşası için önemli olan hem resmi (örneğin, toplantı tutanakları, raporlar, vb.) hem de gayri resmi faaliyetleri kapsama potansiyeline sahiptir. Bir örgüt içindeki birçok kararın muhtemel özellikleri, tüm örgüt üyeleri için görünür hale gelebilir. Özellikle bu nokta bir sorun olarak da görülebilir. Karar süreçleri tüm örgüt üyeleri tarafından yeniden değerlendirilirse, örgütsel karar verme "çöp kutusu" görünür hale gelebilir (Hauptmann and Steger, 2013, s. 30).

Tehditler

Genel olarak sosyal medya yetkinliği, sosyal medyanın verimli kullanımı için bir ön koşuldur. Eksik olduğu durumlarda, yani çalışanlar sosyal medya aracılığıyla bilgiyi arama, kullanma veya paylaşma konusunda becerikli olmadığında, sosyal medya kullanımı hızla etkisiz hale gelecektir. Sosyal medya platformları iş ve özel hayat arasındaki sınırı bulanıklaştırdığı için, çalışanlar sosyal medyayı şirket dışındaki kişilerle özel görüşme yapmak veya mobbing kampanyalarını teşvik etmek için kullanabilir. Ağlar anlamsız multimedya içerikleri ile tıkandıkça kurumsal kaynaklar boşa harcanmış olur, ayrıca yapılmaması gereken şeyler yanlışlıkla veya kötü niyetle paylaşıldığında veri sızıntılarına neden olabilir. Bununla birlikte sosyal medya, yönetime karşı istenmeyen veya yasadışı çalışan kampanyaları ve ayaklanmaları sağlamak için kullanılabilir. Tehditler sadece çalışan açısından sınırlandırılmamalıdır. Sorunlu faaliyetler, örneğin sosyal medya aracılığıyla çalışanların fikirlerini çalmak veya çalışanların mahremiyetini gözetlemek için kullanıldığında yönetim tarafından da gerçekleştirilebilir. Bu tür yanlış uygulamalar kamuya açık medyada manşetlere çıktığında, örgütün itibarına verilen zarar ciddi olacaktır. Bu gibi sorunlar birçok yöneticinin sosyal ağları yasaklamasına neden olmaktadır (Davenport, 2011, s. 10; Hauptmann and Steger, 2013, s. 31).

İşe Alımlarda Sosyal Medya Kullanımı

Sosyal medyayı örgütün işe alımlarında kullanmak sezgisel bir algı oluşturur. Çoğu firma sosyal medyayı markalarını ön plana çıkarmak için bir pazarlama aracı olarak kullanmaktadır. İşe alımlarda sosyal medyayı kullanmak, bu pazarlama fikirlerini basitçe alarak onları insan kaynaklarına uyarlamaktadır. Tek farkı, potansiyel müşteriler yerine potansiyel çalışanlara odaklanıyor olmaktır. Dünyada işe alımlarda en sık kullanılan sosyal medya araçları LinkedIn ve Facebook'tur. Türkiye'de yapılan araştırmalarda da LinkedIn en çok tercih edilen platform olurken Facebook ikinci sırada yer almaktadır (Erhan, 2018, s. 36; Nizamoğlu, 2018, s. 51). İşe alım için sosyal medya kullanıldığında herhangi bir zamanda kolayca erişilebilen çok çeşitli adaylara erişim sağlanır. Örneğin, LinkedIn platformunda mevcut durumda 14.9 milyon aktif iş ilanı bulunmaktadır (LinkedIn, 2020). Sosyal medyadan yararlanmak, bu erişimi çok düşük bir maliyetle mümkün kılmaktadır. Sosyal medya işverenlere, çok yetkin ancak pasif adaylardan oluşan geniş çaplı bir aday havuzu sunmaktadır. Bu nedenle, işe alım sürecinden sorumlu kişilerin ve firmaların sosyal medyayı, cazip işe alma araçları olarak görmeleri şaşırtıcı değildir (Singh & Sharma, 2014, s. 230).

İşe alım için sosyal medyanın kullanımındaki önemli artışa rağmen, sosyal medyaya sonsuz bir güven duyulmamalı ve tedbirli olunmalıdır. Örneğin, adaylar profillerini yapay olarak küçük beyaz yalanlarla doldurmuş veya kendilerini, geçmiş başarılarını ya da mevcut durumlarını tanımlamak için aldatıcı şekilde olumlu terimler kullanmış olabilirler. Sosyal medya aracılığıyla aday belirleme ve tarama uygulamasıyla, bilginin yanlış kullanılması nedeniyle yasal sonuçların ortaya çıkması muhtemeldir. Dutta (2014, s. 102), sosyal medyanın insan kaynakları çalışanlarına işe alım sürecinde çeşitli kaynak bulma fırsatları sunabildiğini ve bunun örgütlerde işe alımın işleyiş şekli üzerinde derin bir etkiye yol açabileceğini ancak bu durumun tam bir işe alım stratejisi ile karıştırılmaması gerektiğini savunmaktadır. Aksine, sosyal medyadan yararlanmak bir şirketin işe alım stratejisinin yalnızca bir parçasını oluşturmaktadır.

Yasal ve Etik Konular

Sosyal medya kullanımı ile ilgili yasal ve etik uygulamalar pek çok kullanıcının önemli soruları arasında yer almaktadır. Bu konu başlı başına bir kitap konusu olabilecek niteliktedir. Bu bölümde sadece başlıca yasal ve etik konular ele alınacaktır. Bunlar; ayrımcılık, misilleme ve gizlilik endişesidir.

Ayrımcılık: Pek çok insan kaynakları fonksiyonunun içinde yer alan ayrımcılık, işe alımlarda da sıklıkla karşılaşılan bir durumdur. İş özelinde olmayan ayrımcılık ise ciddi bir sorun teşkil etmektedir (örneğin ırk, cinsiyet, yaş vb.). Bazı ayrımcılıklar kasti olarak yapılmaktadır (örneğin, müdürlük pozisyonu için kadın adayları elemek). Pek çok ülkede eşitliğe aykırı yapılan davranışlar yasal değildir (örneğin, ırkçılık/etnik köken ayrımı). Ancak, ayrımcılık kasıtlı olmadan da yapılabilir (farklı gruplara eşit şekilde davranılıyor gibi duran uygulamaların, gerçekte bir grubu diğerine karşı kayıran etkiler ortaya çıkarması ve bu etkilerin örgüt gerekleri ile açıklanamaması), bu durumda tarafsız bir süreç gibi gözükür. Çok az sayıda ülkenin bu tip durumlara karşı koruyucu yasası bulunmaktadır, bu durumu azaltmak için örgütler kendi etik kodlarını oluşturmaya ve işletme çıkarlarını korumaya çalışmaktadırlar.

Her insanın önyargıları vardır ve karar almada etkili olabilmektedir. Sosyal medyada işe alım kararı alırken de farklı davranışlar ve farklı etkiler ortaya çıkabilir. Örnek olarak, işe alımdan sorumlu kişi, sosyal medya profillerinden aday ararken adayın demografik bilgileri üzerinden tek bir fotoğrafla eleme yapabilir ve aday havuzunun dışında bırakabilir. Yapılan araştırmalar adayların işe alım kararı verilmesinde – her ne kadar insan kaynakları müdürleri sosyal medya profil görüntülerinin adaylar hakkında bir yargıya varmada etkili olmadığını ileri sürseler bile – adayların profil görüntülerinin en az iş ile ilgili bilgileri, önceki tecrübeleri ve eğitim durumları kadar etkili olduğunu göstermektedir (Hartwell, 2015, s. 3).

Misilleme: Birçok ülke, haksız muamele gören veya sert bir çalışma ortamına maruz kalan çalışanlara yasal koruma sağlamaktadır. Çalışanlar tarafından sosyal medyanın kullanımı bu yasalarla korunuyor olabilir. Örneğin, Hernan Perez (New York'ta Pier Sixty isimli bir yemek firmasının çalışanı), Facebook'ta süpervizörüyle ilgili küfür içeren bir konuşma yayınladıktan sonra işten atıldı. Ancak, sosyal medyada yaptığı yayın, firmanın diğer çalışanlarını yaklaşan sendika oylamasına evet oyu vermeye teşvik etti ve Perez, korumalı birleştirilmiş etkinliğe dayalı misilleme nedeniyle şirketine karşı bir dava kazandı (Cavaliere vd., 2019, s. 264). Bu nedenle, çalışanların sosyal medyadaki faaliyetleriyle ilgili yerel ve ulusal yasaları (iş içinde veya dışında meydana gelip gelmediğini) anlamak önemlidir.

Gizlilik endişesi: Pek çok sosyal medya platformu, kullanıcılarına ne kadar bilgi paylaşmak istediklerine ve bilgileri kimlerle paylaşmak istediklerine dair gizlilik ayarı sağlamaktadır. Ancak, çok sayıda kullanıcı bu ayarlar hakkında bilgi sahibi değildir ya da nasıl kullanılacağını bilmiyorlardır. Gizlilik ayarlarının nasıl kullanılıp kullanılmadığına bakmaksızın, birçok kullanıcı örgütlerde sosyal medyanın herhangi bir şekilde kullanılmasının gizliliklerinin ihlali olduğunu düşünmektedir. Bu nedenle şirketler, çalışanlarının ve iş başvurusunda bulunan adayların sosyal medya hesaplarını izlemelerinin veya istihdam kararları vermek için sosyal medya bilgilerini kullanmalarının yasal olduğu durumlarda bile, bunu yapmanın etik sonuçlarını dikkate almalıdır (Thornthwaite, 2016, s. 343).

Sonuç

Genel olarak sosyal medyanın başarısı ve özellikle örgütlerde artan kullanım oranı göz önüne alındığında, konu örgütsel analiz ve insan kaynakları yönetimi için önemli hale gelmiştir. İnsan kaynakları yönetiminde sosyal medyaya yönelik araştırmalar yeni gelişim göstermeye başlamıştır. Konu hakkında çok fazla soru ve sorun olmasına karşın cevaplar henüz araştırılmaya devam etmektedir.

Sosyal medya, bir bilgi sistemi olarak ele alındığında insan kaynakları yönetimine pek çok fayda sağlayabilmektedir. Bölümde sosyal medya türlerinin insan kaynakları fonksiyonları üzerinde etkileri detaylandırılmıştır. Sosyal medya, insan kaynakları yönetiminde birçok fırsat sağlasa da bazı potansiyel tehditleri de mevcuttur. İnsan kaynakları departmanlarının olası tehditlere karşı eylem planı hazırlamaları yararlı olacaktır. Yasal ve etik konuların henüz net bir temele oturmaması nedeniyle insan kaynakları profesyonelleri örgütlerdeki sosyal medya kullanımları konusunda temkinli davranmalıdır. İnsan kaynakları departmanları, diğer departmanlarla işbirliğine giderek sosyal medyanın önemini kavramalıdırlar. Pazarlama, bilgi sistemleri ve halkla ilişkiler departmanları işbirliğini başlatmak için önemli birimlerdir. Son olarak, insan kaynakları kontrolünde olan sosyal medya kullanım alanlarında yapılan her faaliyetin sonuçları ölçümlenmeli ve örgüte kattığı değer tespit edilmelidir.

Kaynakça

Andreassen, C. S., Billieux, J., Griffiths, M. D., Kuss, D. J., Demetrovics, Z., Mazzoni, E. and Pallesen, S. (2016). The relationship between addictive use of social media and video games and symptoms of psychiatric disorders: A large-scale cross-sectional study. *Psychology of Addictive Behaviors, 30(2)*, pp. 252-262. https://doi.org/10.1037/adb0000160

Bharati, P., Zhang, W. and Chaudhury, A. (2015). Better knowledge with social media? Exploring the roles of social capital and organizational knowledge management. *Journal of Knowledge Management, 19(3)*, pp. 456-475. https://doi.org/10.1108/JKM

Buckley, M., Halbesleben, J. R. B., Wheeler, A. R. (Eds.), *Research in Personnel and Human Resources Management*, 34. UK: Emerald, pp. 153-207.11-2014-0467

Cavaliere, F. J., Mulvaney, T. P. and Swerdlow, M. R. (2019). "Protected Concerted Activity" Decisions under the Obama-Era Nlrb: A Look at the Political and Ethical Issues Facing the Nlrb in an Era of Declining Union Membership. *Southern Law Journal, 29(2)*, pp. 237-253.

Çelik, S. (2012). İnterneteki Ürün Sitelerinin Tasarımına Yönelik Tutumlarda Cinsiyetin Etkileri Üzerine Bir Çalışma. *Öneri Dergisi, 10(38)*, ss. 53-63.

Davenport, T.H. (2011). Rethinking knowledge work: A strategic approach. *McKinsey Quarterly, February*, pp. 1-11.

Dutta, D. (2014). Tweet Your Tune-Social Media, the New Pied Piper in Talent Acquisition. *Vikalpa, 39(3)*, pp. 93-104. DOI: 10.1177/0256090920140307

Erhan, E. (2018). İnsan Kaynakları Yöneticilerinin İşe Alımlarda Sosyal Medya Kullanımında Demografik Özelliklerinin Rolü. Yayımlanmamış Yüksek Lisans Tezi, İstanbul Ticaret Üniversitesi S.B.E.

Grimmelmann, J. (2015). The law and ethics of experiments on social media users. *Colorado Technology Law Journal, 13(2)*, pp. 219-272.

Hartwell, C. J. (2015). The use of social media in employee selection: Prevalence, content, perceived usefulness, and influence on hiring decisions. Unpublished Doctoral Dissertation, Indiana, Purdue University Graduate School.

Hauptmann, S. and Steger, T. (2013). "A brave new (digital) world"? Effects of in-house social media on HRM. *German Journal of Human Resource Management, 27(1)*, pp. 26-46. DOI: 10.1688/1862-0000_ZfP_2013_01_Hauptmann

Hoffman, D. L. and Fodor, M. (2010). Can you measure the ROI of your social media marketing?. *MIT Sloan management review, 52(1)*, pp. 41-49.

Kaplan, A. M. and Haenlein, M. (2010). Users of the world, unite! The challenges and opportunities of Social Media. *Business Horizons, 53(1)*, pp. 59-68. DOI: 10.1016/j.bushor.2009.09.003

Kluemper, D. H., Mitra, A. and Wang, S. (2016). Social media use in HRM, in Ronald

LinkedIn (2020). *İş İlanları*. https://www.linkedin.com/jobs/search/?geoId=-92000000&location=D%C3%BCnya%20%C3%A7ap%C4%B1nda 04.12.2020.

Nizamoğlu, N. Ö. (2018). Personel Seçimi ve İş Bulma Sürecinde Sosyal Medya Kullanımının Rolü. Yayımlanmamış Yüksek Lisans Tezi, Denizli, Pamukkale Üniversitesi S.B.E.

Obar, J. A. and Wildman, S. (2015). Social media definition and the governance challenge: An introduction to the special issue. *Telecommunication Policy, 39(9)*, pp. 745-750.

Singh, K. and Sharma, S. (2014). Effective use of social media for talent acquisition and recruitment. *International Journal of Intercultural Information Management, 4(4)*, pp. 228-237. DOI: 10.1504/IJIIM.2014.067932

Thornthwaite, L. (2016). Chilling times: Social media policies, labour law and employment relations. *Asia Pacific Journal of Human Resources, 54(3)*, pp. 332-351.

Trainor, K. J., Andzulis, J. M., Rapp, A. and Agnihotri, R. (2014). Social media technology usage and customer relationship performance: A capabilities-based examination of social CRM. *Journal of Business Research, 67(6)*, pp. 1201-1208. DOI: 10.1016/j.jbusres.2013.05.002

Treem, J. W. and Leonardi, P. M. (2013). Social media use in organizations: Exploring the affordances of visibility, editability, persistence, and association. *Annals of the International Communication Association, 36(1)*, pp. 143-189. DOI: 10.1080/23808985.2013.11679130

Vogel, E. A., Rose, J. P., Roberts, L. R., and Eckles, K. (2014). Social comparison, social media, and self-esteem. *Psychology of Popular Media Culture, 3(4)*, pp. 206–222. https://doi.org/10.1037/ppm0000047

We Are Social and Hootsuite. (October 2020). *Digital 2020 October Global Statshot Report*. (Online) https://datareportal.com/reports/digital-2020-october-global-statshot 04.12.2020.

We Are Social and Hootsuite. (2019). *Digital 2019 Turkey*. (Online) https://datareportal.com/reports/digital-2019-turkey 04.12.2020.

Westerman, D., Spence, P. R., and Van Der Heide, B. (2014). Social media as information source: Recency of updates and credibility of information. *Journal of computer-mediated communication, 19(2)*, pp. 171-183. DOI:10.1111/jcc4.12041

Wolf, M., Sims, J. And Yang, H. (2014). The role of social media in human resources management. *UK Academy for Information Systems Conference Proceedings*, pp. 1-25.

Zivnuska, S., Carlson, J. R., Carlson, D. S., Harris, R. B. and Harris, K. J. (2019). Social media addiction and social media reactions: The implications for job performance. *The Journal of Social Psychology, 159(6)*, pp. 746-760. DOI: 10.1080/00224545.2019.1578725

Zarrella, D. (2009). *The Social Media Marketing Book*. Canada: O'Reilly.

Covid-19 Pandemi Sürecinde 'Influencer Marketing'

Zeynep Alkan*
Sevilay Ulaş**

Giriş

Son dönemlerde bilgi ve iletişim teknolojilerinde yaşanan değişim ve gelişmelerin beraberinde önemli ve etkin iletişim ortamları karşımıza çıkmaktadır. Bu değişim ve gelişmelerin kapsamında özellikle sosyal medya araç ve ortamları hemen her iletişim sürecinde dikkat çekmektedir. Sosyal medyanın içerisinde barındırmış olduğu uygulamalar doğrultusunda hayatımıza giren bir diğer kavram da influencer (lar) olarak ifade edilmektedir. Influencerlar, en genel haliyle, bireyler üzerinde yönlendirici etkiye sahip kişiler olarak tanımlanabilirler. Bu yönlendirmeyi ise sosyal medya platformları üzerinden gerçekleştirmektedir. Influencerların, profillerini takip eden binler, yüzler hatta milyonlar bulunmaktadır. Bu kapsamda influencerlar, özellikle marka iletişim sürecinde, hedef kitle ile etkin ve sürdürülebilir iletişim noktasında göze çarpmaktadırlar. Influencerlar ile birlikte yürütülen influencer marketing süreçlerinin etkileşimlerini markaların satışlarında ve bununla birlikte bu alana ayrılan bütçelerde de yıldan yıla artış gösterdiği yapılan araştırmalar sonucunda ortaya çıkmaktadır.

Bu çalışmada söz konusu kavram ve işleyiş süreci influencer marketing çerçevesinde ele alınacaktır. Yakın geçmişte başlayan

---

* Doktora Öğrencisi, Yakın Doğu Üniversitesi, Medya ve İletişim Çalışmaları Doktora Programı, zeynepalkan960@gmail.com
** Doç. Dr., Yakın Doğu Üniversitesi, İletişim Fakültesi, Halkla İlişkiler ve Tanıtım Bölümü, sevilay.ulas@neu.edu.tr

ve halen devam eden pandemi sürecinde de kişisel ve kurumsal markaların iletişim süreçlerinde de farklılıklar yaşanmaktadır denilebilir. Bu noktada çalışmanın genel amacı, bu denli etkili olduğu kabul edilen ve uygulanan influencer marketing çalışmalarının pandemi sürecinde nasıl devam ettiğinin ortaya konmasıdır. Bu amaç doğrultusunda çalışmada influencer kavramı ve kapsamı ile birlikte özellikle pandemi sürecinde devam eden influencer marketing çalışmalarına değinilecektir. İlgili literatür ile birlikte örnek uygulamalara yer verilecek olan bu çalışma derleme niteliğindedir. Bu çalışmada influencer marketing orijinal ismi ile yer alacaktır.

Covid-19 Pandemi ile İlgili Genel Bilgiler

Dünyayı etkisi altına alan korona virüs (covid-19), yeni ortaya çıkan bir tür enfeksiyon hastalığı olarak tanımlanmaktadır. Covid-19'un açılımına baktığımız zaman, CO ve VI korona virüsten, "D" harfi ise İngilizce'de hastalık anlamına gelen "disease" kavramından türediği, buna ek olarak da "19"un ise vakaların ortaya çıktığı 2019 yılına gönderme yapması adına olduğu ifade edilmiştir. Bu bağlamda koronavirüs, insanlar dahil olmak üzere diğer canlılarda da görülebilecek bir tür enfekte virüs ailesinden geldiği söylenebilmektedir (Evren ve Us, 2020, s. 9; WHO, 2020a; WHO, 2020b).

Covid- 19 virüsü, Dünya Sağlık Örgütünün (WHO) belirttiği üzere içerisinde SARS ve COV-2 enfeksiyon salgınlarını bulunduran yeni bir tür enfeksiyondur. Korona virüsün çıkış noktasına merkezlik yapan Çin'in Vuhan kentidir. Vuhan'da 2019 yılının Aralık ayının son günlerinde bir grup insanın solunum rahatsızlığına ek olarak "ateş, öksürük, nefes darlığı" gibi şikayetler doğrultusunda sağlık kuruluşlarına başvurması ile yapılan tekitler sonucunda 13 Ocak 2020 tarihinde tanısı konulan bir virüs türü olmuştur. Yapılan çalışmalar kapsamında virüsün deniz ürünleri ve hayvan pazarında bulunan ürünlerden kaynakladığı öngörülmektedir (T.C. Sağlık Bakanlığı, 2020a). Bulaşı oldukça etkili ve hızlı bir şekilde gerçekleştiren Covid-19 virüsü birçok ülkeye kısa sürede yayılım göstermesi sonucunda insanların ölüm oranlarının 4.000'lerin üzerine olmasıyla Dünya Sağlık Örgütü (WHO) tarafından 11 Mart 2020 tarihinden itibaren Covid-19'u bir pandemi olarak ilan etmiştir (Çöl ve Güneş, 2020, s.1).

Pandemi, Türkiye Cumhuriyeti Sağlık Bakanlığı' nın da ifade ettiği gibi " bir hastalığın veya enfeksiyon etkeninin ülkelerde, kıtalarda, hatta tüm dünya gibi çok geniş bir alanda yayılım göstermesi"dir. Türkiye Cumhuriyeti'nde ilk vaka 11 Mart 2020 tarihinde görülmüştür. Bu bilgi ana akım olan televizyon kanalları aracıyla Sağlık Bakanı Farhettin Koca tarafından bizzat duyurulmuş ve gerekli tedbirlerin halk tarafından alınması adına uyarılarda bulunmuştur (T.C. Sağlık Bakanlığı, 2020b).

Influencer Kavramı ve Influencer Marketing

İçinde bulunduğumuz dönemin dinamiklerine bakıldığında bilgi ve iletişim teknolojileri kapsamında değişim ve gelişimlerin yaşanması söz konusu olmaktadır. Özellikle sosyal medya araç ve ortamlarında yaşanan ve yaşanmakta olan değişim ve gelişimler iletişim süreçlerinde de farklılıkları meydana getirmektedir. Bu bağlamda, sosyal medya araç ve ortamlarında dikkat çeken influencerlar, en genel tanımıyla kişilerin eylemlerini etkileyen veya farklı bir yönde ilerlemesini sağlayan bireyler olarak nitelendirilmektedirler (Cambridge Dictionary, 2020). Influencerlar, belirli ürün ve markaya yönelik elde ettiği deneyimleri, sosyal medya platformları aracılığıyla takipçilerine düzenli bir biçimde profilleri üzerinden paylaşarak, etkileşim sağlayabilmekte ve tanıtılan markaya veya ürüne karşı bir yönlendirme yapabilmektedir (Veissi, 2017, s.10). Bu noktada ifade edilebilir ki, sosyal medya platformları aracılığıyla üretmiş oldukları içerikler ile markaya yönelik satın almada etkin rol üstlenmektedirler (Bor ve Erten, 2019). Bu bağlamda influencer ve takipçisi arasında gerçekleşen etkileşim, ortak ürün ve markalara ilgi duyma ve beğenme gibi faktörler influencerların popülaritesini arttırmakta, dolayısıyla da bireylerin düşünce ve eylemlerini üzerinde değişikliklere neden olacak etkilerde bulunmaktadır (Li, vd., 2014).

Influencerların, "twitter fenomeni, blogger, vlogger, instablogger, youtuber" gibi ard alanları bulunmaktadır. Şekil 1'e bakınız.

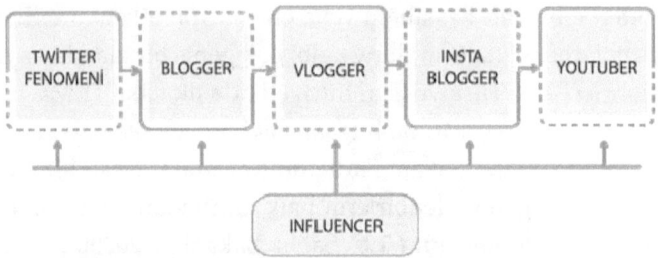

Şekil 1: Influencer Ard Alanı. (Bor ve Erten, 2019).

- **Twitter Fenomeni:** Kişiler kendi fikir ve görüşlerini twitter aracılığıyla belirli bir harf sınırı içerisinde paylaşmaktadır. Etkin bir şekilde içerikler üretilmesiyle takipçilerine yön verebilecek güçleri bulunmaktadır (Coşkun, 2018, s. 50-51).
- **Blogger:** Bloglar, Türkçeye ağ günlüğü olarak çevrilmiştir. Bireyler kendi yaşantılarına ve deneyimlerine yönelik içerikleri web siteleri aracılığıyla takipçilerine aktarmaktadır (Narcı, 2017, s. 282).
- **Vlogger:** Bloglara benzeyen, vloglar sadece kişilerin kendi deneyimlerini, günlük yaşantılarını videolar aracılığıyla sunmaktadır(İnanç ve Cesur, 2018, s. 70).
- **Instablogger:** Instagram, sosyal medya platformlarında en çok tercih edilen uygulamalardan biridir. Influencerlar, yaptıkları işbirliklerine yönelik fotoğraf ve video paylaşımlarını takipçileriyle paylaşmaktadır (Salomon, 2013, s.408-412).
- **YouTuber:** Influencerların, etkili olduğu bir diğer platform ise YouTube'dur. Influencerlar, içeriklerini YouTube aracılı-

ğıyla izleyici kitlesine aktarmakta ve büyük oranda izlenmeler ve aboneler kazanmaktadırlar (Bor ve Erten, 2019, s. 24).

Influencerlar, mikro, makro ve mega olmak üzere sınıflandırıldıkları söylenebilmektedir. Mikro influencerların daha az takipçilerinin olmasından dolayı etkileşim noktasında daha aktif olmalarını sağladığı gibi, takipçilerinin zevk ve beğenilerine hakim olduklarını, dolasıyla ürün ve markalar tarafından tercih edilerek işbirlikleri gerçekleştirdikleri söylenebilir (Buz Marketingi, 2009, s. 9). Makro influencerların ise, takipçi sayıları oldukça fazla olan kişilerdir. Influencerlığı bir iş alanı olarak görmekte ve bu kapsamda markalar ile işbirliği yapmakta ve çoğunlukla profillerinde bu işbirliklerine yer vermektedirler (Bor ve Erten, 2019, s. 21-23). Mega influencerlar ise, bir milyon ve üstünde takipçi kitlesi olan kişilerdir. Takipçi sayısı ile bağlantılı olarak erişimi ve yönlendirmesi oldukça fazla olmaktadır (Elli, 2017, s. 12).

Son dönemlerde dijital çağın getirisi olarak bilgi ve teknoloji alanlarında yaşanan değişim ve gelişimler noktasında sosyal medya platformları aracılılığıyla hayatlarımıza dahil olan influencerların, zaman içerisinde dijital bir pazarlama aracı olarak kullanıldığı ifade edilebilmektedir. Bu bağlamda influencer marketing sürecinin de ortaya çıkmasını sağlamaktadır. Doğası gereği sosyal medya araç ve ortamlarının katılımcılara mekân ve sınır tanımayan, çift yönlü iletişim olanağı sunan, daha ucuz olan ve kullanıcılarında içerik üretebildikleri ve etkileşimde bulunabildikleri bir iletişim ortamı sunduğu söylenebilmektedir. Bu noktada özellikle marka-takipçi iletişim sürecinin bu çevrimiçi ortamda yer almasından doğan farklı bir iletişim süreci karşımıza çıkmaktadır. Geleneksel medya ortamından alt yapısı ve işleyişi görece farklı olan bu yeni iletişim ortamında marka ve hedef kitleleri, takipçileri eş zamanlı iletişim kurabilme, arada mesafe ve bariyer olmadan çift yönlü, etkin bir iletişim kurabilmektedirler (Sevilay Ulaş, 2020, s. 275).

Influencer Marketing genel tanımıyla influencerlar ile işbirliği yapılarak yürütülen pazarlama süreçlerini ifade etmektedir denilebilir. Bu kapsamda markalar daha çok kitlelere ulaşmayı sağlamakta daha fazla etkileşim içerisinde olmaktadır (Bayuk ve Aslan, 2018, s. 178).

Markaların, influencer marketing sürecine yönelmesinde ki temel unsurlardan biri influencerların yapılan işbirliği doğrultusunda marka ve ürünlere yönelik verilmek istenen mesajları kendi sosyal medya profili aracılığıyla takipçi kitlesine ulaştırmasıdır. Bu noktada influencerlar çoğu zaman işbirliği yaptığını belirterek ürünlere yönelik deneyimlerini ve görüşlerini aktarırken, kimi zamanda sadece günlük rutinlerinde deneyimlediği ürün ve markalara yönelik tutumlarını aktarmaktadır. Influencer Marketing çalışmaları yapan markalar, influencer aracılığıyla daha kolay ve daha çok kitleye hitap etme şansını elde etmektedir (Yaylagül, 2017, s. 222). Bu noktada Ulaş ve Alkan (2020)'ın çalışmasında değinmiş olduğu gibi influencer ve marka işbirliklerinde, elde edilen bilgiler doğrultusunda "Duygu Özaslan X Bobbi Brown" influencer marketing süreci incelendiğinde, içeriğin üretilmesi, mesajın iletilmesi ve yapılan kampanyaya yönelik bilgilendirme aşamaları noktasında influencerın bir iletişim aracı olarak kullanıldığı gözlemlenmiştir. Influencer Marketing'in gerçekleştiği nokta olarak, Duygu Özaslan adlı influencerın, kendi YouTube kanalında işbirliğine yönelik sunduğu videolar aracılığıyla marka tanıtımı ve deneyimle sürecini takipçi kitlesi ile paylaşmıştır (Bknz. Görüntü: 1).

Görüntü 1: Duygu Özaslan X Bobbi Brown İşbirliği Süreci. (YouTube, 2017).

Bu bağlamda ifade edilebilir ki, influencer marketing stratejilerinde influencer ekseninde ilerleyen bir planlama olmaktadır.

CreatorDen (2020a)'e göre dijital dünya da etkin bir rol üstlenen influencerlar, bireylerin düşünce ve davranışlarına yön verebilecek yetilerine sahip kişilerdir. Influencer marketing süreciyle de takipçilerin tüketim davranışları üzerinde yönlendirici gücü bulunmaktadır. Bu bağlamda influencer marketing, gücünü 3 kaynaktan alır:

1. **Sosyal erişim:** Influencerlar kendi profilleri aracılığıyla takipçilerine ve takipçisi olmayan kitlelere, milyonlarca kişiye ulaşabilmektedir.

2. **Orijinal içerik:** Influencerların orijinal, etkileyici ve pazarlama odaklı içerikler üretmesi, otantik bir hava vermektedir.

3. **Tüketici güveni:** Influencerlar, takipçi kitlesi ile kurmuş olduğu sosyal bağ ile güveni desteklemektedir. Dolayısıyla influencerların düşüncelerine, söylemlerine güven duyulmaktadır.

Influencer marketing'e yönelen markaların yapması gereken 4 temel faaliyet bulunmaktadır (Creatorden, 2020a):

1. Marka ve ürüne yönelik uygun influencerları analiz etmek ve etkileşimine yönelik sıralamak.

2. Influencerları, marka, ürün ve firmaya yönelik farkındalık kazandırmak adına bilgilendirmek.

3. Influencer marketing sürecine uygun influencerı belirledikten sonra, influencerı iletişim aracı kullanarak marka ve ürün kampanyalarına yönelik takipçileri bilgilendirmek.

4. Influencerların marka ve ürüne yönelik pozitif yönde savunucu kişi haline getirmek.

Influencer Marketing sürecinde, Creatorden (2020a) verilerine göre, influencerlar ile yapılan marka işbirlikleri 4 süreçten meydana gelmektedir:

1. **Erişim:** Influencerlar, sosyal medya platformlarında onları takip eden kitlenin gözünde saygınlığı ve güvenirliği olan kişilerdir. Dolayısıyla bu kişiler kendi seçtikleri alanlar doğrultusunda ilgili uzman olarak konumlandırılmaktadır. Bu doğrultuda markalarda gerekli alan tercihleri doğrultusunda ürün ve hizmetine uygun influencerları tercih etmektedirler. Bu şekilde ürün ve hizmetlerini tanıtabileceklerdir.

2. **Eylem:** Influencerlar ürün ve hizmetleri sosyal medya aracılığıyla takipçilerin gözü önünde deneyimlemektedirler. Dolayısıyla takipçilerin gözünde güvenilir bir itibar kazandırmaktadır. Etkileşim içerisinde bulunan influencerlar, takipçilerinden yorum yapmaları talebinde bulunmaktadır. Bu doğrultuda marka ile ilgili takipçilerin gerçek düşüncelerine yönelik fikirlerine erişilebilmektedir.

3. **Dönüştür:** Influencerlar, sosyal medya platformlarında genellikle çeşitli kampanya, faaliyet ya da takipçilerine özel indirim kodları ve hediyelerle markalara takipçi yönlendirmektedir. Dolayısıyla bu yapılanlar markaya müşteri olarak dönmektedir.

4. **Etkileşim:** Influencerlar ile takipçileri arasında ki ilişki karşılıklı güvene ve sadakate dayanmaktadır. Bu bağlamda markalar, markayı ve ürünleri tanıtacak influencerları dikkatli ve araştırmalar sonucunda tercih etmelidir. Çünkü markanın sosyal medyada tanıtıcı yüzü olarak influencer yer almaktadır (Creatorden, 2020a).

Barker (2016, s.7)'e göre ise influencer ile işbirliği yapmak birçok noktada markaya yönelik hedefleri gerçekleştirmek için önemlidir. Bu hedefler;

- **Marka Bilinirliği:** Influencerın takipçilerine markanızı ve ürününüzü tanıtması doğrultusunda, yeni bir kitleye de markanızı tanıtmış olunur.

- **Eğitim:** Markaların ürünlerini kullanımı ve tanıtımı doğrultusunda birçok takipçisine aynı anda eğitim vermektedir.

- **Ceo Yetkisi:** İnternet siteleri aramasında, markayı ve ürünü daha üst noktalara çıkartma ve size bağlantı alma.

- **Sosyal Takip:** Sosyal medya influencerların desteği ile birlikte markaya yönelik artan sosyal takip.

- **Hasar Kontrolü:** Markaya yönelik olumsuz görüşlerin minimuma indirilmesi ve takipçiye yönelik güven oluşturulması.

- **Kullanıcı Tarafından Oluşturulan İçerik:** Sosyal medya takipçilerinin sosyal medya ortamlarında markalarına yönelik paylaşımlarda bulunmaya teşvik ederek farkındalığı arttırmak.

- **Güven:** Sosyal medya kullanıcıları tarafından oluşturulan içerikle daha iyi marka güveni oluşturma.

- **Satışlar:** Müşteri ve onay yorumları ile birlikte satış ve kalite sağlama olanağı sunmaktadır (Barker, 2016, s. 7).

Influencer Marketing Hub (2020) tarafından yapılan The State of Influencer Marketing 2020: Benchmark Reporta göre katılımcıların, %91'i influencer marketing'in etkili bir pazarlama aracı olduğu görüşünü bildirmiştir. Buna ek olarak katılımcıların %78'i, 2020 yılında influencer marketing için bütçe ayıracaklarını bildirmiştir. Kurumların %39'u pazarlama alanında ayırdıkları influencer marketing bütçesinin, %10–20 arasında olduğunu belirtmiştir (Influencer Marketing Hub, 2020).

Influencer Marketing Hub (2020) tarafından yapılan The State of Influencer Marketing 2020: Benchmark Reporta göre influencer marketing sektörünün büyümesini gözlemlemek için her yıl tahmini Pazar boyutlarına yönelik incelemeler sunulmaktadır. Bu bağlamda, tablo 1'de de görüldüğü gibi her yıl influencer marketing alanında en az %50 oranında artış olduğu sonucu öngörüldüğü gibi, 2020 yılında küresel bağlamda pazarın 10 milyar dolara kadar büyüme gerçekleştireceği tahmin edilmektedir (Influencer Marketing Hub, 2020) (Şekil 2'ye bakınız).

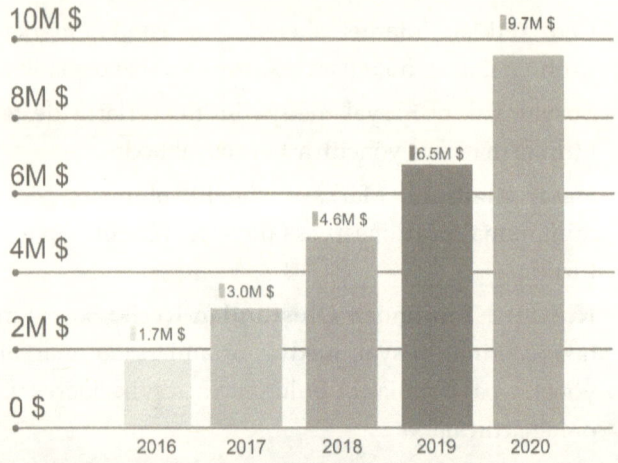

Şekil 2: Influencer Marketing Büyüme Oranı (Influencer Marketing Hub, 2020).

Elde edilen bilgiler doğrultusunda ifade edilebilir ki, influencer aracılığıyla yürütülen iletişim sürecinin yani influencer marketing'in markalar açısından oldukça önemli bir hal aldığı gözle görülür derecede olmaktadır.

Covid-19 Pandemi Süreci ve Influencer Marketing

Yakın geçmişte başlayan ve günümüzde de devam eden covid-19 pandemi süreci, günlük rutinlerimizde farklılıklar yaşamamıza sebep olmaktadır. Bireylerin, evlere kapanması ve yeni normal adı altında uygulanan tedbirler kapsamında yaşanan değişiklik sonucunda daha çok sosyal medyaya uygulamalara yöneldiği görülmektedir. Bireyler "market, giyim, aksesuar, teknoloji..." gibi birçok alışveriş gereksinimlerini çevrimiçi (online) ortamda gerçekleştirmeye başlamıştır denilebilir.

Bu bağlamda Covid-19'un küresel boyutta bir pandemi durumuna gelmesiyle birlikte, insanların evlerine kapanması sonucunda telefonlarda vakit geçirme sürelerinde de farklılıklar meydana gelmektedir. Doğası gereği ve sahip olduğu özellikler ile birlikte sosyal medya takipçiler nezdinde etkileşim yaratma ve içerik yaratmada imkanlar sunmaktadır denilebilir (Ulaş ve Akıncı Vural, 2019, s. 3).

Bu süreç influencer marketing büyük bir ivme kazanmasını sağlamıştır. Yapılan çalışmalar doğrultusunda ekran süresinin günde ortalama 5 saat 40 dakikaya kadar yükseldiği ve önce ki dönemlere göre %18 arttığı görülmektedir. Influencerlar da bu doğrultuda ürettikleri içeriklerde artış göstermişlerdir (Later.com-Nord, 2020) (Şekil 3'e bakınız).

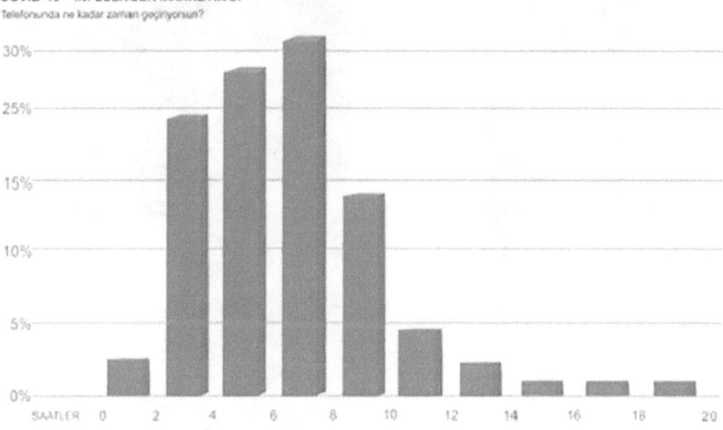

Şekil 3: Telefonda ne kadar zaman geçiriyorsun? (Later.com-Nord, 2020).

Ekran sürelerinin artmasıyla birlikte, instagramda sponsorlu reklam içeriklerine karşı etkileşim oranı %40 artış gösterdiği görülmüştür (medium.com, 2020). Küresel bağlamda yaşanan bu durumu krize çevirmeye çalışan kurumlar, sosyal medya ortamlarında geçirilen zamanda artışı fark etmesi üzerine influencer marketing stratejileri uygulama yoluna girmiştir. Bu bağlamda influencer marketing süreci influencera güvenden kaynaklı ortaya çıktığı için ilk olarak kurumlar içinde bulunduğumuz pandemi durumuna yönelik sosyal sorumluluk ve destek projeleri adı altında kitlelere ulaşmaya çalışmışlardır. Dolayısıyla kitlelerin gözünde ön plana çıkan kampanyalar, duygusal bağı güçlendirmek adına önemli olduğu ifade edebilmektedir. Kurumların birçoğu da içinde bulunduğumuz duruma karşılık indirim kampanyaları düzenleyerek işbirliği içeriklerini %298 oranda artış sağlamıştır (Creatorden, 2020). Bahsedilenlerin ışığında influencer Merve Özkaynak'ın PG Türkiye, Defacto ve Clear Markasına yönelik Covid-19 süreci ile gerçekleştirdiği işbirlikleri örnek gösterilebilmektedir (Görüntü 2'ye bakınız.).

Görüntü 2: Merve Özkaynak & PG Türkiye, Defacto, Clear "Covid-19" İşbirliği. (Merve Özkaynak, Instagram, 2020).

Forh, tarafından yapılan Covid-19 ve Influencer Marketing araştırmalarına göre, influencer'ların kitlelerle etkileşiminin büyük oranda arttığı sonucuna ulaşılmıştır. Pandemi süreci içerisinde yürütülen influencer marketing stratejileri kapsamında yapılan işbirlikleri ile üretilen içeriklerin artması ve bu bağlamda etkileşiminde daha fazla olduğu söylenmektedir (medium.com, 2020; Later.com-Nord, 2020) (Şekil 4'e bakınız.).

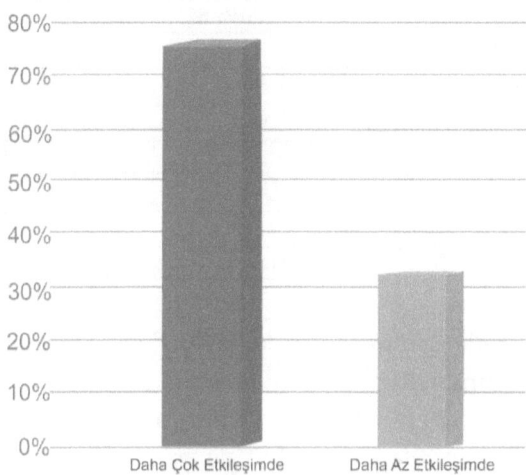

Şekil 4: Influencerlar, kitlelere daha çok ya da daha az etkileşimde mi? (Later.com- Nord, 2020).

Türkiye'ycdcki ilgili pratiklere bakıldığı zaman, influencerların perspektifinden içerik üretimlerine yönelik yapılan incelemeler doğrultusunda tabloda da görüldüğü üzere covid öncesi ve covid sonrası olmak üzere sayılarda artışlar görülmektedir. Karantina dönemlerinde influencerlar tarafından ön plana çıkan içerikler genellikle "kendin yap (diy)", "yeme,içme", "sağlıklı yaşam" ve "spor" olarak görülmektedir. Takipçilerine karantina dönemlerinde ilham veren, hayata dair motive eden, bilgi verici içerikler sunan influencerlar kendilerini bu dönemde daha öne çıkartma şansını elde etmiştir. CretorDen tarafından, influencer ve sektöre yönelik veri analizlere bakıldığında Türkiye'de 40 binin üzerinde profil incelendiğinde aşağıda ki sonuçlara ulaşılmıştır (Creatorden, 2020c) (Tablo 1'e bakınız):

Tablo 1: Covid-19 öncesi ve sonrası influencer içerik paylaşımı.
(Creatorden, 2020b).

Dönem	COVID öncesi 15 Şubat-15 Mart	COVID sonrası 15 Mart-15 Nisan	Artış Oranı
Gönderi (Post) Sayısı	52,946 Post	101,280 Post	%91.29
Etiketli Gönderi Sayısı	15,376 Post	45,409 Post	%195.32
Kullanılan Etiket Sayısı	1,011 Etiket	3,276 Etiket	%223.15
#tiktok Etiketi Kullanımı	48 Defa	300 Defa	%525.00
#tarif Etiketi Kullanımı	54 Defa	326 Defa	%504.70
#kitap Etiketi Kullanımı	89 Defa	514 Defa	%477.53
#sağlık Etiketi Kullanımı	87 Defa	442 Defa	%408.05
#spor ve #yoga Etiketlerinin Kullanımı	141 Defa	438 Defa	%210.64
#evdekal Etiketi Kullanımı	0 Defa	5799 Defa	-

Bu noktada görülmektedir ki, tablo 1'de evde vakit geçirme zamanın artmasıyla birlikte influencerların %91 oranında daha çok içerik üretmeye başladığı ve bu alana yoğunlaştığı, farklı alanlara ve mecralarda da aktif olmaya başladığı gözlemlenmektedir. Örneğin, influencerların birçoğu Tik Tok uygulamasına yöneldiği gibi çektiği içerikleri instagram profillerinde de paylaştığı sonucuna ulaşılmıştır (Craetorden, 2020b).

Unite.ad tarafından yapılan çalışmalara göre, şubat-mart ayı kıyaslamalarına göre içerik başına ortalama etkileşimini rakamsal boyutta en çok arttıran Türk influencerlar aşağıda yer almaktadır (Unite.ad, 2020) (Görüntü 3'e bakınız):

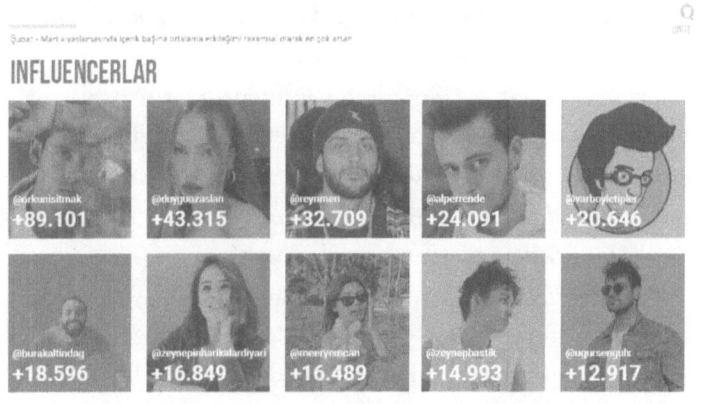

Görüntü 3: Şubat-Mart 2020 En Çok İçerik Üreten Influencerlar Tablosu. (Unite.ad, 2020).

Linqia (2020) tarafından Mayıs 2020 yılında yapılan araştırmaya göre Covid-19 ile birlikte Influencer Marketing süreçlerinde nasıl bir pazarlama yolu izlendiğine yönelik bilgiler elde edilmiştir. Bu kapsamda günümüzde izlenebilecek olan 3 yöntem aşağıda yer almaktadır (Linqia, 2020):

1. *"Dijital Reklam Harcamaları Azalıyor, Influencer Marketing Harcaması Sabit Kalıyor"*

Elde edilen veriler doğrultusunda Pazarlamacılar, %67 oranında dijital pazarlama süreçlerinin pandemi nedeniyle düşüşe geçeceğini belirtmektedir. Ancak bu görüşü belirten katılımcıların %41'lik bir kesims ise dijital pazarlama süreci içerisinde yer alan influencer marketingin bütçelerinin aynı kalacağı ve bu düşüşten etkilenmeyeceğini belirtmektedir. Yine aynı çalışmada %60 oranında influencer işbirlikleri için aynı bütçelerinin kullanılacağı ve gereken durumda bu bütçenin artırılabileceğini söylemektedirler (Linqia, 2020).

2. "Influencer İçeriği Bu Süreçte Markalar İçin Olumlu Etki Yaratabilir"

Pazarlamacılar %71 oranında influencer'ların pandemi döneminde markalar için olumlu bir etki oluşturabileceğini düşünmektedir (Linqia, 2020).

3. "Pazarlamacılar, Bir Markanın Mesajını Güçlendirmek İçin Etkileyicilerden Yararlanıyor"

Bu süreç içerisinde influencer marketing kampanyaları yürüten pazarlamacıların %63'ü markalar adına doğru mesajı kitlelere iletmek için influencer marketingden faydalanırken, %17'si markası adına farkındalık yaratmak istemekte, buna ek olarak hiçbir pazarlamacı satışları arttırmak adına influencerları tercih ettiklerini söylememiştir. Bu bağlamda, influencerlar marka ve takipçi (tüketici) arasında özgün ve güçlü bir bağ oluşmasını sağlamaktadır (Linqia, 2020).

Covid-19 sürecine yönelik Webrazzi Dijital 2020, "Krizden Influencer Marketingle Çıkmak" adı altında konuşma düzenlenmiştir. Bu kapsamda CreatorStation CEO'su Cem Özkaynak yönetiminde, yürütülen konuşmada influencerlardan Merve Özkaynak ve Orkun Işıtmak yer almıştır. Influencerların ortak ifadeleri yaşanan pandemi durumu ile birlikte "içeriklerimizi karantina dönemine göre adapte ettik." şeklinde olmuştur. Orkun Işıtmak, büyük prodüksiyon gerektiren videoların yerini aynı kaliteye yakın ev ortamında ürettiklerini belirtmiştir. Merve Özkaynak yine aynı ifadelerde bulunmuştur. İlk yıllarında videolarını evde çektiğini ifade eden Özkaynak günümüzde prodüksiyonlu videolar çekerken, tekrardan eskiye dönüş yaptığını ve bu durumun takipçileri üzerinde olumlu etkilediğini ifade ettiği gibi takipçilerin influencerların evdeki doğal yaşamlarını görmesini istemekte, dolayısıyla bu da samimiyet kazandırdığı söylemiştir (İçözü, 2020). Bu doğrultuda Merve Özkaynak'ın covid-19, karantina süreçlerine yönelik ev içinde paylaştığı vloglar görüntü 4'te görülmektedir.

Görüntü 4: Merve Özkaynak Covid-19 Karantina Süreci Videoları
(Merve Özkaynak YouTube, 2020).

Merve Özkaynak, geleneksel reklam anlayışının, fiziksel olarak bireylerin ürünleri deneyimleme sürecinin mağazalardan uzaklaştığını belirterek, bu dönemin influencer marketingi etkilendiğini ifade etmiştir. Influencer marketing, pandemi süreciyle birlikte daha "etkileşim ve pazarlama" yoğunluğu içerisinde yer aldığını belirterek, takipçilerin "normal zamanda" satın almadıkları ürünleri almaya yöneldiklerini söylemiştir. Buna ek olarak, pandemi süreciyle izleyici kitlesine, hobi ve farklı noktalarda hizmet sunmak adına Influencer Marketing'in etkin olduğunu aktarmıştır. Özkaynak, influencer marketing'e yönelik, takipçi kitlesine bilinmeyen markaları öneri olarak sunarken, bir şeyleri ifade etmek yerine **"deneyimleme sürecini"** göstermenin daha etkin olduğunu, ürün ve hizmete yönelik memnuniyet durumlarının ifade etmesinin önemli olduğunu belirtmiştir. CretorStation CEO'su Cem Özkaynak, influencer marketing süreci ile yürüttüğü kampanyalarda 10/15 katı fayda gördüğünü belirtmiştir (İçözü, 2020).

Sonuç

Günümüzde bilgi ve iletişim teknolojilerinde yaşanan değişim ve gelişmelerin ekseninde dijital dünyanın bireylere sunduğu imkanlarda da her geçen gün yenilikler getirdiği ifade edilebilir. Sosyal medya uygulamalarının günlük yaşantımızda önemli bir yer almasıyla birlikte, ortaya çıkan influencerlar bireylerin davranışları ve tutumları üzerinde etkin rol oynamaktadır. Kendi marka ve ürüne yönelik deneyimlerini sosyal medya uygulamlarında aktaran influencerların yönlendirici etkisini fark eden kurumlar bu durumdan çağı yakalamak ve daha çok kitleye ulaşmak adına influencerları iletişim aracı olarak kullanmaktadır. Bu noktada ortaya influencer marketing süreci çıktığı söylenebilir. Influencer ve marka işbirlikleriyle, influencerlar tarafından yürütülen bu süreç noktasında kurumlar daha çok kitleye ulaştığı gibi, ürün ve markaya yönelik etkileşimleri anında ulaşmakta ve bu kapsamda stratejiler geliştirebilecek hale gelmektedir.

Influencer Marketing süreci ile yürütülen kampanyalar çerçevesinde markalar yatırımlar yapmakta ve bu yatırımların geri dönüşleri daha büyük maliyetlerde olmaktadır. Bu durumda kurumlar tarafından influencer marketing sürecini daha cazip hale getirmektedir. Yakın geçmişte ve günümüzde de 2020 yılı itibariyle küresel boyutta bir pandemi durumuna gelen Covid-19, günlük rutinlerimizde büyük oranda farklılıklar yaşanmasına sebep olduğu gibi, süreç içerisinde bireylere yeni alışkanlıklarda kazandırdığı söylenebilir. Covid-19 ile birlikte getirilen kısıtlamalar, insanları evlerine kapanmalarına neden olmakta, dolayısıyla sosyal medyaya yönelmekte ve yeni hobiler elde etmeye çalışma sürecine girmektedir. Influencerlar ise bu süreçte etkin rol oynamışlar ve oynamaktadırlar. Elde edilen veriler doğrultusunda da, içerik üretimlerinin ve takipçileriyle etkileşimlerinde arttığı bir dönem içerisinde olunduğu ifade edilebilir. Covid-19 ile birlikte fiziksel olarak mağazalara gidemeyen insanlar, kendi deneyimleme sürecini yaşayamaz hale gelmiştir. Dolayısıyla deneyimleyen kişilere yani influencerlara daha çok yönelmiştir. Bu noktada da markalar hedef kitle/takipçilerine influencer marketing kapsamında ulaşmaya çalışarak influencerlarla işbirliği içerisinde girmiştir.

Pandemi sürecinin devam etmesiyle bağlantılı olarak sosyal medya platformlarında marka iş birliklerinin artacağa ve kurumların pazarlama bütçelerinde yer alan influencer marketing kısmının harcanan bütçesinin aynı kalacağını hatta artacağı yönünde görüşlerde bulunmaktadır. Covid-19 virüsü insanların dijital ortama kaymalarının ve adapte olmalarının sürecini oldukça hızlandırmıştır. Bu noktada görece her şeyin dijitalleştiği dünyada influencer marketing'in kurumlar açısından etkin bir iletişim unsuru olarak önemli bir yer teşkil ettiği söylenebilir.

Kaynakça

Barker, L., Hannaford, J., Muchan, K., Turner, S., & Parry, S. (2016). The winter 2015/2016 floods in the UK: a hydrological appraisal. *Weather, 71(12)*, pp. 324-333. https://doi.org/10.1002/wea.2822.

Bayuk, N. M. ve Aslan, M. (2018). Influencer Marketing (Hatırlı Pazarlama). *Akademik Sosyal Araştırmalar Dergisi, 6(75)*, ss. 173-185.

Bor, H. M. ve Erten, A. (2019). *Dijital Çağın Mesleği-Nasıl Influencer Olunur?*. İstanbul: Hürriyet Kitap.

Buzz Marketing Group. (2019). Influencer 101 Handbook. buzzmg.com

Coşkun, C. (2018). Marka, Ajans ve YouTuber Üçgeninde Nüfuz Pazarlamasının Belirleyici Unsurları, Yayımlanmamış Yüksek Lisans Tezi, İstanbul, Başakşehir Üniversitesi S.B.E.

Çöl, M. & Güneş, G. (2020), COVID-19 Salgınına Genel Bir Bakış Editörün O. Memikoğlu ve V. Genç içinde, *COVID-19* (1. ss.) Ankara: Ankara Üniversitesi Basımevi.

Elli, D. M. (2017). *The phenomenon and rise of Influencer Marketing and how it affects customer opinion and helps or damages brands*, Master Thesis, International Hellenic University: Greece.

Evren, E. ve Us, E. (2020), COVID-19 etkeni, Editörün O. Memikoğlu ve V. Genç içinde, *COVID-19* (9. ss.) Ankara: Ankara Üniversitesi Basımevi.

İnanç, S. A. ve Cesur, K. D. (2018). Günümüz Yeni Marka Elçileri Olarak Vlogger'ların Tüketici Kanaatleri Üzerindeki Rolü: Tüketici/Takipçi Yorumları Üzerine Bir Araştırma. *Uluslararası Sosyal Bilimler Dergisi, 1(2)*, ss. 68-67.

Li, N., ve Zhang, P. (2002). Consumer Online Shopping Attitudes And Behavior: An Assessment Of Research. *Former Departments, Centers, Institutes and Projects, 57*, pp. 508-517.

Narcı, M. T. (2017). Tüketici Davranışları ve Sosyal Medya Pazarlaması: Üniversite Öğrencileri Üzerine Bir Araştırma. *Bulletin of Economic Theory and Analysis, 2(3)*, ss. 279- 30.

Salomon, D. (2013). Moving on from Facebook: Using Instagram to Connect with Undergraduates and Engage in Teaching and Learning. *ACRL TechConnect*, pp. 408-412.

Ulaş, S. (2020). Marka İletişiminde Sosyal Medya ve Çevrimiçi Etkileşim (Online Engagement) İlişkisi: Limasol Türk Kooperatif Bankası Örneği. *MANAS Sosyal Araştırmalar Dergisi*. 2020, 9(1), pp. 274-285.

Ulaş, S. ve Akıncı Vural, Z. B. (2019). Social Media Usage Practices of Luxury Brands: A Case of Luxury Automobile Brands' Corporate Social Media Applications. *Online Journal of Communication and Media Technologies, 9(1)*, pp.1-16.

Ulaş, S. ve Alkan, Z. (2020). Marka Etkileşimi Ve Influencerlar (Etkileyiciler): Bobby Brown Kampanyası Örneği. *Egemia Ege Üniversitesi İletişim Fakültesi Medya Ve İletişim Araştırmaları Hakemli E-Dergisi, (6)*, ss. 91-115.

Veissi, I. (2017). *Influencer Marketing on Instagram*, Bachelor Thesis, Finland, Haaga Helia University of Applied Sciences.

Yaylagül, Ş. (2017). Sosyal Medya Fenomenlerine Bağlanmışlığın Belirlenmesi: Yükseköğretim Öğrencileri Üzerine Bir Uygulama. *Adnan Menderes Üniversitesi Sosyal Bilimler Enstitüsü Dergisi, 4(3)*, ss. 219-235.

İnternet Kaynakça

Cambridge Dictionary (2020) – Influencer (Çevrimiçi) https://dictionary.cambridge.org/tr/s%C3%B6zl%C3%BCk/ingilizce/influencer 26.01.2020.

(Cretorden, 2020a) - Influencer Marketing Nedir? (Çevrimiçi) https://creatorden.com/influencer-marketing-nedir/ 15.11.2020.

(CreatorDen, 2020b) – Pandemi Sürecinin Marka Influencer Tüketici Eksenindeki Etkileri (Çevrimiçi) https://creatorden.com/pandemi-surecinin-marka-influencer-tuketici-eksenindeki-etkileri/ 15.11.2020.

Dünya Sağlık Örgütü – (WHO, 2020a) (Çevrimiçi) https://www.who.int/health-topics/coronavirus#tab=tab_1 29.11.2020.

Dünya Sağlık Örgütü (WHO ,2020b) (Çevrimiçi) https://www.who.int/docs/default-source/coronaviruse/key-messages-and-actions-for-covid-19-prevention-and-control-in-schools-march-2020.pdf?sfvrsn=baf81d52_4 29.11.2020.

Influencer Marketing During Covid-19 Report (linqia.com, 2020) (Çevrimiçi) https://www.linqia.com/wp-content/uploads/2020/05/Research-Report-Influencer-Marketing-During-COVID-19-FINAL.pdf 25.11.2020.

Influencer Marketing x Covid-19 (Unite.ad, 2020) (Çevrimiçi) https://unite.ad/files/Covid-19XInfluencerMarketing.pdf 25.11.2020.

Krizden Influencer Marketing ile Çıkmak, İçözü (2020) (Çevrimiçi) https://webrazzi.com/2020/06/10/krizden-influencer-marketingle-cikmak/ 26.11.2020.

(Medium.com, 2020) Covid-19 ve Sosyal Medya Dönüşümü Influencer Marketingde Yeni Dönem (Çevrimiçi) https://medium.com/@ezgiakarr/covid-19-ve-sosyal-medya-dönüşümü-influencer-marketingde-yeni-dönem-ee457b08b0dd 26.11.2020.

(T.C. Sağlık Bakanlığı, 2020a) (Çevrimiçi) https://covid19.saglik.gov.tr/TR-66300/covid-19-nedir-.html 29.11.2020.

(T.C.Sağlık Bakanlığı, 2020b) (Çevrimiçi) https://covid19.saglik.gov.tr/TR-66494/pandemi.html 29.11.2020.

The Impact of COVID-19 on Influencer Marketing- (Later.com-Nord, 2020) (Çevrimiçi) ttps://later.com/blog/influencer-marketing-covid-19/ 25.11.2020.

The State of Influencer Marketing 2020: Benchmark Report (Influencer Marketing Hub, 2020) (Çevrimiçi) https://influencermarketinghub.com/influencer-marketing-benchmark-report-2020/ 22.11.2020.

Kriz İletişimi Bağlamında Covid 19 Salgını Süresince Sağlık Bakanı Fahrettin Koca'nın Sosyal Medya Araçlarından Twitter'ı Kullanımı Üzerine Bir Değerlendirme

Ömer Faruk Özgür[*]

Giriş

Bilindiği üzere tüm dünya ile birlikte Türkiye de ilk vakanın görüldüğü 10 Mart 2020 tarihinden bu yana Covid 19 Salgını ile mücadele etmektedir. Yaşamış olduğumuz bu salgın Sağlık Bakanlığı açısından literatürde kurumlar için bir tehdit olarak görülen "kriz" tanımı ile örtüşmektedir. Bu çalışmada Sağlık Bakanı Dr. Fahrettin Koca'nın sosyal medya platformlarından biri olan Twitter kişisel hesabını kriz süresince nasıl kullandığı incelenmiştir. Fahrettin Koca'nın şu an aktif olarak 6 milyon 291 bin takipçisi bulunmaktadır. Fahrettin Koca'nın Twitter takipçilerinin hızla yükselmesinde Covid salgını sürecinin itici etkisi yadsınamaz. Salgın süresi boyunca Fahrettin Koca kişisel Twitter hesabını yoğun bir şekilde kullanmıştır. Salgının seyrine göre Fahrettin Koca'nın Twitter hesabını kullanımında farklılıklar dikkati çekmektedir. Salgının başlarında daha resmi ve temel olarak bilgilendirme amaçlı kullanılan Twitter hesabı, salgın ilerlemeye başladıkça insanları hastalığın olumsuz etkilerini gösterip bir nevi "korkutarak ikna etme" aracı olarak kullandığı görülecektir. Salgın etkileri arttığında Fahrettin Koca da hesabından hasta olup, hastalığı ağır seyredenlerin ifadelerini pay-

---

[*] Dr. Öğr. Üyesi, Düzce Üniversitesi, Sosyal Bilimler Meslek Yüksekokulu, omerfarukozgur@gmail.com

laşarak insanları maske, mesafe ve hijyen kurallarına uymaya ikna etmeye çalıştığı görülecektir.

Kriz Tanımları

Kriz kelimesinin Türk Dil Kurumu sözlüğündeki karşılığına bakıldığında birden çok manada kullanıldığı görülmektedir. Fransızca "crise" kelime kökeninden alınan kriz kelimesi şu şekilde tanımlanmıştır: Tıp terimi olarak "Bir organda birdenbire ortaya çıkan fizyolojik bozukluk, akse", "Bir kimsenin yaşamında görülen ruhsal bunalım", "Bir şeyin çok kıt bulunması durumu", "Bir şeye duyulan ani ve aşırı istek", ekonomi terimi olarak "çöküntü", "Bir ülkede veya ülkeler arasında, toplumun veya bir kuruluşun yaşamında görülen güç dönem, bunalım, buhran". Bu tanımlardan görüleceği üzere kriz kelimesinin tıp bilim alanından iktisat alanına kadar farklı şekillerde tanımları bulunmaktadır.

Kriz kelimesinin İngilizcedeki karşılığına bakılacak olursa Oxford Sözlüğünde kriz şu şekilde tanımlanmıştır: "Sorunların çözülmesi veya önemli kararların alınması gereken büyük tehlike, zorluk veya kafa karışıklığı zamanı", "bir problemin, kötü bir durumun veya bir hastalığın en kötü noktasında olduğu bir zaman".

Oxford Sözlüğünde kriz kelimesine yüklenen anlamın özelikle olumsuzluk barındırdığına dikkatlerden kaçmamalıdır. Kriz kavramı "sorun", "problem", "zorluk", "kötü bir durum" vb. ile açıklanmıştır. Kriz konusunda yazılan popüler metinlere bakıldığında kriz kelimesi ile fırsat kelimesinin aynı kökten geldiği, her krizin bir fırsat olduğu şeklinde onlarca yazıya ulaşılabilir. Ancak burada bir açıdan itiraz edilebilir: Evet, doğrudur, bazı kriz durumlarında birileri bu krizden fırsatlarla çıkıyor olabilir ancak bu "her krizin bir fırsat olduğu" şeklinde bir algıya da sebep olmamalıdır. Kriz anları temelde kurumlar ve işletmeler için sorunlarla mücadele edildiği anları ifade etmektedir. Ancak bu krizler ileride gösterileceği gibi iyi bir şekilde yönetilebilirse bu durumda kriz bir fırsat halini alabilir. Bu sebeple krizlerin işletmeler veya kurumlar açısından istenmeyen durumlar olduğunu özellikle vurgulamak gerekmektedir.

Krizi tanımlamak konusunda krizin işletmeler üzerindeki etkisinden yola çıkarak da bir tanımlama yapılabilir. Bu manada üç koşulun birlikte ortaya çıkışı Hermann'a göre krizi tanımlamaktadır:

a. Kuruluşun itibarının sarsılması

b. Sorunun çözülmesi için sürenin çok sınırlı olması

c. Kuruluş tarafından beklenmeyen zamanda meydana gelmesi (Winner, 1990, s.87 akt. Peltekoğlu, 2001, s.313).

Genel olarak kriz; beklenilmeyen ve önceden sezilemeyen, ancak hemen karşılık verilmesi gereken, kuruluşun yaşama, uyum ve savunma mekanizmalarını yetersiz hale getirerek mevcut değerlerini, amaçlarını ve imajını tehdit eden gerilim durumudur (Kazancı, 2007, s.382). Bu tanımda da bir olayın kriz olup olmadığını anlamaya yardımcı olacak tanımlayıcı unsurlara değinilmiştir. Krizin beklenmedik bir anda karşımıza çıktığı, cevap vermek için fazla zamanın olmadığı ve kurumun kamuoyu nezdindeki itibarını tehdit edici durumların kriz olarak değerlendirilmesi gerektiği vurgusu yapılmıştır.

Antik Yunancada karar anlamına gelen kriz, iyi işlemeyen ve yeniden yapılanmayı gerektiren istikrarsız bir durumu ve yapıyı ifade eder ve bir örgütün rutin şekilde işleyen sistemini bozan ve aniden ortaya çıkan herhangi bir acil durum olarak tanımlanabilir. Bu yönüyle kriz, önemli bir değişme ve gelişme olduğu zaman, örgütün normal işleyişini bozan rahatsızlık durumudur (Tutar, 2004, s. 14 akt. Özer, 2009, s. 311).

Buraya kadar yapılan kriz tanımlarının yanı sıra kriz durumunun özelliklerini maddeler halinde sıralamak gerekirse şu şekilde ifade edilebilir:

a. Kriz örgütün üst düzey hedeflerini hatta varlığını tehdit eder.

b. Krizde örgütün tehlikeleri öngörme ve önleme mekanizmaları yetersiz kalır.
c. Krizde işletme zamanın baskısı altındadır ve ivedi müdahale gereklidir.
d. Kriz döneminde beklenmedik ve ani değişiklikler söz konusudur.
e. Yöneticiler ve işletme sahipleri gerilim içindedir.
f. İşletmede korku ve panik vardır.
g. Kriz firmanın imajını, insan kaynaklarını, finans yapısını ya da doğal kaynaklarını tehdit eder (Özdemir, 1994, ss. 17-18 akt. Budak&Budak, 2004, s. 353).

Bir örgütün kriz yaşaması, örgütün amaçlarından uzaklaşmasına, varlığını tehlikeye sokmasına neden olur. Kriz dönemi örgütlerin kesinlikle yaşamak istemediği ve beklenilmeyen belirsiz bir durumdur. Bu zorlu durumdan işletme başarı ile çıkabilirse gücünü kanıtlamış demektir. Kriz durumundan kurtulmak için işletmeler acil olarak doğru karar vermelidirler. Kriz sürecini yaşayan bir işletmede öncelikle yöneticiler ve sonra tüm çalışanlar stres altındadır (Tengilimoğlu ve Öztürk, 2008, s. 171).

Buraya kadar derlenmiş olan kriz tanımlarından krizlerin kurumların istemedikleri ama faaliyetleri süresince de kaçınılmaz olarak karşı karşıya kaldıkları bir durum olduğu görülecektir. Unutulmaması gereken hiçbir işletmenin krizlerden kaçamayacağı gerçeğidir. Elbette krizler konusunda ilerleyen bölümlerde göreceğimiz gibi işletmeler krizi yönetmek ve krizlerin olumsuz etkilerini azaltmak için çeşitli tedbirler alacaklar. Ancak alınan tedbirler işletmeleri muhtemel bütün krizlerden koruyamaz ancak krizlerin olumsuz etkilerinin azaltılmasına yardımcı olacaktır. İlerleyen başlıklarda bu konuya değinileceği için şimdilik bu kadarı yeterli olacaktır.

Biraz da hangi durumların kurumlar için kriz sebebi olabileceğine değinmek faydalı olacaktır. Böylece krizler daha iyi tanımlanmış olacaktır.

Kriz nedenleri şu şekilde sıralanabilir:
a. Stratejik açıklık
b. Doğal felaketler
c. Genel ekonomik belirsizlikler
d. Teknolojik gelişmeler ve yenilikler
e. Sosyokültürel faktörler
f. Hukuksal ve politik düzenlemeler
g. Uluslararası ilişkiler (Tutar, 2004, s.25 akt. Özer, 2009, s.318)

Görüldüğü üzere kurumsal açıdan kriz doğurabilecek unsurlar çok çeşitlidir. Kurumlar bu kriz durumlarının bazıları için kendi ölçeklerinde ve yapısal bir takım tedbir ve önlemler alabilirler ancak bazı kriz durumlarını önlemek kurumların elinde değildir. Örneğin "doğal etkenler" konusunda bir sel, deprem vb., doğa olayının gerçekleşmesini hiçbir kurum engelleyemez. Ancak kurumlar olası doğal afetler veya beklenmeyen kriz durumları için tedbir alabilirler. Mesela bir ülke açısından düşünülecek olursa, hiçbir ülkenin gücü depremlerin oluşumunu engelleyemez. Ancak ülkeler hazırlamış oldukları afet planları ve afet yönetim merkezleri ile depreme dayanıklı binalar yaparak, yönetmelik ve yasal düzenlemelerini deprem vb. afetlere hazırlıklı olacak şekilde hazırlayabilirler. Böylece depremi önleyemezler ancak depremin kendi ülkelerindeki hasar ve yıkıcı etkisini azaltabilirler. Bu konuda dünyanın en başarılı ülkesi Japonya örnek verilebilir. Başka ülkelerde çok daha büyük yıkımlara sebep olan depremler Japonya'da aynı büyüklükte hatta daha büyük olsalar bile diğer ülkelere nazaran daha az hasar oluşturmaktadır. Çünkü Japonya depremle yaşama gerçeğini kabul etmiş ve yasalarını, yapılanmasını buna uygun hale getirmiştir. O halde krizler önlenemese de krizlerin etkisi azaltılabilir.

Biraz da krizler etkisini nasıl azaltabilir sorusuna yanıt aramaya çalışalım. Bu konuda anahtar kavramlar "kriz iletişimi" (Crisis Communication) ve "kriz yönetimi" (Crisis Management) kavramları olacaktır. Kriz yönetimi ve kriz iletişimi kavramları bir kurumun başına gelen krizi öncesi, anı ve sonrası olarak doğru bir şekilde yönetildiği takdirde bu hasarın en aza indirildiğini defalarca kanıtlamıştır. Gelin biraz da kriz iletişimi ve yönetiminde dikkat edilmesi gerekenlere değinelim.

İki tip kriz yönetiminden bahsedilebilir. Bunlardan birincisi, kuruluşun ürettiği ürün ya da hizmetin doğasından ötürü karşılaşılabilen kriz yönetimidir. Örneğin nükleer alanda radyoaktif tehlikenin ne zaman ortaya çıkacağı bilinmemekle birlikte potansiyel risk olarak varlığı açıktır. Diğeri ise tahmin edilemeyen ve daha çok dış etkenlerden kaynaklanan kriz yönetimidir. Bu konuda bilinen örnek 1982 yılında ABD'de Tylenol adlı ağrı kesici kapsüllerin içine siyanür zehrinin enjekte edilmesi ile yaşanan krizdir (Black, 1989, s.31 akt. Peltekoğlu, 2001, s.315).

Kriz yönetiminden bahsederken kriz sürecinin aşamalarına değinmek de konu bütünlüğü açısından faydalı olacaktır. Kurumlar açısından kriz süreci üç farklı aşamada şu şekilde ifade edilebilir:

a. Kriz uyarılarının alınması ve hareketsizlik

b. Kriz dönemi

c. Çözülme dönemi (Can, 2002, s.336 akt. Tengilimoğlu & Öztürk, 2008, s.177)

Kriz yönetimi sürecinin amacı krizin oluşturduğu olumsuz sonuçları azaltmak ve ortadan kaldırmaktır. Bu amaç 6 ana aşamadan oluşur. Bu aşamalar birbirini takip eder ya da bazen aynı zamanlarda gerçekleşebilir. Bu aşamalar:

a. Planlama

b. Uyarı sinyallerini alma

c. Hazırlık ve önleme

d. Krizi sınırlama ve denetim altına alma

e. İyileşme ve normal duruma geçiş

f. Öğrenme ve değerlendirmedir (Tengilimoğlu & Öztürk, 2008, s. 183).

Kriz dönemlerinde kurumun yöneticileri panik içinde olmaları nedeniyle aldıkları kararlarda isabet katsayısı düşük olabilir. Bu durum ayrı bir sorun oluşturur. Aynı biçimde çalışanlar arasında endişe yaygınlaşır ve kararlara esas olmamakla birlikte dedikodu ortamı genişleyip büyür. Formel haberleşmenin azalması nedeniyle de örgütte verimliliği olumsuz etkileyecek haberleşme türleri, özellikle dedikodu kurumun alt ve orta düzeyini kaplar (Kazancı, 2007, s. 383).

Görüldüğü üzere kriz dönemlerinde en önemli alanlardan biri de iletişim alanıdır. Kriz anlarında insanlar haber alabilecekleri her kaynağı değerlendirmeye çalışırlar. Kriz anında insanlar birçok kaynaktan ve çoğu zaman doğrulamasını(teyit) dahi yapmadan bilgi bombardımanına maruz kalırlar. Birçok kişi krizle alakalı düşüncelerini geleneksel medyada yayınlanan bu gibi haberlerin dışında sosyal medya araçlarından elde eder. Bu ortamlarda da denetimsiz bir şekilde bilgi yayılımı söz konusu olduğu için doğru bilgilerin yanında birçok yanlış bilgi de dolaşıma girmiş olur.

Birçok krizin yayılması ve büyümesinde insanların doğru/yanlış diye ayırt etmeden elde ettiği ve başkaları ile paylaştığı bilgilerin rolü olduğu söylenirse hata etmiş olunmaz. Bu sebeple krizle karşılaşıldığında kurumun iletişimi yönetmesi kriz anında diğer anlara göre çok daha fazla önem arz etmektedir. Tam burada ihtiyaç duyulan şey "kriz iletişimi" faaliyetleridir. Kriz iletişimi faaliyetleri bu gibi durumlarda diğer zamanlardan çok daha titiz bir şekilde krize özel tedbirler alarak yapmaya çalışılır. Kriz anlarında iletişimin önemi aynı zamanda kriz anında zamanla da yarışılması sebebi ile daha da önemli bir hâl alır.

Bir kriz durumuyla yüz yüze gelindiğinde, bir örgütün görüş açısını özellikle kitle iletişim araçlarına inanılır ve etkili bir şekilde iletme etkinliği "kriz iletişimi"dir. Kriz durumları iş yerine aşikâr bir şekilde gelişiyor olabileceği gibi çoğu kriz durumu da tamamen beklenmedik ve önceden kestirilemez olabilir. Ama önceden kestirilemez olsa bile bir kriz veya felaket yine de öngörülebilir ve bunlara karşı hazırlıklı olunabilir. Ani bir kriz esnasında umutsuzluktan doğmuş olan herhangi bir kriz iletişimi programının genellikle kendisi bir felakettir. Onun için her örgütün bir kriz iletişim programına ihtiyacı vardır. Bu program örgütün düşünülebilen her ani kriz darbesiyle başa çıkmasında yardımcı olacak çerçeveyi ve işlemleri sağlayabilmelidir (Zerman, 1995, s. 25 akt. Mutlu, 2008, s.189).

"Kriz yönetimi" ve "kriz iletişimi"nin birbirini destekleyen ayrı kavramlar olduğunu tespit etmemiz gerekiyor. Çünkü kriz yönetimi, krizin teknik anlamda yönetimine yoğunlaşırken, kriz iletişimi; yaşanmakta olan kriz gerçeği ve alınan önlemlerin "algılanmasına" yönelik stratejilerin geliştirilmesi ve uygulamasıdır. Krizler kavramsal olarak beklenilmeyen durumlardır. Beklenilmeyen durumlara hazırlıklı yakalananlar ile hazırlıksız yakalananlar arasında doğal olarak fark vardır. Rekabet ortamında krizlerden "az yara ve az hasarlı" çıkabilmek için daha önce de belirttiğimiz gibi öncelikle "kriz" gerçeğini kabul etmemiz gerekiyor. Krizleri fırsata dönüştürebilmek için ise, çağdaş dünyanın benimsediği kriz iletişimi yönetimini günün doğal akışı içinde bir yerlere oturtmalıyız (Kadıbeşegil, 2008, s. 55).

Bu çalışmanın bakış açısı da aynı Salim Kadıbeşegil gibidir. Kriz iletişimi ve kriz yönetimi faaliyetlerini birbirini destekleyen faaliyetler olarak görülmektedir. Bakış açısını daha iyi anlatması açısından şöyle bir açılım yapılabilir. Bu çalışmanın çerçevesinde "kriz yönetimi" daha geniş bir faaliyetin adı, "kriz iletişimi" ise bu geniş yönetim işinin alt bir uygulama alanı olarak görülmektedir. Kriz yönetiminde kurum, iletişimin de içinde olduğu birden fazla faaliyet alanını birbiri ile koordineli şekilde yürütürken, kriz iletişiminde ise kriz yönetimine göre çok daha spesifik/özel bir alanda daha yoğun bir faaliyet gösterilmekte olduğu düşünülmektedir. Bu bağlamda kriz iletişimi düşünülmeden bir kriz yönetimi faaliyeti düşünülemez, kriz yönetimi planlarından bağımsız bir kriz iletişimi faaliyeti de düşünülemez diye düşünülmektedir. Her ikisi de birbirine bağımlı ve birbirini etkileyen faaliyet alanları olarak görülmektedir.

Kriz yönetim süreci aşamalar halinde şu şekilde özetlenebilir:

1. Kriz sinyalinin alınması
2. Krize hazırlık ve krizden korunma
3. Krizi kontrol altına alma
4. Normale dönüş
5. Öğrenme ve değerlendirme (Can, 1992, s. 302)

Bu aşamalardan görüleceği üzere kriz yönetimi bütüncül bir süreçtir. Kriz anı her ne kadar hızla müdahale edilmesi gereken ve adeta zamanla yarış içinde olunan bir yapı arz etse de kriz yönetimi süreci adım adım ilerlenmesi gereken ve sürekli kontrol içinde ilerlenen bir faaliyettir.

Kriz yönetimi ve kriz iletişiminin en önemli araçlarından biri de daha henüz ortada hiçbir kriz yokken her şey yolunda iken gelecekte olabilecek krizlere ilişkin kriz senaryoları ve kriz planlarının oluşturulmasıdır. Burada akla gelen önemli bir soru şudur: Her kriz için önceden plan yapılabilir mi?

Bu sorunun cevabını Filiz Balta Peltekoğlu şu şekilde vermektedir: Her kriz için önceden plan yapılabilir mi sorusuna verilecek cevap hem evet, hem de hayırdır. Önceden hazırlanan ve temel adımları tanımlayan bir prosedürün olması, kriz anında karar verme güçlüğünü azaltarak, gerekli işlemlere anında başlayabilme imkânı verirken, diğer taraftan beklenmeyen acil bir durumun tüm ayrıntılarının önceden planlanabilmesi oldukça zordur. Bu durumda yapılması gereken, temel haberleşme planının oluşturulması ve çok sayıda olasılığı içeren yapılacak işler listesinin hazırlanmasıdır(Peltekoğlu, 1998, s. 316).

Plan neleri içermeli? İyi gelişmiş bir kriz planı kurumun politikalarını, acil durumlarda uygulanacak prosedürleri ve bunları gerçekleştirmek için gerekli olan özel bilgiyi içermelidir (Matera & Artique, 2000, s. 216):

Kriz iletişim planının temel/anahtar elementleri;

a. Planın amacı

b. Kurumun hizmet verdiği halka karşı olan politikası ve felsefesi

c. Acil cevap takımının listelenmesi ve rütbelerin iş ve ev telefon numaralarının takviye personel isimlerinin bu listeye eklenmesi

d. Her takım üyesinin özel sorumluluklarının açıklanması

e. Temel medya/iletişim aracı personelinin listelenmesi

f. Kriz iletişim şebekesinin telefon piramit sistemini ve diğer prosedürleri içeren tarifi.

g. Yapılan plana yönelmeyi, acil cevap ve iletişim ya da medya eğitimini içeren bir eğitim programı

h. İletişim uyarı sistemini, takımın görevlerini ve temsili uygulamaları periyodik olarak test eden bir test programı

i. Potansiyel tehlikelerin envanteri

j. Kriz süreci için iletişim talimatları

k. Kriz sonrası için tavsiye edilen iletişim aktiviteleri (aktaran Tengilimoğlu & Öztürk, 2008, s. 183)

Kriz planları kriz yönetiminin en önemli araçlarından ve üzerinde en çok durulması gereken hususlardan biridir. Olabildiğince çok olay için kriz senaryoları üretilmesi kurumların krize hazırlığı açısından önemlidir. Elbette her kriz durumu için kriz senaryosu üretilemeyebilir. Ancak kriz senaryolarının sayısı ne kadar artırılırsa ve ne kadar çok alternatif senaryo üretilirse krizi doğru şekilde yönetme ihtimali de aynı oranda artacaktır. Ayrıca kurumlar bir tane kriz senaryosu hazırlamak durumunda değildir. İmkân dâhilinde ihtiyaç durumuna göre farklı kriz senaryoları için farklı kriz planları oluşturulması gerekebilir.

Kriz planları kurumların hızla tepki verilmesi gereken anlarda panik halinde davranmak yerine adım adım planlı sakin bir şekilde müdahale etmesine imkân verir. Bir kriz planı olmayan kurumlar kendileri krizi yönetemeyecekler ve muhtemelen içinde oldukları kriz durumu kurumu yönetir durumda olacaktır.

Kriz Yönetimi ve Sosyal Medya

Bu başlık altında kriz dönemlerinde sosyal medyanın kullanımı ve etkileri üzerinde durulmaya çalışılacaktır. Daha önce de bahsedildiği üzere kriz anları kamuoyunun krize konu olan kurum ve kriz hakkında en çok bilgiye ihtiyaç duyduğu anlardır. Krizin fırsata dönüştürülebileceğini ifade edenler kriz anında kamuoyunun krize ve kuruma olan bilgi açlığını kullanarak kurumun basında her zamankinden daha fazla yer alma imkânı olduğunu ve eğer bu sırada krizi iyi yönetebilir ve kamuoyuna doğru ve hızlı bilgi verebilirlerse bu kriz anını fırsata dönüştürebileceğini iddia etmişlerdir. Gerçekten başka zamanlarda kamuoyu bir kuruma ilişkin daha çok kurumun verdiği reklamlarla kurumdan haberdar olurken kriz zamanlarında krize konu olan kurum haber değeri taşıyan olaylara konu olduğu için kurum kendisini medyada daha fazla temsil imkânı bulacaktır. Burada hatalı bir çıkarım olmasın. Yani birileri bu yazılanlardan "kriz o zaman iyi bir şey kurumun daha fazla basında yer almasına sebep oluyor" anlamını çıkarırsa hatalı olur. Zira kast edilen şey kriz anları doğası gereği basının krize konu olan kuruma daha fazla söz hakkı vermesinden ibaret. O yüzden "bir kriz olsun da kurumu basında daha fazla tanıtalım" denemez. Yazının farklı yerlerinde söylenildiği üzere krizler kurumlar için "istenmedik, beklenmedik, kurumun itibarına zarar veren" olaylardır. Ancak başarılı kriz yönetimi uygulamaları yapan kurumlar krizlerin olumsuz etkilerini en aza indirip hatta var olan itibarlarını eski durumundan daha iyi bir konuma getirebilirler. Böylece krizi fırsata çevirmiş ve krizden zarar bir yana fayda sağlamış olurlar.

Kriz dönemleri haricinde kurumlar kamuoyuna ve özelde hedef kitlelerine farklı iletişim araçları ile ulaşırlar. Bu araçlara örnek vermek gerekirse; Kurumsal web siteleri üzerinden bilgi paylaşabilirler bunun haricinde geleneksel mecralar olan radyo, televizyon, gazete gibi mecralarda tanıtım materyallerini paylaşabilirler. Ayrıca açık hava reklam alanlarını kullanarak hedef kitlelerine mesajlarını iletebilirler. Bunların yanında sektörü ilgilendiren fuar, toplantı vb. etkinliklerde hedef kitlelerine yüz yüze mesajlarını iletebilirler.

Bunların yanında 2000'li yıllardan sonra hayatımıza girmeye başlayan yeni medya/sosyal medya araçları da kurumların hedef kitlelerine doğrudan ve hızlı şekilde mesaj verebilmesine imkân tanımıştır. Bu araçlardan hemen hepimizin aklına gelebilecek araçlar olarak Facebook, Twitter, Instagram, Pinterest, Snapchat, TikTok, vb. araçlar akla gelebilir. Kurumlar kendi kurumsal hesaplarından reklam ve tanıtım mesajları verebilecekleri gibi mesela Facebook üzerinden bölgesel olarak sponsorlu içerikler yayınlatmak sureti ile de reklam ve tanıtımlarını yapabilirler.

Sosyal medya sayesinde kurumlar kendilerini hedef kitlelerine daha yakından anlatma ve hedef kitlenin taleplerini ve vermiş oldukları mesajlara tepkilerini çok hızlı bir şekilde görme imkânına sahip olmuşlardır. Örnek vermek gerekirse eskiden bir kurum herhangi bir sebeple geleneksel medyada bir reklam filmi yayınladığında bu reklam filmine gelen tepkileri ölçümlemek için öncesi ve sonrası testleri şeklinde araştırma firmalarından profesyonel destek alarak araştırma yapmak durumundaydı. Oysa günümüzde aynı kurum reklamını Facebook veya Twitter gibi sosyal medya mecralarında yayınladığında takipçileri ve bu platformları kullanan kişiler beğeni ye da beğenmeme şeklindeki görüşlerini çok hızlı ve direkt bir şekilde

Disiplinlerarası Yaklaşımla Sosyal Medya-2

kuruma iletebilmektedir. Böylece kurum çok hızlı bir şekilde ve sıfır maliyetle kullanıcıların reklam içeriğine tepkisini öğrenme imkânına sahip olmaktadır. Elbette sosyal medya platformlarında sahte hesap bulunma ihtimali ve gerçeği her zaman mevcuttur. Ancak sahte hesapların varlığı sosyal medyayı tamamen güvensiz bir ortam haline getirmez, getirmemelidir.

İşletmelerin sosyal medyayı kullanım amaçları konusunda aşağıdaki alıntı daha kapsamlı fikir verebilir:

İşletmeler sosyal medyayı temel olarak üç farklı şekilde kullanabilmektedir:

a. İşletmeler, online fikir liderlerine (örneğin blog yazarları gibi) ulaşmak, mevcut ya da pazara yeni sürecekleri ürün ve hizmetleriyle ilgili bilgiyi bu gruba aktarmak amacıyla sosyal medyadan yararlanabilirler.

b. İşletmeler sosyal medya üzerindeki tüketicilerin sesine kulak verip, bloglarda, forumlarda ya da sosyal ağ sitelerinde kendileri ve ürünleri hakkında konuşulanları izleyebilirler.

c. Son olarak işletmeler sosyal medyayı doğrudan ve bire bir pazarlama stratejilerinin bir parçası haline getirebilirler (Constantinides & Fountain, 2008 akt. Tuncer vd., 2013, s. 34).

Görüleceği üzere kurumlar sosyal medyayı kriz zamanları dışında da son derece aktif bir şekilde ve kurum çıkarları için etkili bir araç olarak kullanabilirler.

Konuyla alakalı olarak şu soru akla gelebilir: Kurumlar kriz anlarında sosyal medya araçlarını nasıl kullanabilirler? Biraz da bu soru üzerine konuşalım.

İnternetin kriz planlamasında nasıl kullanılması gerektiği ile alakalı Holtz'un "internet kriz planlaması yönergesi" şu basamaklardan oluşmaktadır:

a. Genel Planlama: İnternet iletişimi genel kriz planı ile koordine edilmelidir.
b. İzleme (Denetleme): İnternette krizle alakalı kaynakların izlenmesi, denetlenmesi, raporlanması aşaması
c. Şirketin internet sayfasını kullanma
d. E-mail kullanma
e. Tartışma gruplarını izleme ve kullanma (Holtz, 1999, s. 218-221 akt. Solmaz, 2007, s. 72).

Kriz anlarında sosyal medya araçlarından Facebook'un nasıl kullanıldığı sorusuna cevap arayan "Kriz İletişimi ve Sosyal Medya: Emisyon Krizinde Volkswagen'in Facebook Kullanımı" adlı akademik çalışmada şu sonuca varılmıştır: Bilginin sosyal ağlar vasıtası ile çok hızlı yayıldığı günümüzde, sosyal medya organizasyonlarda bir takım avantajlar ile birlikte dezavantajları da beraberinde getirmektedir. Volkswagen grubu oluşturduğu kriz iletişim komitesi ile krize çok kısa zamanda müdahale etmiştir. Kamuoyunu özellikle ilk bir ay içerisinde bilgi bombardımanına tutarak kamuoyunda oluşması muhtemel bilgi kirliliğinin önüne geçmiş; yayınladığı içerikler ile takipçilerinde yeniden bir güven duygusu oluşturmayı amaçlanmıştır. Ayrıca yayımlanan yeni içeriklerle de krize sebep olan emisyon ile ilgili yeni projeler tanıtılmış ve krizi fırsata çevirmenin yolları aranmıştır (Çetin & Toprak, 2016, s. 67).

Bu akademik çalışmada detayları ile birlikte Volkswagen'in kurumsal itibarı açısından küresel bir krize dönüşen "Emisyon skandalı" sırasında sosyal medya araçlarından Facebook'u nasıl etkin bir şekilde kullandığı gözler önüne serilmiştir. Zira Facebook kurumsal sayfası, Volkswagen'in kendisine ait bir medya aracıdır. Dolayısıyla ücretsiz bir şekilde, dilediği kadar ve %100 kontrol edilebilir bir şekilde bu mecrayı kullanmışlardır. Oysa aynı paylaşımları geleneksel mecralarda yapmak isteseydi bu sefer hem geleneksel mecraların yüksek reklam tanıtım maliyetleri ile karşılaşılacaktı hem de kontrol edilemeyen bir editoryal süreç (haber yaptırmak istediklerinde karşılaşılacak durum) devreye girecekti. Oysa Facebook kurumsal hesabında sürekli, düzenli ve birincil ağızdan krize ilişkin mesaj verme imkânı söz konusu idi.

Elbette bu söylenilenlerden sosyal medya platformlarının sanki geleneksel medyanın bir alternatifi gibi sunulduğu anlamı çıkmamalı, zira kriz anlarında geleneksel medyaya da kurumların ciddi şekilde ihtiyacı var, bu yadsınamaz bir gerçek. Ancak sosyal medyanın geleneksel medyanın yanında kurumun mesajlarını hedef kitleye ulaştırma yolunda tercih ettiği önemli bir araç olduğu ve geleneksel medyaya alternatif olmaktan ziyade destekçi olduğu unutulmamalıdır.

Günümüzde krizler çoğunlukla sosyal medya kanallarıyla yönetilmektedir. Ancak durmadan değişen sosyal medya sayesinde sosyal medya aracılığıyla kriz iletişimi de hızla değişmektedir. Örneğin sadece birkaç yıl önce (Twitter henüz yokken, Facebook bir yaşındayken ve YouTube bugünkü gibi bir fenomen haline gelmemişken) krizler İnternet ortamında olsa da bugünkünden farklı bir şekilde yönetiliyordu: Basın bültenleri, açıklamalar, düzenli güncellemeler kriz iletişiminin olmazsa olmazlarıydı. Bugünse son dakika güncellemelerini diğer sosyal medya araçlarına oranla çok kolaylaştıran Twitter, kriz iletişiminin en önemli aracıdır. Mikrobloglar bilgi paylaşımı açısından paha biçilemez bir araçtır. Facebook'ta bulunan haber gruplarına farklı ülke, yaş ve dünya görüşlerinden milyonlarca insan üyedir (Jordan Meier, 2011 akt. Aslan, 2015, s. 17).

Bu alıntı Twitter aracının sosyal medya araçları arasında özellikle kriz anlarında sıklıkla tercih edilen bir araç olduğunu hatırlatmaktadır. Hemen akla şu gelebilir: "Twitter gibi sınırlı karakter yazımına izin veren bir mikroblog üzerinden kriz iletişimi nasıl yapılacak?". Oysaki unutulmaması gereken şudur: Twitter üzerinden uzun uzadıya açıklama yapmak zaten Twitter kullanım mantığına da aykırıdır. Ancak kurumlar bir kriz anında yapmış oldukları resmi basın bültenini bir görsele çevirip kurumsal Twitter hesabından bu görseli bir tweetle paylaşabilirler. Ya da kriz anında yapılan canlı bir basın toplantısının kurumsal web sitesinde yüklü olduğu bağlantı adresini (link) kurumun Twitter hesabı üzerinden paylaşabilirler. Böylece hedef kitlenin kriz anında kurumsal web sitesini ziyaret sayısını da dolaylı olarak artırmış olacaklardır. Dolayısıyla Twitter'ın sınırlı karakterle tweet atmaya izin vermesi kurumların krizi yönetmede Twitter aracını kullanmaları önünde bir engel değildir.

Yeni medyanın gelişmesiyle Twitter'ın hedef kitle üzerindeki etkisi de artmıştır. Yapılan bir araştırmaya göre araç, mesajdan daha da önemli bir hale gelmiştir: Günümüzde insanlar gazete okumaya devam etse de kriz döneminde düşünceler üzerindeki en etkili araç Twitter'dır. Kurumların hedef kitlesine ve hedef kitlesinin medya seçimine dair planlı seçimler yapması kriz iletişimini başarıyla sürdürmesini olumlu etkileyecektir (Schultz vd., 2011, s.25 akt. Aslan, 2015, s. 19).

"Sosyal Medyada Kriz Yönetimi ve Kurum İtibarı İle İlişkisi Üzerine Bir Model" adlı akademik çalışmada Nestle Firması'nın yaşadığı bir krizi sosyal medya platformları üzerinde nasıl yönettiği incelenmiş ve sonuç bölümünde şu bulgulara yer verilmiştir: Bir işletmenin sosyal medya kriziyle karşılaştığı zaman krizi nasıl atlatabileceğine dair öneriler oluşturulmuştur. Çıkarılan sonuçlar şöyledir: Sosyal medyanın kriz çözümlerinde etkili kullanılması, hızlı ve güncel olarak platformlardan bilgi paylaşımı yapılması ve hatta birkaç sosyal medya hesabından bu sürecin birlikte yönetilmesi gerektiğidir. Krizin türüne göre doğru kriz karşılama stratejileri belirlenmeli, hızlı tepki gösterilmeli, doğru kriz sözcüsü belirlenmeli, kriz yönetimi takımları oluşturulmalı, sosyal medyadan gelen olumsuz yorumlara da saygı gösterilmeli ve asla bu yorumlar silinmemeli, krizden çabuk kurtulmak için paydaşlarla iyi ilişkiler kurulmaya çalışılmalıdır. Tüm bu koşullar sağlandığı takdirde her türlü kriz, kurumun lehine çevrilerek çözülecektir (Yenice vd., 2018, s. 15).

Bu akademik çalışmanın sonuç bölümünde sosyal medya platformlarında krizin yönetilmesi ile ilgili çok temel bir kurala vurgu yapılmıştır: "Sosyal medyadan gelen olumsuz yorumlara da saygı gösterilmeli, asla bu yorumlar silinmemeli". Bazı kurumlar sosyal medya platformlarında kendileri ile alakalı olumsuz yorumları hemen silme eğilimi gösterebilmektedirler. Oysaki bu vahim bir hatadır. Zira sosyal medya platformlarının zaten kendilerince belli bazı etik kuralları söz konusudur. Bunun haricinde kurumlar kendileri ile alakalı olumsuz yorumları silerek sosyal medya platformlarının ruhuna aykırı bir şey yapmaktadırlar. Zira bu mecraların en temel ortaya çıkış amaçlarından biri insanların kendi görüşlerini özgür bir şekilde ifade etmeleridir. Bu konudaki genel görüşümüz, bir suç unsuru teşkil etmediği sürece, kişi veya kurumlara hakaret içermediği sürece olumsuz paylaşımların silinmemesi yönündedir.

Covid 19 Krizi Süresince Sağlık Bakanı Fahrettin Koca'nın Twitter Platformunu Kullanma Tarzı

Bu başlık altında Türkiye Cumhuriyeti Sağlık Bakanı Dr. Fahrettin Koca'nın salgın süresince resmi kişisel Twitter hesabını nasıl kullandığı analiz edilecektir. Öncelikle Sağlık Bakanlığı ve Fahrettin Koca'nın Twitter hesapları takipçi sayıları hakkında kısa bilgi verilecektir. Sağlık Bakanlığı'nın resmi Twitter hesabı T.C Sağlık Bakanlığı (@saglikbakanligi) adı ile 1 milyon 901bin 617 takipçiye sahiptir. Hesaptan bugüne kadar 17,8 bin tweet atılmıştır (Bilgilerin alındığı tarih 2.11.2020). Sağlık Bakanı Dr. Fahrettin Koca'nın resmi kişisel Twitter hesabının ise 6 milyon 322 bin 365 takipçisi bulunmaktadır ve bu hesaptan 3 bin 94 tweet atılmıştır. Bu çalışmada Sağlık Bakanlığı yerine özellikle Sağlık Bakanı Dr. Fahrettin Koca'nın kişisel hesabının analiz edilmesi tercih edilmiştir. Zira Sağlık Bakanı'nın kriz süresince Bakanlığın kriz anındaki "kurum sözcüsü" niteliğini taşıdığını düşünülmektedir. Ayrıca Sağlık Bakanlığı'nın resmi Twitter hesabından da sıklıkla Sağlık Bakanı'nın tweetlerinin paylaşıldığı görülmüştür. Bunun yanında bir diğer faktör de Dr. Fahrettin Koca'nın Twitter takipçi sayısının Bakanlığın takipçi sayısından yaklaşık 3 katı fazla olmasıdır. Bu da bakanın kişisel temsilinin özellikle kriz dönemi ile de bağlantılı olarak kurumun temsilinden daha önce çıkması ve insanların bir haber kaynağı olarak Bakanlık resmi hesabından daha çok Sağlık Bakanı'nın resmi hesabını takip ettiği gerçeğini hatırlatmaktadır. Tüm bu sebeplerle çalışmada Dr. Fahrettin Koca'nın kişisel Twitter hesabını ne şekilde kullandığı, nasıl paylaşımlar yaptığı incelenecektir.

a. Sağlık Çalışanları Taziye Mesajları

Fahrettin Koca salgın süresince düzenli aralıklarla virüs sebebi ile hayatını kaybeden sağlık personellerinin kısa özgeçmişlerinden bahsederek, kaybettikleri sağlık personelleri için taziye mesajı yayınlamaktadır. Bu önemli bir adımdır. Zira kriz süresince en ön cephede salgınla mücadele veren ve psikolojik ve fiziksel olarak yorulan doktor, hemşire, hasta bakıcı, eczacı vb. sağlık personelinin virüs sebebiyle kaybedildiği durumlarda bizzat birinci ağız olarak Sağlık Bakanı tarafından taziye mesajı ile anılması ince bir düşünce ve sağlık çalışanlarının önemsendiğinin bir göstergesi olarak önem arz etmektedir.

Dr. Fahrettin Koca @drfahrettinkoca · 27 May
ECZACI İSMAİL DURMUŞ. 1985, Kayseri doğumlu. Ege Üniversitesi Eczacılık Fakültesi'nden 2007'de mezun oldu. En büyük tutkusu mesleğiydi. Birkaç yıl önce İstanbul Sancaktepe'de kendi eczanesini açmıştı. Bir çocuk babasıydı. Virüsü bir hastadan aldı. Mücadelesi için #minnettarız.

Görsel 1: Eczacı İsmail Durmuş taziye mesajı görseli

b. Tedbirleri Hatırlatan ve Uyaran Mesajlar

Fahrettin Koca, Twitter hesabından Sağlık Bakanlığı'nın da sıklıkla vurguladığı "Maske ve Mesafe" konularına dikkat çeken ve vatandaşları sadece maske ile değil, maske ve mesafe olmak üzere her iki tedbiri birden almaya yönelik mesajları da yine belirli aralıklarla paylaşmıştır. Bu da önemli bir adımdır. Zira Sağlık Bakanlığı'nın kriz iletişimi stratejilerinin en önemli araçlarından biri salgının yayılmasını ve insanların hasta olmasını engellemek için maske, mesafe ve hijyen tedbirlerini sürekli hatırlatmak olduğu unutulmamalıdır. Sağlık Bakanı da kişisel Twitter hesabı üzerinden bu stratejiye destek vermiştir.

Dr. **Fahrettin Koca** @drfahrettinkoca · 28 May
BUGÜNLERDE ADIMLARIMIZI ÖLÇEREK ATALIM. Risk, devam ediyor. Sosyal Mesafeyi 1,5 m'de tutmak için dikkatli olalım, maskeyi kuralına uygun şekilde takalım. Maske ve Sosyal Mesafe, iki tedbir birlikteyken tam tedbirdir. Riskin nereden geleceği hiç belli olmaz. Maskeyle yetinmeyelim.
♡ 1,4 B   ↻ 5,9 B   ♥ 65,1 B   ⬆

Görsel 2: Tedbirleri hatırlatan tweet örneği

c. Türkiye'nin Salgını Başarı İle Yönettiğine İlişkin Sayısal Veri Paylaşımı Mesajları

Fahrettin Koca salgının başlangıcından itibaren Türkiye ve özelinde Sağlık Bakanlığı olarak virüs salgını ile başarılı bir şekilde mücadele edildiğini iddia etmekte ve bunu da çeşitli uluslararası sayısal istatistik ve verilerle paylaşmaktadır. Salgından ölüm oranlarını diğer ülkelerle kıyaslayarak Türkiye'deki durumun diğer ülkelere göre daha iyi olduğunu ispat etmek için sayısal verilerin gücünden faydalanmaktadır. Bilindiği üzere birilerini ikna etmek için sunumda sayısal veriler kullanmak bilinen ve sıklıkla kullanılan bir tekniktir.

Dr. **Fahrettin Koca** @drfahrettinkoca · 28 May
Ölüm oranları da Ankara'nın başarısını ortaya koyuyor. Johns Hopkins Üniversitesi verilerine göre 26 Mayıs itibarıyla Türkiye'de ölüm oranı yüzde 2,8. Bu oran İngiltere'de 14,1. İtalya'da 14,3. Fransa'da 15,5. ABD'de ise 5,9. ABD DIŞİŞLERİ ESKİ BAKAN YARDIMCISI MATTHEW BRYZA

Görsel 3: Türkiye'nin salgını yönetmedeki başarısına atıf yapan tweet örneği

d. Sokağa Çıkma Yasakları ve Teşekkür Mesajı

Bilindiği üzere Türkiye Cumhuriyeti'nin salgınla mücadelede kullandığı yöntemlerden biri de özellikle vaka sayılarının çok arttığı dönemlerde bazen 65 yaş üstüne bazen ise çocuklara ve gençlere olmak üzere sokağa çıkma konusunda kısıtlamalar getirilmesi idi. Bazı kesimlerce bu uygulamalar çok zorlayıcı olarak görülüyordu. Bu süreçte Fahrettin Koca Twitter hesabı üzerinden kimi zaman gençlere kimi zaman da yaşlılara sokağa çıkmadıkları için teşekkür eden tweetler paylaştı. Böylece evlerinde kalan ve sokağa çıkma özgürlüğünden yakınan insanlara psikolojik bir destek sunulduğunu söylenebilir.

Dr. Fahrettin Koca · @drfahrettinkoca · 29 May
Hayat tümden durmasın diye, bazılarımız salgın şartlarında da çalıştı. Dışarıda olmanın tek iyi yanı boş yollardı. Olanların en önemlisi şu: Vaka sayısını, birlikte 1.000 civarına düşürdük. Sağ ol, genç arkadaşım. Evde kalmakta ısrar etmesek işimiz zordu. Biraz daha dayanalım.

Görsel 4: Sokağa çıkma kısıtlaması sebebi ile gençlere teşekkür konulu tweet örneği

e. Salgın Süresince Hizmet Verecek Yeni Sağlık Tesislerinin Duyurusu

Salgın esnasında bir taraftan var olan devlet ve özel hastanelerin bazıları Pandemi Hastanesi'ne çevrilirken bir taraftan da yeni hizmete sunulacak olan sağlık tesislerinin açılışları söz konusudur. Fahrettin Koca yine farklı zamanlarda yeni açılacak sağlık tesislerinin açılışına ilişkin görseller paylaşmakta ve böylece salgınla mücadelede hastane ve tesis sayılarının artırıldığına vurgu yapan tweetler paylaşmaktadır. Böylece insanlarda salgına karşı Türkiye'nin ve özelinde Sağlık Bakanlığı'nın teknik ve altyapı açısından yeterli olduğu mesajı verilmektedir. Bu da salgın sürecindeki kriz iletişimi açısından doğru bir adımdır. Zira insanlarda sağlık sistemine ve Sağlık Bakanlığı'na olan güven azalırsa krizi yönetmek zorlaşacaktır.

Disiplinlerarası Yaklaşımla Sosyal Medya-2

Dr. Fahrettin Koca ✅ @drfahrettinkoca · 29 May
Sn. Cumhurbaşkanımızın teşrifleriyle, Prof. Dr. Feriha Öz Acil Durum Hastanesinin açılışını gerçekleştirdik. Depremde zarar görmeyecek şekilde, ileri teknolojiyle yapılan hastanemiz donanımıyla deprem, salgın gibi acil durumlarda büyük görev üstlenecek. Milletimize hayırlı olsun.

Görsel 5: Yeni sağlık tesisi açılışı ile alakalı tweet

f. Salgın Süresince Virüs Sebebi İle Hayatını Kaybeden Doktoraların İsimlerinin Tesislere Verilmesi

Sağlık Bakanlığı Covid 19 Salgını süresince virüs sebebi ile hayatını kaybeden bazı doktorların isimlerinin yaşatılması için yeni açılacak hastanelere bu doktorların isimlerini bir vefa göstergesi olarak vermiştir. Fahrettin Koca da bu durumu Twitter üzerinden paylaşmıştır. Bu durumun sağlık personeline vefa gösterilmesi bağlamında önemli olduğu düşünülmektedir.

Dr. Fahrettin Koca ✅ @drfahrettinkoca · 29 May
Art arda açılışlarını yaptığımız Acil Durum Hastanelerimize Prof. Dr. Feriha Öz ve Prof. Dr. Murat Dilmener'in adlarını veriyoruz. Söz konusu hastaneler, değil bundan sonraki işlevleri, sadece iki bilim insanımızın adını yaşatmak için yapılmış olsa, bu bile yeterli bir sebeptir.

Görsel 6: Doktor Feriha Öz ve Doktor Murat Dilmener'in isimlerinin yeni sağlık tesislerine verilmesi tweet örneği

g. Sosyal Mesafe Kurallarına Uygun İbadet Yapılmasına Teşekkür Mesajı

Virüs tedbirleri kapsamında camilerde toplu cemaatle namaz kılınması uygulamasında Diyanet İşleri Başkanlığı ile beraber bazı tedbirler ve kısıtlamalar getirildi. Örneğin saflar sosyal mesafe kuralına uygun ve her kişi kendi seccadesini getirecek ve maskeli şekilde camiye girilecek gibi tedbirler alındı. Fahrettin Koca da atmış olduğu tweetle daha önce yaşlı ve gençlere teşekkür ettiği gibi bu sefer de camilerdeki cemaate hassasiyetlerinden ötürü teşekkür eden tweet atmıştır.

Ömer Faruk Özgür

Dr. Fahrettin Koca ✅ @drfahrettinkoca · 29 May
Uzun aradan sonra ilk kez bugün ülkemizde Cuma namazı kılındı. Namaza duranlar Yaradan'la yine aynı yakınlıktaydı. Safa girenler arasındaysa geçici bir mesafe vardı. İbadetini salgın tedbirlerine uygun şekilde yapanlara teşekkür ediyoruz. Allah bugün yapılan duaları kabul etsin.

Görsel 7: Cami cemaatine teşekkür tweet örneği

h. Bilim Kurulu Toplantısı Sonrası Açıklama Tweeti

Fahrettin Koca salgın sürecince düzenli ve sık sık basın toplantıları yapmıştır. Her gün Sağlık Bakanlığı tarafından Covid 19 Salgını ile alakalı günlük hasta sayıları, hayatını kaybedenler, iyileşenler, entube olanlar vb. sayılarının paylaşıldığı basın toplantıları ve basın bilgilendirmeleri yapılmıştır. Bu kriz iletişimi açısından son derece doğru bir adımdır. Fahrettin Koca da bu basın toplantılarının videolarını kendi Twitter hesabından düzenli olarak paylaşmıştır.

Dr. Fahrettin Koca ✅ @drfahrettinkoca · 3 Haz
Bilim Kurulu Toplantımızın ardından Koronavirüs ile ilgili son gelişmeler ve aldığımız yeni tedbirlere ilişkin basın açıklamamız.

Görsel 8: Basın açıklaması tweet örneği

ı. Basında ve Sosyal Medyada Çıkan Yanıltıcı Bilgilerle Mücadele Mesajları

Salgın sürecince gerek geleneksel basında gerekse sosyal medyada birçok yalan/yanlış bilginin yayıldığı görülmüştür. Özellikle sosyal medyanın dezenformasyon ve bilgi kirliliğine son derece açık bir mecra olduğu unutulmamalıdır. Bu manada Fahrettin Koca da farklı vesilelerle iddialara ilişkin Sağlık Bakanlığı'nın resmi açıklamalarını Twitter üzerinden duyurmuştur. Kriz dönemlerinde yanlış/hatalı bilgi ile mücadele krizle mücadelenin çok önemli başlıklarından biridir.

Disiplinlerarası Yaklaşımla Sosyal Medya-2

Dr. Fahrettin Koca @drfahrettinkoca · 4 Haz
COVID-19'a karşı kullandığımız SITMA İLACI hakkında AMERİKA'DA YAPILAN YAYIN GÜVENİLİR DEĞİL. Veriler bilim adamlarınca değil, bir şirket tarafından toplanmış. Çalışmayı enfeksiyon uzmanları yapmamış. Yan etki iddiası şaibeli. İlaçtan yarar gördük.

Görsel 9: Sağlık Bakanlığı'nın kullandığı ilaç hakkında iddiaları yalanlayan Tweet Örneği

i. İnsanları Evde Kalmaya Teşvik Eden Mesajlar

Fahrettin Koca zaman zaman getirilen sokağa çıkma kısıtlamaları kaldırılınca ve yaz mevsimi gelince insanların tekrar hızlı bir şekilde ve daha fazla sokaklarda olmasını ve daha fazla temas halinde olmasını önlemek için evde kalmaya, kendini daha fazla izole etmeye insanları teşvik eden mesajlar da vermiştir.

Dr. Fahrettin Koca @drfahrettinkoca · 12 Haz
Genç yaşlı, büyük küçük hepimiz, kimi sınırlamalar hariç artık ne zaman istersek dışarıdayız. Fakat kısıt kalktı, yaz geldi diye evimiz gözden düşmesin. Kendimizi virüsten koruyabilmiş olmayı evimize de borçluyuz. Dışarıda yeterinden fazla kalmak yerine vakitlice evimize dönelim.

Görsel 10: Evde kal temalı tweet örneği

j. Günlük Korona Virüs İstatistikleri Mesajları

Fahrettin Koca Twitter hesabından her gün, günlük vaka sayıları istatistiklerini paylaşmakta ve bu sayılarla beraber insanları tedbiri elden bırakmamaya teşvik eden mesajlar atmaktadır. Bu da kriz iletişimi açısından salgın dönemlerinde insanların psikolojilerini sürekli salgına karşı tetikte olmaya sevk etmesi açısından önemli ve başarılı bir strateji olarak görülmelidir.

Dr. Fahrettin Koca ✓ @drfahrettinkoca · 13 Haz
Vaka sayısındaki artış, tedbirlere uymayanları uyarıyor. Giderek, hepimizi.
covid19.saglik.gov.tr

Görsel 11: Günlük korona virüs tablosu tweet örneği

k. Vatandaşları Maske Takmayanları Uyarmaya Davet Mesajları

Fahrettin Koca virüs salgını ile mücadelede vatandaşları da bu topyekûn seferber olunan duruma müdahil olmaya ve sokakta maske takmayanları uyarmaya davet eden tweetler atmıştır. Böylece insanları da bu mücadelenin adeta birer gönüllüsü haline getirmeyi hedeflemiştir. Bu da kriz iletişimi açısından doğru bir adımdır. Zira bu mücadele sadece sağlık çalışanları ile yürütülemeyecek kadar büyük bir mücadeledir.

Dr. Fahrettin Koca ✓ @drfahrettinkoca · 16 Haz
Virüse karşı yürüttüğümüz mücadelede, maske, sosyal sorumluluğumuz. Maske takarak, birbirimizi virüsten koruyalım. Maskesiz dolaşanları, maske takıyormuş gibi yapanları uygun dille uyaralım. Virüsle maskesiz mücadele edemeyiz.

Görsel 12: Maske takmayanları uyarın temalı tweet örneği

l. Toplum Bilimleri Kurulu Toplantısı Mesajı

Sağlık Bakanlığı salgınla mücadelede temel olarak sağlıkçılardan oluşan "Bilim Kurulu" ile görüş alışverişinde bulunmakta idi. Bu bilim kurulu da tıp doktorlarından oluşmaktaydı. An-

Disiplinlerarası Yaklaşımla Sosyal Medya-2

cak bir süre sonra salgının sadece tıbbi boyutu değil bunun yanında psikolojik, sosyolojik boyutunun da önemli olduğu fark edildi. Bu doğrultuda "Toplum Bilimleri Kurulu" diye içinde psikologların, sosyoloji, iletişim gibi disiplinlerin uzmanlarının yer aldığı kurul oluşturuldu. Fahrettin Koca da Twitter üzerinden bu kurulla yaptığı toplantılara ilişkin tweet paylaşımı gerçekleştirmiştir. Bu adım da kriz iletişimi açısından doğru bir adımdır. Fahrettin Koca bu paylaşımları ile krizle sadece tıp bilimi bakış açısı ile değil bunun yanında toplum bilimleri bakış açısı ile iki ayrı koldan salgınla mücadele etmeye çalışıldığı, bütüncül bir bakış açısı ile olayın ele alındığına yönelik mesaj vermektedir.

Dr. Fahrettin Koca @drfahrettinkoca · 22 Haz
Toplum Bilimleri Kurulumuzla yeni toplantımızı yaptık. Koronavirüs salgınına karşı farklı bilim dallarından bilim insanlarımızın sürece katkılarından yararlandığımız toplantılarımızın bugünkünde gündemimiz YKS'ye girecek öğrencilerin psikolojisi ve alınabilecek ek tedbirler oldu.

Görsel 13: Toplum Bilim Kurulu toplantısı tweet örneği

m. Salgına Karşı Kaç Kişiyiz Mesajı

Fahrettin Koca "Salgına Karşı Kaç Kişiyiz" temalı mesajları ile salgınla mücadelede vatandaşları da aktif olarak yer almaya davet etmekte ve sürekli "biz" mesajı vermektedir. Bu doğrultuda mesajlar da kriz iletişimi açısından son derece doğrudur.

Dr. Fahrettin Koca @drfahrettinkoca · 6 Tem
MESAJIMIZIN ULAŞTIĞI HERKES, bugün dışarıda maskesini takıyor, mesafe kuralına uymak için çaba gösteriyor mu? SALGINA KARŞI KAÇ KİŞİYİZ?

Görsel 14: Salgına karşı kaç kişiyiz temalı tweet örneği

n. Toplu Etkinliklere Yönelik Paylaşımlar

Fahrettin Koca Twitter hesabından Ramazan Bayramı ve Kurban Bayramı gibi toplumsal hareketliliğin çok fazla olduğu zamanlarda uyulması gereken tedbirleri videolu mesaj şeklinde anlattığı paylaşımlar yapmıştır. Bu paylaşımlar da kriz iletişimi açısından son derece doğrudur.

Dr. Fahrettin Koca ✓ @drfahrettinkoca · 29 Tem
KURBAN BAYRAMINDA uymamız gerekenleri 3 grupta topluyoruz. İlk gruptaki tedbirler, kurbanlık alımı ve kurban kesimi, ikinci gruptakiler Bayram ve Cuma namazı, üçüncü gruptakiler bayramın nasıl geçirileceği ile ilgilidir. 5 DAKİKALIK VİDEODA HEPSİ MADDELER HALİNDE SIRALANMIŞTIR.

Görsel 15: Kurban Bayramı tedbirleri konulu tweet örneği

o. Yaşayandan Uyarılar Mesajları

Fahrettin Koca Ağustos ayı itibarı ile daha önce atmadığı bir tema ile tweet atmaya başlamıştır. Bu tema "Yaşayandan uyarılar" şeklinde ifade edilebilir. Gerçek hastaların yaşamış oldukları sıkıntıları kendi ağızlarından aktardıkları tweetlerle Fahrettin Koca insanlara virüsün ne kadar ağır etkileri olduğunu anlatmakta, insanları virüsün ağır etkileri ile korkutarak daha fazla tedbir almaya sevk etmektedir. İnsanları her zaman olumlu mesajlarla ikna etmeye çalışan Fahrettin Koca'nın Ağustos ayı ile beraber "korkutarak ikna" metodunu da uygulamaya soktuğu görülmüştür. Bu da kriz iletişiminde mesaj stratejisindeki değişiklik açısından önemli bir değişimin göstergesidir.

Dr. Fahrettin Koca ✓ @drfahrettinkoca · 7 Ağu

YAŞAYANDAN UYARILAR

14 yıldır hastanede çalışıyorum. 5 ay evimden işime, işimden evime gidip geldim. Tedbirlere dikkat ettim ama sadece benim dikkatim yetmedi. Pozitif çıktım. Şimdi tedavim evde devam ediyor. 3 gündür yatıyorum. Eklem ağrılarından sürünerek bişeyler yapıyorum. Dikkat etsin herkes, sinsi bir virüs bu.

Neslihan B.

Görsel 16: Yaşayandan uyarılar temalı tweet örneği

p. Entübasyon Temalı Tweetler

Fahrettin Koca attığı bazı tweetlerle insanların salgın süresince sıklıkla duyduğu "entübe olma", "entübasyon" tabirlerine açıklık getirmekte ve bu işlemin hasta için zor ama gerekli bir müdahale olduğundan bahsetmektedir. Bu da yine yukarıda değinilen "korkutarak ikna" tekniğine bir örnektir. İnsanlara "eğer tedbir almazsanız siz de bir gün bu şekilde entübe edilmek zorunda kalabilirsiniz. O yüzden dikkatli olun" mesajı verilmektedir.

Dr. Fahrettin Koca @drfahrettinkoca · 17 Ağu
Sağlıklı bir yetişkin dakikada ortalama 12 kez nefes alır. Farkında bile olmadan. COVID-19'un akciğerinde pnömoniye yol açtığı hastaysa, bütün enerjisini nefes almak için harcasa bile, bunu başaramaz. Hastaya, onu

Görsel 17: Entübasyon temalı tweet örneği

r. Tedbirleri Hatırlatan Mesajlar

Sağlık Bakanlığı ve Fahrettin Koca salgınla mücadelede bir slogan belirlemişlerdir: "Koronavirüs alacağımız tedbirlerden güçlü değildir". Bu sloganı Fahrettin Koca da tweetlerinde sıklıkla kullanmış ve salgını tedbirlerle kontrol altında tutacağımıza vurgu yapmıştır. Kriz iletişimi açısından sloganlarla basit, hızlı ve tekrar eden mesajlar vermek kriz iletişimi açısından doğru bir stratejidir.

Ömer Faruk Özgür

Dr. Fahrettin Koca ✓ @drfahrettinkoca · 18 Ağu
Salgının sıfır noktası Wuhan unutuldu. Tüm dünya, salgının merkeziymiş gibi mücadele etmek zorunda. Savaşta ağır yenilgi alan ülkeler var. Biz, en iyiler arasındayız. Bilimin ve tedbirlerin gücüne inanarak, sağlık ordumuzla dayanışma içinde, mücadele edelim. Yenilen virüs olacak.

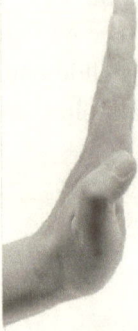

Görsel 18: Tedbirleri hatırlatan tweet örneği

s. Sağlık Çalışanlarına Destek Temalı Mesajlar

Fahrettin Koca salgın süresince en ön safta mücadele eden aynı zamanda virüsle en çok temas etme durumunda kalan sağlık çalışanlarının salgın döneminde diğer dönemlerde olduğu gibi hatta daha fazla saygıyı hak ettiğini ifade eden tweetleri olmuştur. Zaman zaman sağlık çalışanlarına yönelik fiziksel şiddet haberleri de görülmüştür. Tüm bu süreçlerde Fahrettin Koca'nın Twitter üzerinden sağlık çalışanlarını destekleyen mesajlar atması da kriz iletişimi açısından doğru bir adımdır.

Dr. Fahrettin Koca ✓ @drfahrettinkoca · 19 Ağu
Sağlık çalışanlarından hizmet alırken onlara güvenimiz, saygımız tam olsun. Altına girdikleri yük, taşınması kolay bir yük değildir. Hastaları için mücadele ederken birçoğu hastalığa yakalanıyor. Başka bir meslekte bunu göremezsiniz. İnsanımız için eşsiz fedakârlık devam ediyor.

Görsel 19: Sağlık çalışanlarına destek temalı tweet örneği

Sonuç ve Değerlendirme

Bu çalışmanın içinde örnekleri sunulan tweetler ve daha fazlası incelendiğinde varılan genel kanaat Sağlık Bakanı Fahrettin Koca'nın Covid 19 Salgını sürecince sosyal medya mecralarından Twitter platformunu yoğun bir şekilde kullandığı şeklindedir. Kriz dönemlerinde en önemli faaliyetlerden biri de krizin iletişimini doğru bir şekilde yapmaktır. Kriz zamanlarında kamuoyunun krizle ilgili ve krize konu olan kurumla alakalı bilgilenme ihtiyacı kriz harici zamanlara göre çok daha fazladır. Bunun için de kurumların kriz anlarında sık, hızlı ve doğru bilgi paylaşımı yapması önemlidir. Sağlık Bakanı Fahrettin Koca da kriz süresi boyunca gerek periyodik basın toplantıları ve bilgilendirmeleri ile gerekse Twitter platformu üzerinden vermiş olduğu mesajlarla kamuoyunun kriz süresince en yetkili kurumun birincil ağzından bilgi edinmesine imkân tanımıştır.

Fahrettin Koca Twitter platformu üzerinden Covid 19 salgını süresince yoğun bir şekilde çalışan sağlık personellerinin psikolojilerini yüksek tutmak maksadı ile tweetler atmıştır. Bunun yanında Fahrettin Koca'nın Twitter üzerinden yaptığı en önemli şeylerden birinin insanların salgından korunması konusundaki Sağlık Bakanlığı'nın tavsiyelerini kamuoyuna ulaştırmak olduğunu düşünülmektedir. Sağlık Bakanlığı tarafından salgından korunma doğrultusunda tavsiye edilen maske, mesafe, hijyen üçlü kuralını sıklıkla Twitter platformundan attığı tweetlerle duyurmuş ve bu konuda farkındalık sağlanmasına yardımcı olmuştur.

Ayrıca yapılan incelemede Fahrettin Koca'nın Twitter kullanımının son derece dinamik ve güncel olduğu görülmüştür. Salgının yayılma hızı ve vaka sayıları arttıkça Fahrettin Koca'nın kullandığı dil de "olumlu telkin" dilinden "korkutarak ikna" diline doğru geçmiştir. Yani Fahrettin Koca salgının gidişatına ve vahametine göre atmış olduğu tweetlerin dilini ve içeriğini değiştirmiştir. Örneğin salgının ve vaka sayılarının artış gösterdiği dönemlerde hastalığa yakalanan kişilerin çektikleri sıkıntıları kendi ağızlarından söyledikleri ile tweet olarak paylaşmıştır. Böylece insanları bu hastalığın ciddi etkileri olduğuna ikna etmeye çalışmıştır.

Tüm analizler neticesinde Covid 19 Salgını süresince Sağlık Bakanı Fahrettin Koca'nın Twitter platformunu doğru ve etkili bir şekilde kullandığı kanaati oluşmuştur. Bu durum kriz dönemlerinde sosyal medya araçlarının doğru kullanıldığında son derece doğru ve etkili sonuçlar vereceğini göstermiştir denilebilir

Kaynakça

Aslan, P. (2015). Kriz İletişimi Yönetimi, Sosyal Medya ve Liderlik, Baltimore Olayları'nda Barack Obama ve Hilary Clinton'ın Twitter Mesajlarına Dair Bir İnceleme. *İstanbul Üniversitesi İletişim Fakültesi Dergisi, 49*, 15–30.

Black, S. (1989). *Introduction to Public Relations*. Modino Press Ltd.

Budak, G., & Budak, G. (2004). *Halkla İlişkiler Davranışsal Bir Yaklaşım* (4. baskı). Barış Yayınları.

Can, H. (1992). *Organizasyon ve Yönetim*. Adım Yayıncılık.

Can, H. (2002). *Organizasyon ve Yönetim*. Siyasal Kitapevi.

Çetin, M., & Toprak, Y. E. (2016). Kriz İletişimi ve Sosyal Medya: Emisyon Krizinde Volkswagen'in Facebook Kullanımı. *Selçuk İletişim, 9*(3), 54–68.

Constantinides, E., & Fountain, S. J. (2008). Web 2.0: Conceptual foundations and marketing issues. *Journal of Direct, Data and Digital Marketing Practice, 9*(3), 231–244.

Holtz, S. (1999). *Public Relations on the NET*. American Management Association.

Jordan Meier, J. (2011). *The Four Stages of Highly Effective Crisis Management: How to Media the Media in the Digital Age*. CRC Press.

Kadıbeşegil, S. (2008). *Kriz Geliyorum Der* (3. baskı). MediaCat Kitapları.

Kazancı, M. (2007). *Kamuda ve Özel Kesimde Halkla İlişkiler* (7. baskı). Turhan Kitabevi.

Kietzmann, J. H., Hermkens, K., McCarthy, I. ., & Silvestre, B. S. (2011). Social media? Get serious! Understanding the functional building blocks of social media. *Business Horizons, 54*(3), 241–251. https://www.sciencedirect.com/science/article/pii/S0007681311000061

Matera, F. R., & Artique, R. J. (2000). *Public Relations Campaigns and Tecniques*. Needham Heights, Allyn & Bacon.

Mutlu, E. (2008). *İletişim Sözlüğü* (5. baskı). Ayraç Kitapevi.

Özdemir, A. (1994). *Kriz Yönetimi ve Halkla İlişkiler*. Ege Yayıncılık.

Özer, M. A. (2009). *Halkla İlişkiler Dersleri*. Adalet Yayınevi.

Peltekoğlu, F. B. (1998). *Halkla İlişkiler Nedir*. Beta Yayınları.

Peltekoğlu, F. B. (2001). *Halkla İlişkiler Nedir* (2. baskı). Beta Basım A.Ş.

Schultz, F., Utz, S., & Göritz, A. (2011). Is the medium the message? Perceptions of and reactions to crisis communication via twitter, blogs and traditional media. *Public Relations Review*, 37, 20–27.

Solmaz, B. (2007). Halkla İlişkiler Bakış Açısından Kriz Durumlarında İnternetin Rolü ve İnternet Kriz Planlaması. *Selçuk İletişim*, 4(4), 67–74.

Tengilimoğlu, D., & Öztürk, Y. (2008). *İşletmelerde Halkla İlişkiler*. Seçkin Yayıncılık.

Tuncer, A. S., Özata, F. Z., Akar, E., & Öztürk, M. (2013). *Sosyal Medya* (Z. Özata (ed.); 1. baskı). Anadolu Üniversitesi Yayını.

Tutar, H. (2004). *Kriz ve Stres Yönetimi*. Seçkin Yayınları.

Winner, P. (1990). *Effective PR Management, A Guide to Corporate Success*. Logan Page Ltd.

Yenice, A., Pirtini, S., & Ataman, G. (2018). Sosyal Medyada Kriz Yönetimi ve Kurum İtibarı İle İlişkisi Üzerine Bir Model Uygulaması. *Kırklareli Üniversitesi İktisadi ve İdari Bilimler Fakültesi Dergisi*, 7(3), 1–20.

Zerman, D. (1995). Crisis Communication: Managing the Mass Media. *Information Management and Computer Security*, 3(5), 25–28.

Sağlık İletişimi Kavramı ve Sosyal Medyada Sağlıklı "Sağlık İletişimi"

*Seçil Utma**

Giriş

Son yıllarda tüm dünyada medyada sağlıkla ilgili haberlerin nicelik olarak arttığı göze çarpmaktadır. Medya kuruluşları sağlık alanıyla ilgili enformasyonun kamuoyuna ulaşmasını sağlamakta, bu bilgiler geniş halk kesimleri tarafından ilgiyle takip edilmektedir.

Sağlık gibi insan yaşamıyla doğrudan ilişkili olan hayati bir konuda verilen enformasyonun doğru ve güvenilir olması büyük önem taşımaktadır. Yapılan çalışmalar kitle iletişim araçları vasıtasıyla geniş halk kesimlerine ulaştırılan sağlık mesajlarının genellikle doğru olmayan ya da eksik enformasyondan oluştuğunu göstermektedir (Ardıç ve Köksoy, 2014, s.899). Bu açıdan hasta ve sağlık personeli arasında başlayıp, kitle iletişim araçlarına kadar uzanan geniş bir yelpazede gerçekleşen sağlık iletişimi konusu son yıllarda giderek önem kazanmıştır.

Bireyden başlayarak tüm toplumun sağlığını geliştirmeyi amaçlayan sağlık iletişiminde, kitle iletişim araçları aracılığıyla bireyin mevcut sağlık bilgisinin pekiştirilerek, sağlık hizmetlerinden yararlanması ve sonuçta hizmet kalitesinin arttırılması hedeflenmektedir

Sağlıklı bireyler olmanın zeminini hazırlayan en önemli unsurlardan biri kendi sağlığını koruma konusunda bilinçli ol-

---

* Öğr. Gör. Dr. Aydın Adnan Menderes Üniversitesi, Atça Meslek Yüksekokulu, Halkla ilişkiler ve Tanıtım Programı, secilut@hotmail.com

maktan geçmektedir. Bu aşamada doğru sağlık bilgisine ulaşmak önem taşımaktadır. Sağlık iletişiminin ilk basamağını oluşturan doktor-hasta iletişimi büyük önem taşırken, kitle iletişim araçları ile de sağlık bilgisinin yayılması giderek yaygınlık kazanmıştır. Buna son yıllarda sosyal medya platformları da eklenmiştir. Bu platformlar sağlık bilgisinin hem yayıldığı hem de bizzat inşa edildiği bir zemin sunmaktadır.

İnternet ve sosyal ağlar aracılığıyla gerçekleştirilen sağlık iletişimi, geleneksel araçlara göre hedef kitle üzerinde daha etkili olmakta, internetin karşılıklı etkileşime açık, interaktif bir özellik taşıması kullanıcılara büyük fırsatlar sunmaktadır. Bu platformlar aracılığıyla hekimler hastalarına çevrimiçi ortamda bilgi aktarabilmekte, hastalar belirli sitelerden ameliyat görüntülerini izleyebilmekte, hastalıkları konusunda bilgi alabilmektedir (Okay, 2015)

Bireyler aileleriyle veya arkadaş çevresiyle paylaşamadığı sağlık sorunları hakkında bilgi edinmek amacıyla sosyal medya platformlarına yönelmekte, bu durum bilgi edinme sürecinde internet ve sosyal medya kullanımının artmasına yol açmaktadır. Sosyal medyada güvenilir içeriğin yer alması, bireylerin doğru bilgilere ulaşabilmeleri adına büyük önem taşımakta, bu durum sosyal ağlarda gerçekleştirilen sağlık iletişimi konusunda hassasiyetle durulması gerektiği gerçeğini gözler önüne sermektedir

Sağlık İletişimine Kavramsal Çerçeve

İnsanlık tarihinin başlangıcından bu yana insanların en temel hakları arasında yer alan sağlık kavramı; ekonomik, sosyal, teknolojik alanlarda yaşanan gelişmeler neticesinde değişime uğramış; toplumun sağlık algısı üzerinde bir takım dönüşümlerin yaşanmasına yol açmıştır. Günümüz dünyasında artık hastaların iyileşmesi değil, hastalanmadan önce de yaşamlarını nasıl devam ettireceği konusu önem taşımaktadır. Dünya Sağlık Örgütü (World Health Organization-WHO) sağlık kavramını, "Sadece hastalık ve sakatlık olmama durumu değil, aynı zamanda bedensel, ruhsal ve sosyal olarak tam bir rahatlık ve iyilik içerisinde olma hali" olarak tanımlanmaktadır (www.who.int, 2019). Bu tanım ile sağlık olgusu tıp alanın dışında, psikoloji, sosyoloji, iletişim, ekonomi gibi disiplinlerle ilişkili bir kavram olarak ele alınmaya başlanmış; sosyal bilimlerin sağlığın geliştirilmesi sürecine dahil olmasıyla birlikte, sağlık enformasyonlarının oluşturulması, toplum sağlığının geliştirilmesi; sağlık iletişimi kavramını gündeme getirmiştir (Hülür, 2016, s.156).

Bireyler arasında anlam paylaşımı oluşturarak duygu, düşünce, bilgi ve fikir alışverişinde bulunmayı ifade eden iletişim süreci; sağlığın geliştirilmesinde de büyük rol oynamakta, sağlık ve iletişim alanlarını birbirine bağlamaktadır. İletişimin alt disiplini olarak son yıllarda giderek önem kazanan sağlık iletişimi kavramı; sağlıkla ilgili konularda birey ve toplumu bilgilendirerek, farkındalık oluşturmayı, bu konuda olumlu yönde tutum ve davranış değişikliği gerçekleştirmeyi amaçlamaktadır. Kişilerin hastalık ve sağlık hakkında bilgi sahibi olmasını sağlamak, sağlık düzeyini arttırmak, hastayı tedavi süreci hakkında bilgilendirmek gibi amaçlar doğrultusunda hareket eden sağlık iletişimi, stratejik iletişimin sağlık alanında uygulanması olarak ifade edilmektedir (Yılmaz, 2011, s.11-12).

Sağlığa katkı sağlayacak davranış ve politikaların hayata geçirilmesi yönünde çalışmalar yürüten sağlık iletişimi; bireyden başlayarak, ilgili toplum kesimlerini sağlıkla ilgili konularda bilgilendirerek, farkındalık oluşturmayı amaçlayan çok yönlü bir disiplin olarak karşımıza çıkmaktadır. Bir ilaçla ilgili broşürleri okurken, sağlık profesyonelleri ile görüşürken, herkes farklı bir şekilde sağlık iletişimi ile karşı karşıya kalmaktadır (Schiavo, 2007, s.7).

Literatürde genç bir kavram olan sağlık iletişimi; ilk olarak Kuzey Amerika'da kullanılmış, 1970'li yıllardan itibaren gelişme göstermiştir. Sağlık iletişimi kavramı ile ilgili öncü kurum, çalışmalarını 1971'deki Ulusal Kanser Hareketi'nin (NCA) başlamasına dayandıran Ulusal Kanser Enstitüsü'ne bağlı Kanser Enformasyon Servisi (CIS) dir (Çınarlı, 2008, s.41). Bu kurum uzun yıllar kanser hastaları ve kanser tanıları hakkında programlar yürüterek kanserin toplum içerisinde bilinmesini sağlamış ve bu koordinasyonu da sağlık iletişimi çalışmaları ile yürütmüştür. Amerika Birleşik Devletleri'nde Sağlık Bakanlığına bağlı bir birim olan Hastalığın Önlenmesi ve Sağlığın Geliştirilmesi Bürosu 2010 yılında sağlık iletişimini, "Sağlığın geliştirilmesi için iletişim stratejilerinin, bireylerin ve toplumun kararlarında, bilgilendirilmesinde ve etkilenmesinde kullanılması ve incelenmesi" olarak tanımlamıştır (Çınarlı, 2008, s.43). Sağlık iletişiminin amacı, sağlık ile ilgili konulardaki bilgiyi artırmak ve hedef kitlenin sağlık durumunu iyileştirmektir (Muturi, 2005, s.78). Sağlık iletişimi, sağlığı geliştiren bireysel ve toplumsal kararları topluma aktarmak ve toplumu sağlık konusunda etkilemek için iletişim stratejilerinin incelenmesi ve kullanılması olarak da tanımlanmaktadır (Schiavo, 2007, s.5, 133).

Sağlık iletişiminin akademik olarak incelenmeye başlamasının ardından, sağlık iletişiminin ne olduğu konusunda farklı tanımlamalar yapılmıştır. Çınarlı (2008), Sezgin (2011) ve Okay'ın (2007) derlediği literatüre göre; Castello (1977), bireylerin sağlıkla ilgili konularda bilinçlenmelerini sağlayacak verilerin oluşturulması ve anlamlandırılması sürecini sağlık iletişimi olarak tanımlarken; Cassata (1980)'ya göre sağlık iletişimi; sağlık alanındaki iletişim uygulamalarının düzeylerini, işlevlerini ve yöntemlerini kapsayan bir alandır. Kreps ve Thornton (1984) ise, sağlık hizmetleri alanındaki istek ve ihtiyaçlar temeline dayanan, sağlıkla ilgili her türlü insan etkileşimini sağlık iletişimi olarak tanımlamıştır. Reardon (1988), insanların daha sağlıklı bir yaşam sürmelerini sağlayacak davranışların geliştirilmesi ve hastalıkların önlenmesi için ikna ve motive edici iletişim alanı olarak ifade eder. Donohew ve Ray (1990)'e göre sağlık iletişimi, iletişim sürecinde sağlıkla ilgili mesajların alıcıya ulaşması ve yorumlanmasıdır. Lupton (1994) sağlık iletişimini, sağlık hizmetleri alanında sağlık eğitimi, sağlığın geliştirilmesi, koruyucu ilaçlar, kurum iletişimi ve kişilerarası iletişim unsurlarını bir araya getiren kavram olarak değerlendirmiştir. Ratzan (1999), sağlık iletişimini tanımlarken sağlıkla ilgili kişinin kendi zihninde oluşması istenilen mesajların kitle iletişim araçlarıyla sağlanması olarak yorumlamıştır (Akt. Çınarlı, 2008, s.41-46; Sezgin, 2011, s.95-96; Okay, 2007, s.21-34). Ratzan'a göre sağlık iletişiminin kapsamını toplum içinde bireylerin yaşam kalitelerini yükselterek sağlıklı bir topluma ulaşabilmek için hastalıkların önlenmesi, sağlık politikalarının üretilmesi ve geliştirilmesi oluşturmaktadır (Ratzan, 1994, s.19). Healthy People 2010 sağlık iletişimini, "Önemli sağlık sorunları hakkında, kamunun, bireylerin ve kurumların bilgilendirilmesi, etkilenmesi ve harekete geçirilmesi sanat ve tekniği" şeklinde tanımlamaktadır. Sağlık iletişimi; bireylerin yaşam kalitelerinin arttırılarak, sağlığın geliştirilmesi, hastalıkların önlenmesi işlevlerini kapsamaktadır.

Sağlık iletişiminin genel amaçları sağlığa ilişkin enformasyona ihtiyacı olan bireylerin bilgiye erişimini en kolay yoldan sağlayarak, hasta ve sağlık personeli arasında düzgün işleyen iletişim ortamı oluşturmak, tedavi ve hastalıkların önlenmesi konusunda tartışma ortamı yaratarak, önlemler alınmasını sağlamak, yeni sağlık hizmetleri ve ürünlerinin oluşumunu desteklemek olarak ifade edilmektedir (Sezgin, 2010, s.120).Çeşitli düzeylerde gerçekleşen sağlık iletişimi, farklı araçlar kullanılarak toplumu etkilemeyi amaçlamaktadır. Kitle iletişimi ve kişilerarası iletişim düzeyinde gerçekleşen sağlık iletişimi sayesinde bireyler farklı medya kanallarını kullanarak bireysel ve toplumsal sağlık sorunları hakkında bilgilenerek, kararlarını daha bilinçli biçimde verebilmektedirler (Çınarlı, 2008, s.45). Sağlıkla ilgili konularda farkındalık oluşturulmasında hekim-hasta arasında kurulacak iletişim büyük rol oynamakta, bu alanda alınacak kararlarda belirleyici olabilmektedir. Kitle iletişim araçları aracılığıyla geniş toplum kesimleri üzerinde gebelik, organ nakli, obezite, aşılama gibi spesifik konularda halkın bilgilendirilerek, farkındalık oluşturulabilmektedir. Kimi durumlarda kişilerin yüz yüze bir sağlık sorunu hakkında bilgilendirilmesi yeterli olurken, kimi durumlarda da toplumsal düzeyde hedef kitlenin bilgilendirilmesi gerekmektedir (Hülür, 2016, s.156,160).

Sağlık iletişiminde bireysel ve toplumsal düzeyde tutum ve davranış değişikliği oluşturmak amacıyla sosyal pazarlama, medyada savunuculuk, halkla ilişkiler ve risk iletişimi uygulamalarından yararlanılmaktadır. Sosyal pazarlama Tengilimoğlu (2011, s.239) tarafından " Kişilerin, bir takım sosyal grupların ya da toplumun bütününün yararı için pazarlama ilkelerini ve tekniklerini kullanarak hedef kitlenin yeni bir davranış edinmesi, eski davranışlarını değiştirmesi ya da tümüyle bu davranışı bırakması yönünde yapılan çalışmalardır" olarak tanımlamıştır. Sosyal pazarlama, sağlık iletişimi içerisinde değerlendirildiğinde toplumun sağlığı ile ilgili alanlarda sorunların çözümlenmesi, davranış değişikliği yaratılması gibi konularda yapılan çalışmaları kapsamaktadır (Sezgin, 2010, s.163). Sağlık kampanyalarında uygulanan sosyal pazarlama teknikleri ile pazarlamanın ilke ve teknikleri sağlık alanına uyarlanmaya çalışılmakta, özellikle kişisel sağlık davranışlarının pekiştirilmesi amaçlanmaktadır.

Sosyal, fiziksel veya politik çevreyi değiştirme amacıyla hareket eden medyada savunuculuk anlayışında; kişiler ve topluluklar düşüncelerini medyada anlatabilmekte, bu sayede medyada görünürlük kazanmaktadır (Şengün, 2016,s.40). Sağlık iletişiminde medyada savunuculuk çalışmaları ile sağlıkla ilgili konularda birçok kişiye ulaşılmakta, medyanın dikkati çekilerek, bu noktada kamuoyunun oluşması sağlanabilmektedir.

Günümüzde hayatın hemen her alanında uygulanan halkla ilişkiler çalışmaları ile kamuoyunun desteğinin sağlanması mümkün olmaktadır. Sağlık iletişimi alanında da geniş uygulama alanı bulan halkla ilişkiler çalışmaları ile hastalıklar hakkında kamuoyunun bilgilendirilerek, hastalıkla mücadele ve korunma yollarının anlatılması gibi çalışmalar yürütülmektedir (Şengün, 2016, s.40). Sağlık kuruluşları ile hedef kitlesi arasında karşılıklı iyi niyet ve güvene dayalı ilişkiler kurmak noktasında hazırlanan sağlık kampanyaları ile kitle iletişim araçları aracılığıyla hazırlanan mesajların hedef kitlelere iletilmesi mümkün olmaktadır (Feeley ve Chen, 2013, s.6). Acil durum yönetimi konusunda kritik önem taşıyan risk iletişimi; belirli bir eylem ya da süreç nedeniyle ortaya çıkan istenmeyen sonucun hesaplanmış olasılığı olarak tanımlanmaktadır (Zhang vd. 2020, s.1). Sağlıkta risk iletişiminin en çok başvurulduğu dönemler, COVID-19 gibi dünya genelinde baş gösteren salgın hastalıkların görüldüğü zamanlardır. Bu dönemlerde oluşan panik ortamını gidermek, kamuoyunu zamanında doğru bir şekilde bilgilendirmek büyük önem taşımaktadır.

Etkili bir sağlık iletişimi sürecinde herkes tarafından anlaşılır sağlık mesajlarının hazırlanması, hedef kitlenin yaş, cinsiyet gibi demografik özelliklerinin dikkate alınması, hedef kitleye sağlık ile ilgili mesajın verilmesinde belirli amacın olması ve onlara bu mesajın hangi iletişim kanallarıyla ulaştırılabileceğinin belirlenmesi önem taşımaktadır (Yılmaz, 2011, s.11). İçinde bulunduğumuz yüzyılda teknolojinin gelişmesiyle birlikte geleneksel medya araçlarından dijital ortama doğru bir dönüşüm yaşanmakta, bu durum sağlık iletişimi alanında da etkisini göstermektedir. Bireyler çevrimiçi ortamlarda hastalıklar hakkında araştırma yapmaktan, ilaç sorgulamaya; doktorlarla iletişim kurmaktan, randevu almaya kadar birçok olanaktan yararlanmaya başlamışlardır. Sağlık çalışanları da benzer şekilde birbirleriyle iletişim kurmak, bir hastalık konusunda bilgi alışverişinde bulunmak amacıyla interneti kullanmaktadır. İnternet, kamu sağlığı ile ilgili enformasyonun iletilmesinde sağlıkla ilgili kamusal ya da özel kurumlara yeni olanaklar sağlamaktadır (Kayabalı, 2011, s.17).

Sağlık İletişiminde Sosyal Medya Kullanımı

İnternet teknolojilerinin gelişmesi ile birlikte hayatımıza giren sosyal medya sıradan bir iletişim aracı olmanın ötesine geçerek; aile ilişkilerimizden, pazarlama kampanyalarına, tüketim alışkanlıklarımızdan, ticari ilişkilerimize kadar birçok alanda köklü değişimleri beraberinde getirmiş, hemen her alanda dijitale doğru bir dönüşümün yaşanmasına neden olmuştur. Dijital alanda yaşanan gelişmeler, sağlık alanında da etkisini gösterirken, sosyal medya; sağlığın korunması ve geliştirilmesi noktasında en önemli araçlardan biri olarak karşımıza çıkmaktadır. İnternetin karşılıklı etkileşime açık doğası, sağlık iletişimi alanında büyük fırsatlar sunmakta (Temiztürk ve Vahit, 2017, s.150), dünya genelinde kullanımı giderek artan sosyal medya platformları; hem hastalar, hem de sağlık profesyonelleri ve sağlık kuruluşları tarafından yoğun bir şekilde kullanılmaktadır (Tengilimoğlu vd. 2015, s.78).

Gerek bireysel, gerekse toplumlar arası etkileşimleri kökten değiştiren sosyal medya platformları; bilgi ve fikir alışverişinin gerçekleştirildiği sanal etkileşim araçları olarak karşımıza çıkmaktadır. Sosyal medya, Kaplan ve Haenlein'e göre, "Web 2.0'ın ideolojik ve teknolojik temellerini oluşturan ve Web 2.0'ın yaratılmasına ve kullanıcı tarafından üretilen, içerik alışverişinde bulunulmasına olanak sağlayan bir dizi internet tabanlı uygulama" olarak tanımlanmıştır. (Kaplan ve Haenlein, 2010, s.62). Obar ve Wildman sosyal medyadan "Bilgi, fikir, kariyer, ilgi alanları ve diğer ifade biçimlerinin sanal topluluklar ve ağlar aracılığıyla oluşturulmasına ve paylaşılmasına izin veren bilgisayar aracılı teknolojiler" olarak bahsetmektedir (Kareem ve Akoja, 2019, s.39). Sosyal medya, insanların interneti kullanarak kolayca iletişim kurmasına, katılmasına, paylaşmasına ve ağ oluşturmasına olanak tanıyan çevrimiçi teknoloji araçlarını kapsamaktadır (Kareem ve Akoja, 2019, s.40). Sosyal medya çevrimiçi ortamda bireylerin birbirleri ile iletişim kurarak duygu, düşünce, fotoğraf ve videolarını paylaşabildikleri bloglar, mikrobloglar, youtube, twitter, facebook gibi sosyal ağlardan oluşmaktadır (Kayabalı, 2011, s.15). Miletsky'e (2010, s.16) göre ise sosyal medya, sanal ortamda sosyalleşmek amacıyla kullanılan araç ve uygulamaların tümünü içeren şemsiye bir terimdir. Sosyal medya, kullanıcıların dijital ortamda farklı formatlarda içerik (kelime, fotoğraf, video ya da ses) gönderebilmesi, paylaşabilmesi ya da yorum yapabilmesinin kolay ve ucuz yolu olması açısından önemli bir fırsat sağlamaktadır (Bottorf vd. 2014, s.160; Moorhead vd. 2013, s.2).

Yeniliklerin yayılması ve duyurulmasında en etkili yollardan biri olan medya, söz konusu sağlık ile ilgili bilgi ve yenilikler olduğunda da önemli bir işlev görmektedir. Pek çok kişi için 'sağlık konulu haberler' sağlığın insan hayatındaki önemi nedeniyle değer taşımaktadır (Kaya vd. 2011, s.50). Yeni medyada yer alan sağlık bilgileri, sağlığı geliştirme adına bir fırsat yaratırken, bilgilerin doğruluğu ve güvenirliği ile ilgili bir denetim mekanizması yokluğu, bu alandaki en temel sorun olarak karşımıza çıkmaktadır (Avcı ve Avşar, 2014).

Sağlık konusunda bireylerin karar verme süreçlerini doğrudan etkileyen hayati öneme sahip bir araç olan sosyal medyanın doğru kullanılması ile bireysel ve toplumsal anlamda farkındalığın sağlanması mümkün olmaktadır. İnsanların sağlık alanındaki enformasyona istedikleri zaman ve yerde ulaşmalarına imkan tanıyan sosyal medya platformlarının uygun şekilde kullanılması ile bireylerin daha sağlıklı karar almaları sağlanabileceği gibi, bu alanda alınan kararlarda toplumsal katılımın sağlanması mümkün olabilmektedir (Centers for Disease Dontrol and Prevention'dan akt. Darı, 2017, s.736). İnternete dayalı sosyal ağlar bireylerarası ilişkileri güçlendirirken, hastalar arasında bilgi alışverişinin gerçekleştirilmesine olanak tanımaktadır. Geleneksel yöntemlerle sağlık bilgisine ulaşamayan kesimler için alternatif bilgi kaynağı durumunda olan sosyal medya platformları hastalar için duygusal anlamda destek sağlamakta, benzer hastalığı yaşayan kişilerin bilgi paylaşımında bulunmasına olanak tanımaktadır. Bilgi, fikir, fotoğraf, video gibi birçok verinin paylaşılmasına olanak tanıyan sosyal medya platformları, bilimsel ve tıbbi topluluklar arasındaki iletişimi kolaylaştırmada da önemli rol oynamaktadır. Sosyal medya aracılığıyla, sağlıkla ilgili değerli bilgileri yaymak, mesajları kişiselleştirmek, katılım ve etkileşimi sağlamak mümkün hale gelmektedir

Sağlık konusunda insanların karar verme süreçlerini doğrudan etkileyen hayati öneme sahip bir araç olan sosyal medya; bilinçsiz bir şekilde kullanıldığında birçok tehlikeyi beraberinde getirmekte, önemli sorunlar oluşturabilmektedir (Darı, 2017, s.737). Sağlığı tehdit eden çok sayıda yanlış enformasyonun sosyal medya aracılığıyla hızlı bir şekilde yayılımı, bir takım riskleri beraberinde getirmektedir. Örneğin bir ilaç veya tedavi yöntemini kullanan bir kişinin bunu sosyal medyada tavsiye etmesi, aynı ilaç ve tedavinin herkes için aynı sonucu vermeyeceği için, sunulan bu bilgi faydadan çok zarar veren yanıltıcı bir bilgiyi içermektedir. Sosyal medyanın kontrolsüz gücü, sağlık enformasyonu konusunda yanlış ve yanıltıcı çok sayıda enformasyonu bünyesinde barındırmaktadır (Hülür, 2016, s.162). Tüm dünyayı etkisi altına alan sağlığın yanında ekonomi, sosyal, siyasi ve kültürel alanlarda birçok olumsuz sonuçlar ortaya çıkaran COVID-19 hastalığı gibi küresel kriz zamanları, sosyal medya araçları üzerinden yapılan paylaşımlara dikkat edilmesinin önemini ortaya koymaktadır. Kullanıcıların bu platformlarda sunulan her bilgiyi kontrolsüz bir şekilde doğru kabul etmek yerine bilginin kaynağını, doğruluğunu araştırarak, sosyal medyayı bilinçli bir şekilde kullanmaları gerekmektedir (Hülür, 2016, s.162). Güvenilir sağlık bilgisine ulaşmanın zor olduğu online ortamlarda sağlık uzmanları tarafından sosyal ağlar aracılığı ile sağlık bilgisi sunulması önem taşımaktadır. Bu noktada sosyal medya ve sağlık okuryazarlığı konularında bireylerin bilinçlendirilmesi, toplum sağlığının geliştirilmesi açısından büyük bir öneme sahiptir.

Sosyal medya ortamı genel olarak enformasyon odaklı açık iletişim kanalları olduğu için kimi zaman doğru bilgi kadar yanlış bilgiler de yayılabilmektedir. Her şeyin hızla üretildiği ve yayıldığı böylesi bir ortamda, sağlık kuruluşları kendilerini bir anda çevrimiçi yayılan asılsız iddialarla karşı karşıya bulabilmekte ya da benzer şekilde yayılan gerçek dışı, kulaktan dolma tedavi biçimleri insanların sağlığını tehlikeye atabilmektedir. Bu yüzden unutulmaması gereken en temel ilke, sosyal ağlarda yayılan her bilginin doğru olmayabileceği gerçeğinin bilincinde olmaktır. Bunun yanında internet kullanımına sahip olmayan bir kesimin sosyal ağlardaki bilgi akışından yoksun kalması da diğer bir olumsuzluk olarak nitelendirilmektedir (Atkinson, 2009, s.2).

İnternet ortamında bilginin/enformasyonun bir an önce paylaşılma arzusu, çoğunlukla duyuma dayalı yanlış bilgilerin hızla yayılması sonucunu doğurmakta ve üretilen içeriklerin olgunlaşmadan ve doğruluğunun teyit edilmeden yayılması sorununu gündeme getirmektedir (Bayraktutan ve Binark, 2013, s.70). Özellikle sağlık alanında bu tür enformasyonun hızlı bir şekilde geniş kitlelere ulaşması, pek çok soruna neden olabilmektedir. İnsan sağlığını ilgilendiren kriz anlarında ya da salgın hastalıklarla ilgili korkuların kamuoyunda arttığı dönemlerde yeni medya ortamında doğru olmayan enformasyonun hızla yayıldığı görülmektedir:

Kişiler aileleriyle veya sosyal çevreleriyle paylaşamadıkları sağlık sorunları hakkında bilgi edinmek için de sosyal medya platformlarına yönelmektedir. Sağlıkla ilgili birçok konunun mahrem kabul edilmesi, bilgi toplama sürecinde internet ve sosyal medya kullanımının artmasında etkili olmaktadır. Bu nedenle, sosyal medyada güvenilir içeriğin oluşması kişilerin doğru bilgilere ulaşmalarını sağlayacaktır. Bu anlamda, kişilerin sağlıkla ilgili hangi bilgilere ulaşmak istediklerinin ve nelere ihtiyaç duyduklarının sosyal medyada takip edilmesi ve bu ihtiyaçları dikkate alarak sosyal medyanın doğru ve güvenilir bilgiler içeren önemli bir başvuru kaynağı haline getirilmesi büyük önem taşımaktadır.

Sosyal Medya ve Sağlık Araştırmaları

Sağlık alanındaki bilgi ihtiyacının karşılanması, günümüzde pek çok farklı kaynaktan gerçekleştirilse de, bu araçlar arasında internet ve sosyal medya platformları ön sıralarda yer almaktadır. İnternetin herkes tarafından kolaylıkla ulaşılabilir araç olması, sağlık alanına ait enformasyonun hızlı bir şekilde yayılmasına olanak tanımaktadır. Kullanıcıların içerik üretmesine izin veren ve daha önceden üretilen içeriklere ücretsiz erişim imkanı sunan platformların son derece fazla olduğu sosyal ağlar, insanların her konuda olduğu gibi sağlık konusunda da bilgi edinmek için ilk başvurduğu kaynaklar arasındadır.

Dünya genelinde internet üzerinde konularına göre günlük aramalar ele alındığında, bunlar arasında sağlıkla ilgili başlıkların yüzde 4,5 oranında araştırıldığı tespit edilmiştir (Bass vd. 2012, s.219). Amerika Birleşik Devletleri'nde ise daha yoğun bir kullanım göze çarpmaktadır. 2013 yılı itibarıyla yetişkin nüfus içinde internet kullanıcısı oranı yüzde 85 iken söz konusu kullanıcıların internet kullanım amaçları arasında sağlığa ilişkin enformasyon arama oranının yüzde 72 olduğu tespit edilmiştir (IWS, 2013). Sağlıkla ilgili çevrimiçi aramaların yüzde 77'si, özellikle Facebook, Instagram, Tumblr, Twitter, YouTube gibi sosyal medya sitelerine yönlendiren Google gibi bir arama motoru aracılığıyla başlatılmaktadır (Haslam vd. 2019, s.54). Manhattan Araştırma Merkezi'nin yapmış olduğu bir araştırmaya göre, ABD'de doktorların yüzde 39'u birebir tedavi veya muayenenin gerekli olmadığı durumlarda hastalarıyla internet üzerinden iletişim kurmaktadırlar (Kayabalı,2011, s.17).

2012 yılında Social Touch tarafından doktorsitesi.com kullanıcısı 1289 kişi üzerinde internetin sağlık bilgisi ve hizmetlerine ulaşma amaçlarını değerlendirmek amacıyla gerçekleştirilen çalışmada, katılımcıların yüzde 74.5'u kararlarını bazen internetten edindiği bilgiler doğrultusunda verdiğini belirtirken, yüzde 9.8'u aldıkları kararlarda internetin çok etkili olduğunu ifade etmektedir. Socialtouch.com.tr ve doktorsitesi.com tarafından 2012 yılında yapılan bu araştırma 2013 yılında kapsamı genişletilerek bu sefer 8001 kişi üzerine uygulanmıştır. Bu araştırmaya göre, sağlıkla ilgili herhangi bir konuda bilgiye ihtiyaç duyulduğunda ilk olarak hangi kaynağa başvuracakları yönünde ki soruya katılımcılardan yüzde 78.77'si ilk olarak internete başvuracaklarını belirtirken, hastaneye giderim diyenlerin oranı yüzde 60.29 ile ikinci sırada gelmektedir. Sağlık konusunda ilk başvuru merkezi olarak internet, hastane ve doktordan daha fazla tercih edilmektedir. Araştırmaya katılan katılımcılara yöneltilen diğer bir soruda sağlıkla ilgili olarak internette hangi konularda bilgi aldıkları sorusuna yüzde 89.73'lük bir kesim sağlık ve hastalık konularında bilgi almak amacıyla girdiklerini belirtmiştir. Yüzde 5.92'si ilaçlarla ilgili bilgi almak amacıyla, yüzde 47.99'u sağlık hizmetleri ile ilgili, yüzde 44.12 sağlık personeli ile ilgili bilgi almak amacıyla interneti kullandığını belirtirken yüzde 2.3 oranında bir katılımcı ise randevu amacıyla interneti kullandığını belirtmiştir. Sosyal medya insanların sormaya çekindikleri veya hızlı cevap almak istedikleri konularda zahmetsiz bir şekilde sorularına cevap buldukları bir rehber görevi üstlenmektedir (Doğanay, 2013).

Steehler vd. (2013) tarafından yapılan başka bir araştırmada, Amerikalıların yaklaşık yüzde 88'inin sağlıkla ilgili konularda internette arama yaptığı, yüzde 20'sinin sağlık hizmetleriyle ilgili bilgiye ulaşmak için sosyal medyayı kullandığı sonucuna ulaşılmış, bu yüzde 20'nin içinde yer alan her 4 hastadan 1'i de sağlıkla ilgili gelecekte alacağı kararda sosyal medyanın etkili olduğunu belirtmiştir. Bottorff vd. (2014), 16 yaş ve üzeri Kanadalıların yaklaşık olarak 10'undan 7'sinin sağlık bilgilerine ulaşmak için internette arama yaptıklarını belirtmektedir (Tengilimoğlu, 2015, s.93).

Pew Research Center tarafından yapılan bir araştırmada Amerikalı internet kullanıcılarının yüzde 80'inin kendileri veya bir yakınları için sağlık ile ilgili konular hakkında internetten arama yaptıkları sonucuna ulaşılmıştır. Araştırmanın önemli sonuçlarından biri de internet kullanıcılarından sadece yüzde 15'inin sağlık haberlerinin kaynağını ve güncel olup olmadığını kontrol etmesidir (Fox,2006). Aynı konuda yapılan bir diğer araştırmadaysa internet kullanıcılarının sağlık ve tıbbi konularla ilgili bloglar ve web siteleri üzerinden başkalarının yorum ya da deneyimlerini okumak, bu konularla ilgili videolar izlemek, belirli ilaçların veya tıbbi tedavilerin çevrimiçi incelemelerine bakmak, kendileri gibi sağlık sorunları olan başkalarına ulaşmak, doktorlar ve hastaneler hakkındaki yorumları araştırmak gibi deneyimler için online içeriğe yöneldiği ortaya konulmuştur (Fox,2011).

Türkiye'de de internet kullanıcıları açısından interneti sağlıkla ilgili bilgi aramak için kullananların oranı dikkat çekicidir. Türkiye İstatistik Kurumu'nun (TÜİK) Hanehalkı Bilişim Teknolojileri Kullanım Araştırması verilerine göre 2015 yılında Türkiye'de internet kullanıcılarının yüzde 66,3'ü interneti sağlıkla ilgili bilgi arama (yaralanma, hastalık, beslenme, vb.) amacıyla kullanmaktadır. 2013 yılında bu oran yüzde 56,1 olarak gerçekleşmiştir (TÜİK Hanehalkı Bilişim Teknolojileri Kullanım Araştırması, 2015).

Türkiye'de yapılan başka bir araştırmada Facebook (yüzde 61,5), YouTube (yüzde 41,4), haber siteleri (yüzde 38,3) ve Twitter (yüzde 27,3) katılımcılar tarafından en sık kullanılan sosyal medya araçları arasında yer aldığı belirtilmektedir. Katılımcıların yüzde 68.8i sosyal medya araçlarını bilgi edinmek amacıyla kullanmaktadır. Sağlıkla ilgili gelişmelerin takibinde (yüzde 66,7) ve sağlık hizmeti almadan önce hekim/hastane seçiminde (yüzde 45,5) en sık başvurulan bilgi kaynakları arasında sosyal medya bulunmaktadır. Günümüzde internet teknolojisinin gelişmesiyle birlikte bireylerin sağlık hizmeti almadan önce başvurdukları kaynaklar arasında sosyal medya platformları önemli referans kaynağı durumundadır (Tengilimoğlu, 2015, s.93).

2011 yılında Türkiye'de 1211 kişi üzerinde hastaların sağlık konusunda sosyal medya kullanımlarına ilişkin yapılan araştırma; hastaların yüzde 39'nun sosyal ağlarda hastalıkları ile ilgili tavsiye aldıklarını, yüzde 31'nin ise hastalıklar ile ilgili tavsiyeler verdiklerini ortaya çıkarmıştır. Bunun yanı sıra hekimlerin internet kullanım oranı yüzde 9 iken sosyal medya kullanım oranlarının ise yüzde 46,9 olduğu tespit edilmiştir. (Benker ve Arıkan, 2011, Akt: Erkovan, 2011).

Şener ve Samur (2013)'un Facebook'ta en fazla beğeni sayısına sahip sağlıkla ilgili 12 sayfayı inceledikleri çalışma sonucuna göre de beslenme, obezite ve diyet haberleri en fazla paylaşım yapılan konular arasındadır. Bu durumun gerekçesi olarak dünya genelinde ve ülkemizde günümüz koşullarında sağlıksız beslenmenin artması, obezitenin ciddi bir sorun haline gelmesi ve çeşitli diyet ya da perhiz uygulamalarının kaçınılmaz hale gelmesi söylenebilir.

Becerikli tarafından gerçekleştirilen "Kuşaklararası İletişim Açısından Yeni İletişim Teknolojilerinin Kullanımı: İleri Yaş Grubu Üzerine Bir Değerlendirme" konulu çalışmada da 49-74 yaş arasındaki yetişkinlerin, sağlıkla ilgili haberleri internet üzerinden takip ederek, bu yoldan bilgi edindikleri görülmüştür. Katılımcılar çevrimiçi ortamda edindikleri enformasyonu, facebook, twitter üzerinden arkadaşları ile paylaşmaktadırlar (Becerikli, 2013).

Sonuç

Sosyal medya kendisine has doğası nedeniyle kullanıcılara kısa sürede istedikleri bilgilere ulaşma şansı taşımaktadır. Bu durum bir takım dezavantajları da beraberinde getirmekte, doğru olmayan, kesinlik kazanmamış enformasyonun geniş kitlelere ulaşmasına neden olmaktadır. Birçok araştırmanın gösterdiği üzere, kullanıcılar bilgi edinmek amacıyla interneti kullanmakta, ancak buradaki bilgilerin doğruluğunu araştırma yönünde bir çaba sarf etmemektedir. Çevrimiçi ortamda yayılan gerçek dışı haberler birçok insan için umut ya da umutsuzluğa yol açabilmekte, verilen yanlış enformasyon neticesinde istenmeyen sonuçlarla karşılaşılabilmektedir. Özellikle medyada sıklıkla karşılaşılan mucize tedavi haberleri bu açıdan büyük risk taşımaktadır. Sağlık alanıyla ilgili haberlerde olumsuz sonuçlar yaratacak eksik bilgilendirme ve hatalı sunumların önüne geçilebilmesi, toplumun doğru bilgilendirilmesi ancak sağlıklı 'sağlık iletişimi' ile mümkün olabilmektedir. Bu nedenle, toplumun doğru bilgiyi yanlış bilgiden ayırt etme konusunda eğitilmesi ve bu bilgilerin sadece destekleyici olarak kullanılması gerektiği konusunda bilinçlendirilmesi gerekmektedir.

Sağlık Bakanlığı tarafından yapılacak çalışmalar ile sosyal medya araçlarının kontrol ve denetiminin yapılması sağlanmalıdır. Bu sayede, paylaşılan bilgilerin güvenirliliği, doğruluğu ve bilimselliği filtre edilerek kullanıcıya ulaştırılmış olacaktır. Bunun yanında Sağlık Bakanlığı tarafından, sosyal medya kullanıcılarının 'sağlık okuryazarlığını' artırıcı çalışmalar yapılabilir. Sağlık Bakanlığı tarafından, gerek sağlık çalışanları gerekse sosyal medya kullanıcıları için, sağlıkta sosyal medya rehberi/kullanım kılavuzu hazırlanabilir. Toplumda sağlık okuryazarlığının zayıf olması; bilinçsiz ilaç tüketimi, gereksiz tetkik ve harcamaların artmasına neden olmaktadır. Yanlış sağlık bilgileri kişilerin sağlığını doğrudan etkilemektedir. Bu anlamda bilinçli medya kullanımı, sağlık okuryazarlığının arttırılması ve etkin sağlık iletişimi çalışmaları ile mümkün olabilecektir. Sosyal ağlarda paylaşılan sağlık enformasyonunun doğru kullanılması ve değerlendirilmesi sağlık okuryazarlığı becerisi ile mümkün olmaktadır.

Bu bağlamda aşağıdakiler önerilebilir:

- Okurların sağlık eğitimine katkı sağlaması açısından özellikle koruyucu sağlık hizmetleriyle ilgili haberlere medyada daha fazla yer verilmesi, konuya dikkat çekilmesi açısından faydalı olacaktır.

- İletişim sürecinde mesajların konunun uzmanı tarafından verildiğinde inandırıcılığının ve etki düzeyinin arttığı gerçeği göz önüne alınarak, sağlık iletişiminde konunun uzmanlarından sıklıkla yararlanılmalıdır.

- Bilimsel yönü ağır basan sağlık içerikli enformasyon ile halkın sağlık eğitimine katkı sağlanabilir.

- Özellikle sağlıkla ilgili enformasyon verilirken habercilik değerleri standartları göz önüne alınmalı, umut tacirliğine yol açacak yayınlardan kaçınılmalıdır.

- Medya kuruluşları tiraj ve reyting kaygısından uzaklaşarak, temel işlevi olan kamuoyunu doğru bilgilendirme misyonuyla hareket etmelidir.

- Doğru bir sağlık iletişiminin sağlanması için alanda uzmanlaşma sağlanmalıdır.

Kaynakça

Ardıç, Ç.A.ve Köksoy, S.(2014). Sağlık Alanında Sosyal Medyanın Kullanımı: Twitter'da Sağlık Mesajları, *Akademik Bilişim'14 - XVI. Akademik Bilişim Konferansı Bildirileri*, 5 - 7 Şubat 2014, Mersin

Atkinson, N. (2009). Social media use in the United States: implications for health communication. *Journal of Medical Internet Research*, 11(4), ss.1-15.

Avcı, K. ve Avşar, Z. (2014). Sağlık İletişimi ve Yeni Medya. İletişim Kuram ve Araştırma Dergisi. (39), ss. 181-190.

Bass, S. B. ve ark. (2012). Relatioship of internet health information use with patient behavior and self-efficacy: experiences of newly diagnosed cancer patients who Contact the national cancer institute's cancer information service. *Journal of Health Communication.* 11(2), ss.219-236.

Becerikli, S.Y.(2013).Kuşaklararası İletişim Acısından Yeni İletişim Teknolojilerinin Kullanımı: İleri Yaş Grubu Üzerine Bir Değerlendirme. İstanbul Üniversitesi İletişim Fakültesi Dergisi. ss. 19-31

Binark, M. ve Bayraktutan, G.(2013).*Ayın Karanlık Yüzü: Yeni Medya ve Etik.* İstanbul: Kalkedon Yayıncılık.

Bottorff, Joan L. vd.. (2014). A Social Media Approach to İnform Youth About Breast Cancer and Smoking: An Exploratory Descriptive Study *Collegian.* 21, pp.159-168.

CDC, Centers for Disease Dontrol and Prevention, (2011), *The Health Communicator's Social MediaToolkit,* https://www.cdc.gov/healthcommunication/toolstemplatesocialmediatoolkit_bm.pdf. (30 Kasım 2017).

Çınarlı İ.(2008). *Sağlık İletişimi ve Medya.* Ankara: Nobel Yayın Dağıtım.

Darı, A. B.(2017). Sosyal Medya ve Sağlık. *21. Yüzyılda Eğitim Ve Toplum Eğitim Bilimleri ve Sosyal Araştırmalar Dergisi.* 6(18), ss.731-758.

Doğanay, S. (2013). Sağlık Alanında Sosyal Medyanın Kullanımı. *2.Uluslararası Sağlık Bilişim Zirvesi,* İstanbul.

Erkovan, S. (2011). Sosyal Medya'da Olmak ya da Olmamak, Türkiye İlaç Sektörünün Perspektifi. *Perspektif Toplantıları.* İstanbul, https://www.slideshare.net/serkovan/salkta-sosyal-medya-deneyimleri-trke. (29 Kasım 2017).

Feeley, T.H., ve Chen, Y. (2013). An Introduction to Health Communication. *Principles Of Communication Readings In Communication,* (Edt. Brian Reynolds), Hayden: McNeil Publishing, ss:1-12.

Fox S. (2006). *Online Health Search 2006.* http://www.pewinternet.org/2006/10/29/ online-health-search-2006/

Fox, S.(2011). The Social Life of Health Information 2011. http://pewinternet.org/Reports/2011/Social-Life-of-Health-Info.aspx

Haslam, K. vd.(2019). YouTube videos as health decision aids for the public: An integrative review. *Canadian Journal of Dental Hygiene,* 53(1).ss:26-34.

Hülür, A. B. (2016). Sağlık İletişimi, Medya ve Etik: Bir Sağlık Haberinin Analizi. *Celal Bayar Üniversitesi Sosyal Bilimler Dergisi,* 14(1), ss:155-178.

Internet World Stats (IWS) (2013). Internet Usage & Population Statistics 2012, http://www.internetworldstats.com/stats.htm [Erişim tarihi: 24.06.2016]

Kaplan, A.M. and Haenlien, M. (2010). Users of the World, Unite! The Challenges and Opportunities of Social Media. *Business Horizons.* 53, pp.59–68.

Kareem, O. L. ve Akoja. M. I. (2019). *Social Media and Advocacy Communication Research: Trends and Implications*

Kaya, A. vd. (2011). Sağlık Haberlerinde "Mucize Tedaviler". *Selçuk İletişim.* 7 (1), ss. 49-64.

Kayabalı, K.(2011), İnternet Ve Sosyal Medya Evreninde Sağlık. *İyi Klinik Uygulamalar Dergisi*, Sayı:25, ss.14–20.

Miletsky, J. (2010). Principles of internet marketing: new tools and methods for Web developers, *Cengage Learning*, Canada.

Moorhead, S. Anne, vd (2013). A New Dimension of Health Care: Systematicreview of the Uses, Benefits, and Limitations of Social Media Forhealth Communication. *Journal of Medical Internet Research*. 15(4), pp.1-16.

Muturi, N. (2005).Communication for HIV/AIDS Prevention in Kenya: Socio Cultural Considerations. *Journal of Health Communication*, (10), ss: 77–98.

Okay, A. (2014). *Sağlık İletişimi*. İstanbul: Derin Yayınları.

Pew Research Center (2010). *Older adults and social media*, http://pewinternet.org/Reports/2010/Older-Adults-and-Social-Media/Report.aspx. Erişim 12.09.2014.

Ratzan, S. (1994). Health communication, challenges for the 21st century, *American Behavioral Scientist*, 38(2), pp.17-32.

Sasam (2015). *Hayatı Tehdit Eden Bir Sorun: Bilgi Kirliliği*. Sağlık-Sen Stratejik Araştırmalar Merkezi, Sasam Enstitüsü.

Schiavo, R. (2007). *Health Communication: From Theory to Practice*. USA: Jossey Bass.

Sezgin, D. (2010). *Sağlık İletişimi Paradigmaları ve Türkiye: Medyada Sağlık Haberlerinin Analizi*. Yayınlanmamış Doktora Tezi. Ankara, Ankara Üniversitesi SBE.

Sezgin, D. (2011) *Tıbbileştirilen Yaşam, Bireyselleştirilen Sağlık*. İstanbul: Ayrıntı Yayınları

Social Touch (2013), *Türkiye'de İnternetin Sağlık Bilgi ve Hizmetlerine Ulaşma Amaçlı Kullanım Alışkanlıkları*, http://www.socialtouch.com.tr/-turkiye-de-internetin-saglik-amacli-kullanimi/ (30 Kasım 2017).

Şener, E. ve Samur,M. (2013). Sağlığı Geliştirici Bir Unsur Olarak Sosyal Medya: Facebookta Sağlık. *Gümüşhane Üniversitesi Sağlık Bilimleri Dergisi*. 2 (4), ss.508-523.

Şengün, H. (2016). Sağlık hizmetlerinde iletişim yönetimi. *İstanbul Tıp Fakültesi Dergisi*, 79(1),ss: 38-42.

Temiztürk H. ve Vahit, S. (2017). Yerel Basında Sağlık Haberleri: Kastamonu Örneği, *Sağlık İletişimi Sempozyumu SİS Bildiri Kitabı*, Erzurum, ss: 148-169.

Tengilimoğlu, D.(2011). *Sağlık Hizmetleri Pazarlaması*. Ankara : Siyasal Kitapevi.

Tengilimoğlu, E. vd.(2015). Hastane ve Hekim Seçiminde Sosyal Medyanın Kullanım Düzeyi: Ankara İli Örneği. *İktisadi ve İdari Bilimler Fakültesi Dergisi*, 17(2), ss.76-96.

TÜİK (2017). 2016 Yılı Hanehalkı Bilişim Teknolojileri Kullanım Araştırması Sonuçları. http://www.tuik.gov.tr/PreHaberBultenleri.do?id=4104, Erişim Tarihi: 03.08.2017.

WHO (2004). www.who.int/about/who-we-are/constitution, Erişim Tarihi : 30.03.2019.

Yılmaz, E. (2011), *Doktorumun hastasıyım.com*. İstanbul: Mavna Yayınları, İstanbul.

Zhang, L. ve Chen, K. (2020). Effective risk communication for public health emergency: Reflection on the COVID-19 (2019-nCoV) outbreak in Wuhan, China. In Healthcare (Vol. 8, No. 1, p. 64). Multidisciplinary Digital Publishing Institute.

Yazarlar Hakkında

Ali Emre Dingin

Ali Emre Dingin, ilk ve orta öğrenimini Ankara'da tamamlamıştır. 2009 yılında Eskişehir Anadolu Üniversitesi İletişim Bilimleri Fakültesi Basın ve Yayın Bölümünden mezun olmuştur. Yüksek Lisansı 2014 yılında Anadolu Üniversitesi Sosyal Bilimler Enstitüsü Basın ve Yayın Anabilim Dalı'nda tamamlamıştır. Doktorasını ise 2018 yılında Sosyal Bilimler Enstitüsü Basın ve Yayın Anabilim Dalı'nda tamamlamıştır. Lisans sonrası özel firmalarda basın danışmanlığı yapan Dingin, 2012-2015 Yılları arasında Trakya Üniversitesi Basın ve Halkla İlişkiler Biriminde uzman olarak görev yapmıştır. 2015 Yılında Aydın Adnan Menderes Üniversitesi İletişim Fakültesine araştırma görevlisi olarak atanan Dingin, 5 yıl aynı üniversitenin Rektörlük Basın ve Halkla İlişkiler Müdürlüğünü yürütmüştür. 2020 yılında doktor öğretim üyesi kadrosuna atanan Dingin, aynı yıl doçent unvanını da almıştır. Dingin, halen doçent doktor ünvanlıyla fakültedeki görevine devam etmektedir. Araştırma alanları gündem belirleme, sosyal medya, etki araştırmaları ve görsel iletişimdir.

Berrin Balay Tuncer

Berrin Balay Tuncer, Hacettepe Üniversitesi Sosyal Çalışma ve Sosyal Hizmetler Bölümü'nde lisans ve Gazi Üniversitesi Halkla İlişkiler ve Tanıtım Bölümü'nde yüksek lisans ve doktora çalışmalarını tamamlamıştır. Uçan Süpürge Uluslararası Kadın Filmleri Festivali' nde 2. ve 6. Festival yönetmenlik yapmıştır. Uluslararası Film Festivallerinde jüri üyeliği ve danışmanlık yapmaktadır. Birçok belgesel ve tanıtım filmi yapmış - yönetmiştir. Belgeselleri ile ulusal ve uluslararası ödüller almıştır. Yayınlamış makale, kitap bölümleri ve gazete yazıları bulunmaktadır. Halen ODTÜ-GİSAM'da yapımcı olarak çalışmaktadır. İleti-

Yazarlar Hakkında

şim fakültelerinin sinema-tv ve halkla ilişkiler bölümlerinde yarı zamanlı olarak dersler vermektedir.

Beste Gökçe Parsehyan

Beste Gökçe Parsehyan, 1985 yılı İstanbul doğumludur. 2002 yılında lisans eğitimini Yıldız Teknik Üniversitesi İktisat Bölümü'nde tamamlayan Dr. Gökçe Parsehyan, 2011 yılında İstanbul Kültür Üniversitesi Sanat Yönetimi Yüksek Lisans Programı'ndan ve 2014 yılında İstanbul Aydın Üniversitesi İşletme Doktora Programı'ndan mezun olmuştur. 2010 yılından bu yana İstanbul Kültür Üniversitesi Sanat ve Kültür Yönetimi Bölümü'nde görev alan Dr. Gökçe Parsehyan, çeşitli lisans ve yüksek lisans dersleri vermektedir. Akademik çalışmaları insan kaynakları yönetimi ve örgütsel davranış disiplinleriyle ilgili olan Dr. Gökçe Parsehyan'ın, özellikle müzeler ve diğer sanat kurumları ile ilgili yaptığı araştırmalar pek çok ulusal ve uluslararası hakemli dergilerde ve kitaplarda yayımlanmış ve sempozyumlarda sözlü bildiri olarak sunulmuştur.

Eren Ekin Ercan

Eren Ekin Ercan, lisans eğitimini 2010 yılında Anadolu Üniversitesi Basın ve Yayın Bölümü'nde bitirmiştir. Yüksek lisansını 2014 yılında Gazi Üniversitesi Gazetecilik ABD'de tamamlayan Ercan, doktorasını ise, daha sonra KKTC'de Basın Kültürü ismiyle kitaplaşan, KKTC basını üzerine yaptığı tezle 2018 yılında Anadolu Üniversitesi Basın ve Yayın ABD'den almıştır. Ulusal ve uluslararası dergilerde yayınlanan makaleleri ve bildirileri bulunan Ercan, Üsküdar Üniversitesi İletişim Fakültesi Gazetecilik Bölümü'nde Dr. Öğr. Üyesi olarak akademik çalışmalarını sürdürmektedir. İlgi alanlarını gazetecilik, medya sosyolojisi, modern ve postmodern kuram ile görsel kültür oluşturmaktadır.

Ferhat Yasav

Ferhat Yasav, ilk ve orta öğrenimini Karabük'de tamamlamıştır. Erciyes Üniversitesi İletişim Fakültesi Gazetecilik Bölümü'ndeki lisans eğitiminin ardından, 2016 yılında Anadolu Üniversitesi Sosyal Bilimler Enstitüsü Basın ve Yayın Anabilim Dalı'nda yüksek lisansını tamamlamıştır. 2017 yılında Sosyal Bilimler Enstitüsü Basın ve Yayın Anabilim Dalı'nda doktora programına başlamıştır. Yasav, 2014 yılından itibaren Anadolu Üniversitesi İletişim Bilimleri Fakültesi'nde araştırma görevlisi ünvanıyla görev yapmaktadır. Araştırma alanları yeni iletişim teknolojileri, görsel iletişim ve yeni medya çalışmalarıdır.

Ömer Faruk Özgür

Ömer Faruk Özgür ilk, orta ve lise eğitimini Sakarya'da tamamlamıştır. 2002 Yılında Trakya Üniversitesi Edirne Meslek Yüksekokulu Halkla İlişkiler Programı'nı tamamladı. 2002 Yılında 8 ay süre ile Bersay İletişim Danışmanlığı şirketinde operasyon grup üyesi olarak çalışmıştır. 2006 Yılında Gazi Üniversitesi İletişim Fakültesi Halkla İlişkiler Bölümü'nü tamamladı. 2007-2009 yılları arasında ANAR (Ankara Sosyal Araştırmalar Merkezi) firmasında saha koordinatör yardımcısı olarak görev yapmıştır. 2009 yılında Düzce Üniversitesi Sosyal Bilimler Meslek Yüksekokulu'nda öğretim görevlisi olarak göreve başlamıştır. 2013 Yılında Anadolu Üniversitesi İşletme Bölümü'nden mezun olmuştur. 2013 Yılında Kocaeli Üniversitesi Sosyal Bilimler Enstitüsü'nde Halkla İlişkiler ve Tanıtım Ana Bilim Dalı'nda "Siyasal İletişim ve Sosyal Medya Kullanımı: Düzce Üniversitesi Sosyal Bilimler Meslek Yüksekokulu Öğrencileri Üzerine Bir Araştırma" adlı tezi ile yüksek lisansını tamamlamıştır. 2017 Yılında "Siyasal Argümantasyonda Metafor ve Metoniminin Rolü 7 Haziran ve 1 Kasım Seçimleri Örneği" başlıklı teziyle doktor unvanını almıştır. 2020 Yılında Düzce Üniversitesi Sosyal Bilimler Meslek Yüksekokulu'na Dr. Öğr. Üyesi olarak atanmıştır. Özgür'ün çalışma alanları sosyal medya, siyasal iletişim ve kriz iletişimi alanlarıdır.

Seçil Utma

Seçil Utma, ilk ve orta öğrenimini İzmir'de tamamlamıştır. Ege Üniversitesi İletişim Fakültesi Gazetecilik Bölümü'nden 1993 yılında bölüm birincisi, fakülte ikincisi olarak mezun oldu. Öğrencilik yıllarında İzmir'de Ege'de Yarın, Günaydın, Hürriyet ve Yeni Asır gazetelerinde muhabir olarak çalıştıktan sonra, 2001-2002 yılları arasında Ege Üniversitesi Rektörlüğü Basın ve Halkla İlişkiler Şube Müdürlüğü'nde

Yazarlar Hakkında

görev aldı. Yüksek lisans ve doktora çalışmalarını Ege Üniversitesi Sosyal Bilimler Enstitüsü'nde tamamladı. "Yazılı Basında Sağlık Haberleri ve Kamuoyuna Etkisi" konulu yüksek lisans tezi ve "Bilim İletişimi ve Bilim Gazeteciliği: Ege Üniversitesi Haber Ajansı Örneğinde Üniversitelerde Bilim Haberlerinin Üretilmesine Yönelik Bir İnceleme" başlıklı doktora çalışmaları bulunmaktadır. 2009 yılından bu yana Aydın Adnan Menderes Üniversitesi Atça Meslek Yüksekokulu Halkla İlişkiler ve Tanıtım Programında öğretim görevlisi doktor olarak çalışmaktadır. Temel ilgi alanı iletişim, medya, gazetecilik ve halkla ilişkiler olup, Aydın'da ikamet etmektedir.

Serkan Bulut

Serkan bulut, İstanbul Üniversitesi İletişim Fakültesi Gazetecilik Bölümü'nden 2011 yılında mezun olmuştur. Yüksek Lisans ve Doktora eğitimini de İstanbul Üniversitesi Sosyal Bilimler Enstitüsü Gazetecilik Anabilim Dalı'nda tamamlayan Bulut, 2013 ile 2018 yılları arasında İstanbul Üniversitesi İletişim Fakültesi Gazetecilik Bölümü'nde Araştırma Görevlisi olarak çalışmıştır. 2018 Mart ile Temmuz ayları arasında ise Polonya'nın Wroclaw Üniversitesi Filoloji Fakültesi'nde Doktora tez araştırmaları gerçekleştirmiştir. 2018 yılında Çukurova Üniversitesi İletişim Fakültesi Gazetecilik Bölümü'nde çalışmaya başlayan Bulut, şu anda Çukurova Üniversitesi'nde Arş. Gör. Dr. olarak çalışmaktadır. İstanbul Üniversitesi'nden meslektaşları ile birlikte *"Gazetecilik Çalışmalarında Anahtar Kavramlar"* ve *"Yeni Medya Eski Haber"* adlı kitapların çevirisini ve ortak editörlüklerini yapmıştır. İletişim ve gazetecilik alanında çeviriler, bildiriler, makaleler, kitap bölümleri ve editörlükleri bulunmaktadır. Dijital medya ve habercilik, habercilikte yeni teknolojiler ve dijital olanaklar, Google haberciliği, habercilik ve yapay zekâ, özne ve beden, veri gazeteciliği ve ağ toplumu, Youtube haberciliği ve sosyal ağ analizi gibi konularda çalışmalarını sürdürmektedir.

Sevilay Ulaş

Sevilay Ulaş, ilk, orta ve lise öğrenimini İstanbul'da tamamlamıştır. Lisans eğitimine başladığı Doğu Akdeniz Üniversitesi Halkla İlişkiler ve Reklamcılık bölümünde eğitim alan arkadaşları ile birlikte katıldığı

Yazarlar Hakkında

Aydın Doğan Genç İletişimciler yarışmasında "en iyi basın reklamı" dalında ikincilik ödülünü almıştır. Mezun olduktan sonra İstanbul'da bulunan reklam ajanslarında, medya sektöründe basın danışmanlığı, halkla ilişkiler koordinatörlüğü görevlerinde bulunmuştur. Aynı yıllarda Yeditepe Üniversitesi Halkla İlişkiler ve Tanıtım bölümünde tezli yüksek lisans eğitimine başlamıştır. Sonrasında Harran Üniversitesi Şanlıurfa Sosyal Bilimler Meslek Yüksekokulu Halkla İlişkiler ve Tanıtım programında öğretim görevlisi olarak çalışmıştır. Akademik kariyerine Ege Üniversitesi Halkla ilşkiler ve Tanıtım bölümünde doktor ünvanı alarak devam etmiştir. 2018 yılında Yakın Doğu Üniversitesi İletişim fakültesinde göreve başlayan Ulaş, 2020 yılında doçent ünvanı alarak halen aynı fakültede doçent doktor ünvanı ile görev yapmaktadır. Araştırma alanları, kurumsal iletişim, sosyal medya, lüks marka iletişimidir.

Simge Aksu

Simge Aksu ilk ve orta öğrenimini Muğla'nın Marmaris ilçesinde tamamlamıştır. 2011 yılında Eskişehir Anadolu Üniversitesi İletişim Bilimleri Fakültesi Basın ve Yayın Bölümünden mezun olmuştur. Yüksek Lisansını 2013 yılında Anadolu Üniversitesi Sosyal Bilimler Enstitüsü Halkla İlişkiler ve Reklamcılık Anabilim Dalı'nda tamamlamıştır. Doktorasını ise 2018 yılında Sosyal Bilimler Enstitüsü Halkla İlişkiler ve Reklamcılık Anabilim Dalı'nda tamamlamıştır. Özel sektörde ihracat alanında 2014-2019 yılları arasında görev yapan Simge Aksu, 2019 yılında Yozgat Bozok Üniversitesi Halkla İlişkiler ve Reklamcılık Bölümü'nde Dr. Öğr. Üyesi olarak görev yapmaya başlamıştır. Simge Aksu Halkla İlişkiler ve Reklamcılık Bölümü'nde bölüm başkanı olarak görev yapmaya devam etmektedir. Araştırma alanları tüketici davranışları, halkla ilişkiler, sağlık iletişimi, bilinçaltı reklamcılığı, reklamcılık üzerinedir.

Tezcan Özkan Kutlu

Tezcan Özkan Kutlu, ilk, orta ve lise eğitimini Eskişehir'de tamamlamıştır. 2003 yılında Eskişehir Anadolu Üniversitesi İletişim Bilimleri Fakültesi Basın ve Yayın Bölümü'nden mezun olmuştur. Yüksek lisans

Yazarlar Hakkında

eğitimini 2006 yılında Anadolu Üniversitesi Sosyal Bilimler Enstitüsü Basın ve Yayın Anabilim Dalı'nda tamamlamıştır. 2006 yılında aynı anabilim dalında doktora programına başlayan Özkan Kutlu, doktora eğitimini "Yeni İletişim Teknolojileri Bağlamında Yeni Gazeteci Kimliği" başlıklı teziyle 2014 yılında tamamlayarak doktor unvanı almaya hak kazanmıştır. Dr. Öğretim Üyesi Tezcan Özkan Kutlu, halen Anadolu Üniversitesi İletişim Bilimleri Fakültesi Basın ve Yayın Bölümü'nde görev yapmaktadır. Akademik ilgi alanları arasında; yeni iletişim teknolojileri, yeni medya çalışmaları, İnternet ve dijital gazetecilik, haber doğrulama, dijital medya okuryazarlığı ve yeni medya sosyolojisi yer almaktadır.

Ürün Yıldıran Önk

Ürün Yıldıran Önk ilk, orta ve lise öğrenimini Ankara'da tamamladıktan sonra Gazi Üniversitesi İletişim Fakültesi Radyo, TV ve Sinema Bölümü'nden 2002'de mezun oldu. Ardından Dokuz Eylül Üniversitesi Güzel Sanatlar Enstitüsü Sinema Televizyon Bölümü'nde yüksek lisans öğrenimine başladı ve 2004'te "1990'dan Günümüze Türk Televizyonlarında Irak Savaşı'nın Estetik ve İdeolojik Sunumu" başlıklı tezini başarıyla sundu. Doktora çalışmalarını da aynı bölümde "Milenyum Sonrası Türk Televizyonlarında Oluşan Dizi Kültürü ve Toplumsal Temsil Sorunu" adlı teziyle 2011'de tamamladı. 2007'den itibaren tam zamanlı görev yaptığı Yaşar Üniversitesi İletişim Fakültesi Radyo, Televizyon ve Sinema Bölümü'nde, 2012'de doktor öğretim üyesi unvanı aldı. Halen aynı bölümde lisans ve lisansüstü düzeyde dersler vermektedir. İdari görevlerinin yanı sıra alan çalışmalarını tamamlayan ulusal ve uluslararası akademik proje ve organizasyonlarda yer almaktadır. Son çalışmaları televizyon program türleri özellikle yerli diziler üzerine odaklanan Yıldıran Önk'ün televizyon, sinema ve medya tarihi alanlarında yayınlanmış makaleleri, bildirileri ve kitap bölümleri bulunmaktadır.

Zeynep Alkan

Zeynep Alkan, ilk ve orta öğretimini Kuzey Kıbrıs Türk Cumhuriyeti'nde tamamlamıştır. Atatürk Meslek Lisesi Grafik Tasarım ve Fo-

Yazarlar Hakkında

toğrafçılık bölümünden birincilikle mezun olmuştur. 2014 yılında, Yakın Doğu Üniversitesi 25. Yıl etkinlikleri kapsamında liseler arası düzenlenen "Çevre Senin Eserindir" adlı afiş yarışmasında birinci seçilerek, tam burs kazanma hakkı elde etmiştir. Bu doğrultuda, 2014 yılında Yakın Doğu Üniversitesi, İletişim Fakültesi Görsel İletişim Tasarımı bölümünde lisans eğitimine başlamıştır. 2018 yılında İletişim Fakültesi, Fakülte birinciliği alarak Görsel İletişim Tasarımı Bölümünden mezun olmuştur. Aynı yıl içerisinde, Yakın Doğu Üniversitesi Sosyal Bilimler Enstitüsü Medya ve İletişim Çalışmaları Anabilim Dalı'nda yüksek lisansa başlamıştır. 2020 yılında yüksek lisansını tamamlayarak uzmanlığını almaya hak kazanmıştır. Doktora eğitimine aynı yıl içerisinde başlayan Alkan, Medya ve İletişim Çalışmaları Anabilim Dalı'nda doktora eğitim sürecine devam etmektedir. Araştırma alanları, sosyal medya, görsel iletişim, influencer ve influencer marketingdir.

www.ingramcontent.com/pod-product-compliance
Lightning Source LLC
LaVergne TN
LVHW040045080526
838202LV00045B/3492